# Frankfurter kriminalwissenschaftliche Studien



Bd./Vol. 148

*Zu Qualitätssicherung und Peer Review der vorliegenden Publikation*

Die Qualität der in dieser Reihe erscheinenden Arbeiten wird vor der Publikation durch Herausgeber der Reihe geprüft.

*Notes on the quality assurance and peer review of this publication*

Prior to publication, the quality of the work published in this series is reviewed by editors of the series.

Moderne Kriminalgesetzgebung: Produzent von Parteiverrat?

Daniel Wegerich

# Moderne Kriminalgesetzgebung: Produzent von Parteiverrat?

Auswirkungen strafprozessualer Absprachen und Aufklärungshilfen auf den Parteiverrat in Strafsachen (§ 356 StGB)

PL ACADEMIC RESEARCH

**Bibliografische Information der Deutschen Nationalbibliothek**
Die Deutsche Nationalbibliothek verzeichnet diese Publikation in der Deutschen Nationalbibliografie; detaillierte bibliografische Daten sind im Internet über http://dnb.d-nb.de abrufbar.

Zugl.: Frankfurt (Main), Univ., Diss., 2015

D 30
ISSN 0170-6918
ISBN 978-3-631-66346-2 (Print)
E-ISBN 978-3-653-05672-3 (E-Book)
DOI 10.3726/ 978-3-653-05672-3


PL Academic Research ist ein Imprint der Peter Lang GmbH.

Peter Lang – Frankfurt am Main · Bern · Bruxelles · New York · Oxford · Warszawa · Wien



Diese Publikation wurde begutachtet.

www.peterlang.com

*Meiner Familie*

# Vorwort

Die Arbeit wurde im Sommer 2012 begonnen und im Wintersemester 2014/2015 von der juristischen Fakultät der Johann Wolfgang Goethe-Universität Frankfurt am Main als Dissertation angenommen. Die Disputation fand am 02. Februar 2015 statt. Veröffentlichte Literatur und Rechtsprechung konnte im Wesentlichen bis August 2014 berücksichtigt werden.

Mein herzlicher Dank gilt meinem Doktorvater, Herrn Professor Dr. Peter-Alexis Albrecht. Er hat im ersten Semester meine Leidenschaft für das Strafrecht geweckt, meine universitäre und berufliche Entwicklung wohlwollend begleitet und mich dreizehn Jahre später ermutigt zu promovieren. Durch seine kompetente Betreuung und unbedingte Unterstützung hat er mich nie am Gelingen dieses berufsbegleitenden Projekts zweifeln lassen.

Danken möchte ich auch Herrn Professor Dr. Wolfgang Naucke für die zügige Erstattung des Zweitgutachtens und den Herausgebern der Frankfurter Kriminalwissenschaftlichen Schriftenreihe für die freundliche Aufnahme meiner Dissertation. Frau Christa Schoproni danke ich für ihre wertvolle Hilfe beim Schreiben und Formatieren des Manuskripts. Besonders danken möchte ich Rechtsanwältin Dr. Christine Wegerich, Rechtsanwalt Daniel Hövel LL.M. und Staatsanwalt Dr. Christopher Wenzl für ihren umsichtigen Rat und konstruktive Kritik in zahlreichen Gesprächen.

Frankfurt, im Februar 2015 — Daniel Wegerich

# Inhaltsübersicht

# Inhaltsverzeichnis

# Einleitung

Kaum ein anderes Mitglied der Anwaltschaft ist so häufig mit dem Risiko der eigenen Strafbarkeit konfrontiert wie ein Strafverteidiger. Er muss die Interessen des Beschuldigten wahrnehmen und dabei bis an die Grenzen des rechtlich Zulässigen gehen, ohne sich jedoch ein eigenes Fehlverhalten zu Schulden kommen zu lassen.

Die Kenntnis der für die eigene Tätigkeit relevanten Straftatbestände gehört daher zu den grundlegenden Sorgfaltspflichten des Strafverteidigers. In Fragen der Strafvereitelung, der Geldwäsche oder der Aussagedelikte kann er sich dabei auf eine umfassende Jurisdiktion und einen breiten Literaturkanon stützen. Was aber ist, wenn keine gefestigte Meinung dazu besteht, wie die Interessen des Beschuldigten, die der Strafverteidiger wahrnehmen soll, zu ermitteln sind? Wie kann der Strafverteidiger ohne Risiko seine Rolle bis an deren Grenzen ausfüllen, wenn der in Frage stehende Tatbestand in der Strafrechtspflege eine nur untergeordnete Beachtung findet? Zu dieser Gattung der „vernachlässigten Paragraphen" im Strafgesetzbuch zählt der Tatbestand des Parteiverrats gemäß § 356 StGB, dessen erster Absatz lautet:

> *„Ein Anwalt oder anderer Rechtsbeistand, welcher bei den ihm in dieser Eigenschaft anvertrauten Angelegenheiten in derselben Rechtssache beiden Parteien durch Rat oder Beistand pflichtwidrig dient, wird mit Freiheitsstrafe von drei Monaten bis zu fünf Jahren bestraft."*

Im zweiten Absatz ist geregelt:

> *„Handelt derselbe im Einverständnis mit der Gegenpartei zum Nachteil seiner Partei, so tritt Freiheitsstrafe von einem Jahr bis zu fünf Jahren ein."*

Bereits 1947/48 begann *Cüppers* seinen grundlegenden Aufsatz[1] zum Parteiverrat mit der Äußerung, dass schon viel damit gewonnen wäre, dem Berufsstand der Rechtsanwaltschaft die Bedeutung des § 356 StGB näher zu bringen, und es eine beschämende Tatsache sei, dass der Durchschnittsanwalt von der Gefahr, in der er ständig schwebe, keine Ahnung habe.[2] Zwar existiert heute nicht mehr die

---

1 *Cüppers,* NJW 1947/48, 4.

2 Zutreffend *Prinz,* in: FS Mehle, S. 489, mit der Einschätzung, dass der § 356 StGB im Bewusstsein praktisch tätiger Rechtsanwälte kaum verankert sei. Ganz im Gegensatz zu diesem fehlenden rechtlichen Wissen ist der Rechtsanwalt gemäß § 43a Abs. 6 BRAO zur Fortbildung verpflichtet und die Kenntnis um § 356 StGB fällt in seine Verantwortung. Dies ist für den Verteidiger gerade dann schmerzhaft, wenn er sich erfolglos auf einen unvermeidbaren Verbotsirrtum beruft, vgl. *Bosch,* JA 2008, 903 ff.

Gefahr wie 1936, dass ein *„ernst zu nehmender, kenntnisreicher Kollege“* dachte, es handele sich um eine Norm, die den Verrat an der *„Partei“* verhindern solle.[3] Gleichwohl besteht die von *Cüppers* beobachtete Notwendigkeit weiter.

Ausgangspunkt dieser Unwissenheit um die Strafbarkeit des Parteiverrats könnte sein, dass der Rechtsanwalt den Mandanten nicht im klassischen Sinn verraten muss, sondern schon eine Doppelvertretung mit den besten Absichten strafbar sein kann. So ist vielen Juristen nicht präsent, dass § 356 StGB auch in Konstellationen ohne staatliche Beteiligung einschlägig ist wie etwa bei einem außergerichtlichen Ausgleich zwischen Täter und Opfer einer Straftat.[4] Eine Partei kann also schon existieren, ohne dass es die andere bereits erkannt hat.[5] Auch ist für das Anvertrauen einer Angelegenheit im Sinne des § 356 StGB die ausdrückliche Erteilung einer Vollmacht und die Geltendmachung eines Honorars zwar ein wichtiges Indiz, jedoch nicht zwingend erforderlich.[6]

---

Vertiefend zur Irrtumsproblematik *Kretschmer,* Parteiverrat, S. 282 ff. Eine Verurteilung wegen Parteiverrats ist, aufgrund der hohen Mindeststrafe von drei Monaten und den berufsrechtlichen Folgen, existentiell. Da auch der berufsrechtliche § 43a Abs. 4 BRAO die Vertretung widerstreitender Interessen verbietet, geht mit der Strafbarkeit immer auch ein Verstoß gegen die Standespflichten einher. Zu den berufsrechtlichen Folgen *Holz,* Parteiverrat, S. 145 f., mit dem Hinweis, dass in Fällen des vorsätzlichen Parteiverrats die Anwaltsgerichte regelmäßig auf die Ausschließung des betroffenen Rechtsanwalts von der Anwaltschaft erkannt hätten. Ein aktuelles Beispiel zum Verlust der Anwaltszulassung bietet BGH, NJW-RR 2012, 189 f.; Vertiefend *Deckenbrock,* Parteiverrat, S. 385 ff., zu den Rechtsfolgen nach einem Verstoß gegen das Verbot widerstreitende Interessen zu vertreten, S. 389, zum Berufsverbot über § 70 StGB, S. 391 ff., mit den Auswirkungen auf den Vergütungsanspruch und S. 406 f., zu Schadensersatzansprüchen des Mandanten gegen den Rechtsanwalt.

3 *Cüppers,* NJW 1947/48, 4 (5).

4 *Beulke/Ruhmannseder,* Strafbarkeit des Verteidigers, Rn. 222; *Kuhlen,* in: NK/StGB, § 356 Rn. 29 m.w.N.; *Hübner* in der 10. Aufl. LK/StGB, § 356 Rn. 55, *„Parteien gibt es auch im Beratungszimmer des Rechtsanwalts“.*

5 *Gillmeister,* in: LK/StGB, § 356 Rn. 40 m.w.N.; *Heine/Weißer,* in: Schönke/Schröder, § 356 Rn. 13; *Prinz,* in: FS Mehle, 489 (494); *Fischer,* § 356 StGB Rn. 4, führt insoweit aus: *„Ob den Parteien ihre Rechtsstellung bekannt ist und ob sie beabsichtigen, sie gegeneinander geltend zu machen oder durchzusetzen, ist unerheblich“.*

6 *Fischer,* § 356 StGB Rn. 3a; *Heine/Weißer,* in: Schönke/Schröder, § 356 Rn. 8; *Gillmeister,* in: LK/StGB, § 356 Rn. 52, allein die Vorlage einer Verteidigervollmacht zu den Verfahrensakten beinhaltet schon ein dienen, weil der Verteidiger dadurch gem. § 145a Abs. 1 StPO eine Zustellungsvollmacht erlangt und folglich Rechtswirkungen für seinen Mandanten auslöst.

Eine deutliche Verschärfung des Strafbarkeitsrisikos ist zuletzt durch die Gesetze zur Regelung der Verständigung im Strafverfahren[7] und der Kronzeugenregelung[8] entstanden. Durch die hiermit geschaffenen zentralen Vorschriften des § 257c StPO und des § 46b StGB wurde im Jahre 2009 in erheblichem Umfang in die Struktur des Strafverfahrens eingegriffen. Diese normativen Strukturveränderungen haben neben bereits im Vorfeld befürchteten Konsequenzen auch noch weitere Folgen für das Strafprozessrecht und das materielle Strafrecht nach sich gezogen. Insbesondere sind neue – bislang weitgehend unbeachtete – Strafbarkeitsrisiken für den Verteidiger im Anwendungsbereich des § 356 StGB entstanden.[9]

Die Auswirkungen dieser neuen Normierungen auf den Straftatbestand des Parteiverrats gemäß § 356 StGB sind das Thema dieser Untersuchung. Diese Abhandlung konzentriert sich auf Strafsachen. § 257c StPO und § 46b StGB sind strafprozessuale und strafrechtliche Normen. Das Strafverfahren weist vor allem aufgrund des Amtsermittlungsgrundsatzes und der fehlenden Dispositionsbefugnis der Beteiligten, im Gegensatz zum Zivilverfahren, solche Besonderheiten auf, dass eine eigenständige Analyse angezeigt ist. Dafür spricht auch, dass die Rolle des Strafverteidigers eine andere ist als die eines Rechtsanwalts im Zivilverfahren. Der Strafverteidiger darf mehr[10] und befindet sich damit automatisch unter Generalverdacht, er steht eo ipso im Zwielicht. Umso wichtiger ist es daher, dass seine Rolle und deren Grenzen klar definiert werden.

---

7 BGBl. I 2009, S. 2353.

8 BGBl. I 2009, S. 2288.

9 Das Bundesverfassungsgericht nennt in seiner Entscheidung zur Verfassungsmäßigkeit der Verständigungsgesetze (NJW 2013, 1058 ff. (Tz. 78)) nur die Falschbeurkundung im Amt als mögliche Strafbarkeit im Zusammenhang mit illegalen Absprachen. Nunmehr weist *Fischer* in der 61. Aufl. 2014, § 356 StGB Rn. 6, auf die Möglichkeit einer Strafbarkeit gemäß § 356 StGB bei rechtswidrigen Absprachen hin. *Fischer* (7. Aufl. 2013, KK/StPO, Einleitung Rn. 160) hatte dagegen 2013 nur eine *„gefährliche Nähe zur Grenze des § 339 StGB“* angeführt. Dass der naheliegende § 356 StGB für Verteidiger erst jetzt in den Blickpunkt gerät, könnte damit zusammenhängen, dass wohl zunächst die Strafjustiz durch Strafandrohungen diszipliniert werden sollte. Doch auch dieses Ziel könnte durch eine Beteiligungsstrafbarkeit der Justizorgane gemäß §§ 356, 26 oder 27 StGB erreicht werden. Zur Teilnahmestrafbarkeit weiterführend *Beulke/Rumannseder,* Strafbarkeit des Verteidigers, Rn. 250 und *Kretschmer,* Parteiverrat, S. 316 ff.

10 Vgl. *Laufhütte/Willnow,* in: KK/StPO, Vor § 137 Rn. 5 ff. m.w.N., der Verteidiger darf einen falschen Freispruch anstreben und Informationen zurückhalten. Ganz anders der Rechtsanwalt im Zivilverfahren, der gemäß § 138 ZPO vollständig und wahrheitsgemäß vortragen muss.

Eben diese Rolle soll angesichts der normativen und rechtstatsächlichen Strukturveränderungen des Strafprozesses nachfolgend umfassend in den Blick genommen werden mit der Intention, Strafbarkeitsrisiken möglichst genau zu identifizieren.

- Die nach § 257c StPO möglichen Verständigungen bedeuten für den Strafverteidiger eine Erweiterung seiner Aufgabenpflichten, denn die Möglichkeit einer konsensualen Erledigung des Strafverfahrens kann grundsätzlich im Interesse seines Mandanten liegen. Gleichzeitig könnte durch eine Verständigung und des gemäß § 257c Abs. 2 S. 2 StPO immer erforderlichen Geständnisses des Mandanten auch der Staatsanwaltschaft gedient sein. Handelt es sich bei der Staatsanwaltschaft um eine Partei im Sinne des § 356 StGB, könnte sich der Verteidiger bereits mitten in der Verwirklichung eines Parteiverrats befinden. Allein das Tatbestandmerkmal der Pflichtwidrigkeit mit der umstrittenen Frage einer objektiven oder subjektiven Interessenbestimmung könnte einer Strafbarkeit des Verteidigers entgegenstehen. Zwingend wäre im Anschluss das Handeln der Staatsanwaltschaft und womöglich auch noch das des Gerichts zu überprüfen. Bei Verständigungen könnte somit die Staatsanwaltschaft durch ihre Beteiligung an einem parteiverräterischen Handeln des Verteidigers in den Verdacht einer Teilnahmestrafbarkeit geraten.
- Auch im § 46b StGB ist die Rolle des Strafverteidigers eine andere, er wird Aufklärungshelfer. Die Unterstützung der Strafverfolgungsbehörden könnte ihn dabei in ähnliche Schwierigkeiten wie bei den Verständigungen bringen. Allein schon eine saubere Trennung zwischen „Kronzeugenabsprachen" und Verständigungen im Sinne des § 257c StPO erscheint schwierig. Zusätzlich sind Irritationen zu befürchten, wenn der eigentlich im repressiven Bereich tätige Verteidiger auch im Präventionsbereich agieren soll. Vor allem stellt sich die Frage, ob die Vertretung mehrerer Mandanten – sei es als Verteidiger oder als Zeugenbeistand – nicht zu einer unübersichtlichen Gemengelage von Interessen führen muss.
- Eine ganz neue Aufgabe bringen die Compliance-Mandate für den Rechtsbeistand mit sich. Versucht dieser, die heutigen Compliance-Anforderungen an Wirtschaftsunternehmen im Auftrag des Mutterkonzerns zu erfüllen, könnte ihn dies in viele problematische Lagen führen. Gerade bei internen Ermittlungen durch Rechtsbeistände (Internal Investigation) könnten neben der Grenze zwischen aufklärerischer Ermittlungstätigkeit und paralleler Verteidigung auch die Interessen der Mandanten verletzt werden. Die größte Gefahr könnte bei der Vertretung mehrerer natürlicher und/oder juristischer

Personen drohen. So ist fraglich, ob hier die notwendige Sensibilität für Interessenskonflikte überhaupt gesehen wird.

Neben dem Wunsch nach einer klaren Definition von Rolle und Grenzen der Strafverteidigung wird die vorliegende Arbeit noch von einer weiteren Intention getragen. Indem Brüche des rechtsstaatlichen Systems durch die unbedachten Strukturveränderungen anhand des § 356 StGB aufgedeckt und kritisiert werden, könnte eine Rückbesinnung zum streng formalisierten Strafprozess angestoßen werden. Allein schon die Kenntnis, Beachtung und korrekte Auslegung des § 356 StGB können helfen, ohne Gesetzesänderung die Nachteile von Verständigungen und Kronzeugenregelung zu lindern, indem aufgrund der Strafbarkeit des Parteiverrats eine Zurückhaltung bei der Anwendung dieser strukturdiffusen Normen erzwungen wird.

# Erster Abschnitt: Der Parteiverrat gemäß § 356 StGB

Der Parteiverrat gemäß § 356 StGB bestraft die pflichtwidrige Vertretung mehrerer Parteien in einer Rechtssache. Ein Rechtsbeistand soll frei von Interessenkollisionen seinem Mandanten dienen können. Ob zwischen unterschiedlichen Mandanten Interessenkollisionen bestehen, ist nicht immer leicht erkennbar. So gibt es kein anderes Thema, dass so häufig Gegenstand mündlicher und schriftlicher Anfragen bei der Rechtsanwaltskammer ist wie das der Interessenkollision.[11] Rechtsbeistände wollen sich durch diese Anfragen versichern, keine unzulässigen Mandate anzunehmen oder auf diese Weise unlauteres Handeln der Gegenseite aufdecken. Überhaupt zählt die Identifizierung von Interessenkonflikten zu den wichtigsten Fragen für wirtschaftsnahe Berufe.[12]

Im ersten Abschnitt wird eine Analyse des § 356 StGB eingebettet in die prozessuale Situation aller Rechtsbeistände erfolgen. Denn gerade § 356 StGB ist eine Vorschrift, die nur aufgrund der immer auch verfahrensrechtlichen Interessen der Beteiligten verstanden werden kann. Ausgangspunkt ist die geschichtliche Entwicklung der Norm und die Stellung der Rechtsbeistände in Strafverfahren. Anschließend werden die Strafbarkeitsrisiken aufgrund unterschiedlicher prozess- und materiellrechtlicher Regelungen dargestellt, um den Blick für die erheblichen Gefahren für Rechtsbeistände zu schärfen. Vor diesem Hintergrund wird dann auf die Frage des Interessengegensatzes in Rechtsprechung und Literatur eingegangen, zusammenfassend Stellung bezogen und die Ergebnisse des ersten Teils dargestellt.

## I. Geschichtliche Ausgangspunkte

Schwerpunkt der vorliegenden Arbeit sind die aktuellen Strukturverschiebungen im Strafprozess durch die Einführung von Verständigungsgesetzen und Kronzeugenregelung mit ihren Auswirkungen auf den § 356 StGB. Zum Verständnis des § 356 StGB ist es hilfreich, sich zunächst mit Ursprung und geschichtlicher Entwicklung der Vorschrift vertraut zu machen. Eine vertiefte Auseinandersetzung

---

11 *Offermann-Burckart*, NJW 2010, 2489; *Henssler/Deckenbrock*, NJW 2012, 3265 ff. m.w.N.

12 *Deckenbrock*, BB 2002, 2453 und *Henssler/Deckenbrock*, NJW 2008, 1275. Diese Fragen stellen sich auch im globalem Zusammenhang für Großkanzleien, dazu weiterführend *Kilian*, WM 2000, 1366 ff. und *Hartmann*, JR 2000, 51 ff.

mit der Entstehungsgeschichte des strafrechtlichen Parteiverrats sowie der Rechtsprechung und Literatur ist dabei nicht erforderlich, da viele streitige Auslegungsfragen bereits überholt sind.[13]

So haben Entscheidungen und Literaturansichten, die zu einem Zeitpunkt entstanden sind, als Rechtsanwälte noch von den Gerichten abhängige Beamte waren, offensichtlich nur geringe Aussagekraft für die aktuellen Auslegungsprobleme eines Straftatbestandes, der unabhängige Rechtsanwälte als selbständige und freie Organe der Rechtspflege betrifft.[14]

## 1. Die Entstehungsgeschichte des Parteiverrats

Der Parteiverrat hat eine lange Geschichte, die bis ins griechische und römische Recht zurückreicht. Im Sprachgebrauch ist dies an der Bezeichnung als Prävarikation erkennbar. Übersetzen lässt sich diese noch weit verbreitete Formulierung als *„Abweichen vom geraden Weg."*[15] Zur Konzentration der vorliegenden Arbeit auf Strafverfahren passt, dass die Prävarikation ihren Ursprung im römischen Strafprozess, dem Quästionenprozess, hat. Der Praevaricator war ein unredlicher Ankläger, der den Strafprozess mit dem Ziel führte, dem Angeklagten zu einem Freispruch oder einem milden Urteil zu verhelfen und aufgrund der Rechtskraft des Urteils eine schuldangemessene Verurteilung zu verhindern.[16]

Später hatte die Prävarikation dann auch zivilrechtliche Relevanz, bestrafte den Rechtsbeistand, der die Interessen der Gegenpartei vertrat, und sollte den Verrat von Geheimnissen der Erstpartei verhindern.[17] In Deutschland wurde der

---

13 Für die vertiefte Auseinandersetzung mit der geschichtlichen Entwicklung wird auf die Ausführungen von *Hübner* in der 10. Aufl. LK/StGB, § 356 Entstehungsgeschichte; *Gillmeister,* in: LK/StGB § 356 Rn. 1 ff.; *Kuhlen,* in: NK/StGB § 356 Rn. 1 ff. und *Kretschmer,* Parteiverrat, S. 16 ff., verwiesen.

14 Zur Einordnung als *„Halbbeamte"* *Rogall,* in: SK/StGB, § 356 Rn. 1 m.w.N.; Grundsätzlich zu der Bedeutung von historischer Auslegung und den Veränderungen denen der strafrechtliche Parteiverrat im Laufe der Zeit unterworfen war, *Hübner* in der 10. Aufl. LK/StGB, § 356 Rn. 11, mit der Feststellung: *„Soll der § 356 auf den heutigen Rechtszustand angewendet werden, so kann dies nicht von einer überholten historischen Ausgangslage aus geschehen, sondern ist sinnvoll nur auf der gegenwärtigen für die Institution der Rechtsbeistände gültigen Rechtsgrundlage möglich."*

15 *Hübner* in der 10. Aufl. LK/StGB, § 356 Entstehungsgeschichte mit dem Hinweis auf die ebenfalls mögliche Bedeutung von *„wechselnd oder wankelmütig"*.

16 *Deckenbrock,* Parteiverrat, S. 24; *Gillmeister,* in: LK/StGB § 356 Rn. 1; *Hübner* in der 10. Aufl. LK/StGB, § 356 Entstehungsgeschichte m.w.N. auch zu den frühen Literaturansichten.

17 *Kretschmer,* Parteiverrat, S. 18 m.w.N.

Parteiverrat dann vom gemeinen Recht als besonderer Fall der Untreue, begangen von Rechtsbeiständen bzw. Sachwaltern, verstanden.[18] Im 19. Jahrhundert wurde die Prävarikation zunehmend aus dem allgemeinen Untreuetatbestand herausgelöst und den Amtsdelikten zugeordnet.[19] In Preußen erfolgte daraufhin die Regelung in § 329 des PrStGB v. 1851 in dem Abschnitt der Amtsdelikte mit der Täterbezeichnung *„gerichtlicher Anwalt oder anderer Rechtsbeistand"*, da Rechtsanwälte in dieser Zeit größtenteils bei den Gerichten angestellte Beamte waren.[20] Das Reichsstrafgesetzbuch übernahm die preußische Regelung mit der kleinen Änderung, dass der Täterkreis mit *„Advokat, Anwalt oder anderer Rechtsbeistand"* bezeichnet wurde.[21] Nachdem sich die Rechtsanwaltschaft hin zu einem freien unabhängigen Beruf entwickelt hat, handelt es sich nicht mehr um ein Amtsdelikt.[22] Gleichwohl verblieb die Norm weiter unverändert als § 356 RStGB – nunmehr systematisch falsch – im Abschnitt der Amtsdelikte.[23]

Aus dem späten 19. Jahrhundert stammt auch die Ansicht, dass es sich beim Parteiverrat unverändert um ein Untreuedelikt handeln würde. Eine solche Einordnung ist zunächst verständlich, da sich der Mandant in den Fällen des Parteiverrats oftmals zu Recht betrogen fühlen und dem Rechtsanwalt vorwerfen wird, er habe sich „untreu" verhalten. Da der Tatbestand des Parteiverrats jedoch – anders als die Untreue gemäß § 266 StGB als klassisches Vermögensdelikt – keinen Vermögensschaden verlangt, wird diese Ansicht nicht mehr ernsthaft vertreten.[24] Der Tatbestand wurde trotz ständiger Kritik und zahlreicher Reformvorschläge seitdem nicht mehr wesentlich verändert.[25]

---

18 *Kuhlen,* in: NK/StGB, § 356 Rn. 1 m.w.N.

19 *Kuhlen,* in: NK/StGB, § 356 Rn. 1 m.w.N.

20 *Kuhlen,* in: NK/StGB, § 356 Rn. 1 m.w.N.; *Rogall,* in: SK/StGB, § 356 Rn. 1.; Vertiefend *Kretschmer,* Parteiverrat, S. 15 ff.

21 Ausführlich *Hübner* in der 10. Aufl. LK/StGB, § 356 Entstehungsgeschichte; *Kuhlen,* in: NK/StGB, § 356 Rn. 2 m.w.N.

22 *Rogall,* in: SK/StGB § 356 Rn. 1; *Kretschmer,* Parteiverrat, 20 m.w.N. und *Deckenbrock,* Parteiverrat, S. 44 f.

23 Weiterführend *Kuhlen,* in: NK/StGB, § 356 Rn. 3 m.w.N. und *Gillmeister,* in: LK/StGB, § 356 Rn. 3 m.w.N.

24 *Gillmeister,* in: LK/StGB; § 356 Rn. 6 ff.; *Dahs,* in: MK/StGB, § 356 Rn. 6 für den eine solche Einordnung nur noch von historischem Interesse ist; *Kretschmer,* Parteiverrat, S. 33 m.w.N.; so auch schon *Welzel,* JZ 1954, 276 (278); *Erb,* Parteiverrat, S. 112, dagegen geht ausführlich auf die nicht mehr vertretenden Ansichten ein.

25 Mit ausführlichen Hinweisen auf die Gesetzesmaterialien, Strafrechtsreformen und berufsrechtliche Regeln der potentiellen Parteien *Hübner* in der 10. Aufl. LK/StGB, § 356 Entstehungsgeschichte; *Kuhlen,* in: NK/StGB, § 356 Rn. 2, mit der Information,

Zur Vertiefung der geschichtlichen Grundlagen kann auf die aktuellen Werke von *Deckenbrock,*[26] *Kretschmer*[27] und *Erb*[28] verwiesen werden. Ein weiteres Eingehen auf geschichtliche Aspekte wäre im Rahmen dieser Untersuchung nicht zielführend, denn Anwendungsbereich und Schutzzweck der Norm haben im Laufe der Zeit eine Veränderung erfahren, die einer ausführlichen Auseinandersetzung mit den überholten Ansichten entgegensteht. Allein die Konzentration auf heute noch überzeugende und weiterführende Argumente ermöglicht es, die noch herrschende und teilweise heraufbeschworene Unsicherheit bei der Auslegung des § 356 StGB zu beseitigen.

## 2. Die Rechtsprechung des Reichsgerichts zu § 356 RStGB

Das Reichsgericht hat sich in nur wenigen Entscheidungen mit der Auslegung des § 356 RStGB beschäftigt.[29] Bei Auswertung der einschlägigen Judikate unter dem Gesichtspunkt des für die heutige Anwendung wichtigsten Auslegungsproblems, ob ein Interessenwiderstreit zwischen den Parteien objektiv oder subjektiv zu bestimmen ist, zeigt sich ein weiteres Problem im Zusammenhang mit der Übertragung früherer Lösungsansätze. Zwar ist das Problem der Interessenbestimmung schon lange bekannt. Der Tatbestand wurde jedoch bezüglich anderer Tatbestandsmerkmale, vor allem dem Parteibegriff, anders als heute ausgelegt. Insofern eignen sich die damaligen Entscheidungen nur sehr eingeschränkt als Entscheidungshilfen für die heutigen Probleme.

Ein wichtiger Unterschied zur heutigen Rechtslage ist insbesondere, dass Mitbeschuldigte im Strafverfahren nicht als unterschiedliche Parteien angesehen wurden, so dass sich die praktisch wichtigste Frage, ob unter diesen ein Interessenwiderstreit durch eine Willensentscheidung aufgehoben werden kann, noch nicht stellte. Auch wurde in dem Merkmal Pflichtwidrigkeit – in dem die Prüfung der Interessenbestimmung verortet ist – ein Hinweis auf die Vorschriften

---

dass die nicht mehr existierenden *„Advokaten"* durch das 3. StrÄG v. 04.08.1953 gestrichen wurden und das EGStGB v. 02.03.1974 die bisherige Umschreibung der dem Täter anvertrauten Angelegenheiten als *„ihm vermöge seiner amtlichen Eigenschaft"* anvertraut, durch die heutige Gesetzesfassung *„ihm in dieser Eigenschaft"* anvertraut ersetzte.

26 *Deckenbrock,* Parteiverrat, S. 32 ff.

27 *Kretschmer,* Parteiverrat, S. 15 ff.

28 *Erb,* Parteiverrat, S. 106 f., insbesondere zur Entwicklung des Wortlauts der Vorschrift.

29 Eine ausführliche Rechtsprechungsübersicht bietet *Erb,* Parteiverrat, S. 265 ff.

des Standesrechts gesehen.[30] § 356 RStGB sei eine Art Blankettgesetz und die Bestimmung der Pflichtwidrigkeit sei der Rechtsanwaltsordnung überlassen.[31] Eine rechtfertigende Einwilligung im Strafverfahren wurde nicht anerkannt.[32]

Grundsätzliche Erkenntnisse lassen sich aus der damaligen Rechtsgutsbestimmung erlangen. Ausgangspunkt[33] war bereits zu Zeiten des Reichsgerichts die Erkenntnis, dass es sich beim Parteiverrat nicht um ein Amtsdelikt handelt und die Einordnung im 30. Abschnitt des Reichsstrafgesetzbuches bei den Straftaten im Amt nur historisch bedingt und, seitdem es sich bei Rechtsanwälten nicht mehr um Beamte handelte[34], systematisch falsch war.[35] Das geschützte Rechtsgut wurde zunächst eher individuell darin gesehen, dass ohne den § 356 RStGB die Gefahr des Missbrauchs des Vertrauens der Partei, der zuerst anwaltliche Hilfe gewährt ist, naheläge.[36] Später führte das Reichsgericht aus, § 356 RStGB sei nicht lediglich zum Schutz der Partei, sondern in der Hauptsache im öffentlichen Interesse, zur Wahrung der Reinheit des Anwaltstandes, erlassen worden. Die Vertretung der Belange einmal der einen und hinterher der anderen Partei sei würdelos und grundsätzlich verboten. Die Strafvorschrift wolle nicht nur verhüten, dass der Anwalt durch eine solche Sachlage in einen inneren Widerstreit gerate, sondern auch, dass dadurch nach außen hin ein Eindruck entstehe, der dem Ansehen des Anwaltstandes als eines wichtigen Organes der Rechtspflege abträglich sein könnte.[37]

### 3. Berufsrechtliche Regelung

Parallel zur strafrechtlichen Regelung ist die Vertretung von widerstreitenden Interessen durch das Standesrecht der Rechtsanwälte verboten. Auch in berufsrechtlicher Hinsicht hat sich die Rechtslage im Laufe der Jahre stark verändert.[38]

---

30 *Erb,* Parteiverrat, S. 15 m.w.N.

31 BGHSt 3, 400 (402); *Dahs,* in: MK/StGB § 356 Rn. 50 m.w.N.; *Gillmeister,* in: LK/StGB § 356 Rn. 58 m.w.N.

32 RGSt 71, 253 (254).

33 Kritisch zur Rechtsgut-Diskussion *Fischer,* in: FS Hamm, S. 61 (76); vertiefend *Hassemer,* NStZ 1989, 553 ff.

34 Vertiefend *Kretschmer,* Parteiverrat, S. 16 f., mit Hinweis auf die Rechtsanwaltsordnung vom 01.07.1878.

35 *Welzel,* JZ 1954, 276 (278) Fn. 9.

36 RGSt 49, 342 (344).

37 RGSt 71, 253 f.

38 *Deckenbrock,* Strafrechtlicher Parteiverrat und berufsrechtliches Verbot der Vertretung widerstreitender Interessen, widmet sich in seinem Werk – wie aus dem vollständigen Titel ersichtlich – auch explizit dem berufsrechtlichen Verbot der Vertretung

Vorliegend ist eine Analyse der strafrechtlichen Gesetzgebung, ohne vertieft auf das Standesrecht einzugehen, möglich, da die Normierungen in Standes- und Strafrecht grundsätzlich unabhängig voneinander zu sehen sind.[39] Dies vor allem deswegen, weil die Regelungen nicht parallel erfolgten und auch unabhängig voneinander verändert werden können und regelmäßig auch wurden. Der wichtigste Unterschied zwischen diesen beiden Regelungsbereichen besteht darin, dass die §§ 43a Abs. 4, 113 BRAO bereits fahrlässiges Verhalten sanktionieren und § 356 StGB gemäß § 15 StGB nur vorsätzliche Handlungen bestraft.[40]

Weiter regelt § 356 StGB nur das Verhalten des einzelnen Rechtsanwalts, während § 43a IV BRAO auch die Sozien und § 3 BORA außerdem die als angestellte oder freie Mitarbeiter tätigen Rechtsanwälte miteinbezieht.[41] Schließlich gilt das Standesrecht nur für Rechtsanwälte und nicht für die anderen in § 356 StGB genannten Rechtsbeistände.

### 4. Zusammenfassung

Die Strafbarkeit des Parteiverrats wurde im deutschen Rechtsraum eingeführt, um die geradlinige zuverlässige Ausübung der rechtsberatenden Berufe zu garantieren und damit das Vertrauen der Allgemeinheit in ihre Rechtsbeistände abzusichern.[42] Der nach Einführung durch das RStGB im Kern gleichlautende Tatbestand wurde im Laufe der Zeit unterschiedlich ausgelegt. Die geschichtliche Entwicklung zeigt die erheblichen Veränderungen im Normzweck und Anwendungsbereich des Parteiverrats. Kern des Verbotes, widerstreitende Interessen zu vertreten, ist es jedoch unverändert, die Rollenkonstanz und Seriosität der Verteidiger als Grundvoraussetzung eines rechtsstaatlichen Verfahrens zu garantieren. Dieses Anliegen hat den Wandel der Anwaltschaft vom freien Beruf zur Beamtenstellung und zurück überstanden.

---

widerstreitender Interessen und geht auf den S. 32 ff. ausführlich auf die historische Entwicklung des Standesrechts ein. Weiterführend zum berufsrechtlichen Verbot der Vertretung widerstreitender Interessen *Schramm,* Das Verbot der Vertretung widerstreitender Interessen, S. 82 ff.

39 *Deckenbrock,* Parteiverrat, S. 41, und *Kretschmer,* Parteiverrat, S. 324 m.w.N.; a.A. *Lüderssen,* StV 1998, 357 mit der Behauptung *„was berufsrechtlich erlaubt ist kann nicht strafbar sein"*; *Matt,* in: M/R StGB, § 356 Rn. 39.

40 Ausführlich zu den berufsrechtlichen Regeln *Deckenbrock,* Parteiverrat, S. 147 ff., insbesondere dem berufsrechtlichen Tätigkeitsverbot des § 43a Abs. 4 BRAO und S. 167 ff. zur Satzungsbestimmung des § 3 Abs. 1 BORA.

41 *Offermann-Burckart,* NJW 2010, 2489 und ZEV 2007, 151 (152).

42 *Otto Geppert,* Parteiverrat, S. 31.

Der Beschuldigte oder Zeuge in einem Strafverfahren, der sich regelmäßig in schwacher Position in einer für ihn neuen und unübersichtlichen Situation befindet, soll zumindest einen Akteur an seiner Seite haben, der nur seinen Interessen dient.[43] Damit wird sowohl das Vertrauen in den Rechtsstaat mit seinem Institut der integren Anwaltschaft[44] als auch der Einzelne[45] geschützt.[46] Denn zur Gewährleistung eines fairen und chancengleichen Zugangs zum Recht sei die Rechtspflege auf die Integrität, Professionalität, Zuverlässigkeit und Gradlinigkeit der rechtsberatenden Berufe angewiesen.[47]

Auch nach dem für diese Untersuchung ausschlaggebenden Zeitpunkt, an dem die Anwaltschaft wieder ein freier Berufsstand wurde, traten Auslegungsschwierigkeiten auf. Bei einer Analyse der reichsgerichtlichen Rechtsprechung wird deutlich, dass schon damals Grund für diesen Zustand der Rechtsunsicherheit vor allem die Frage war, ob der Wille des Mandanten Auswirkungen auf den Tatbestand des § 356 StGB hat und ob dieser Wille eine Parteistellung oder einen Interessenwiderstreit verhindern kann. Bereits die dogmatische Einordnung dieser Frage war umstritten und hat sich im Laufe der Zeit innerhalb des deliktischen Aufbaus verschoben. Zunächst war die Parteieigenschaft das Tatbestandsmerkmal, das im Fokus der Auseinandersetzung stand, und später hat sich der Streit eher auf die Möglichkeit einer einschränkenden Interessenbestimmung verschoben.[48]

Ausgangspunkt der Auslegungsschwierigkeiten war wohl die Unsicherheit bei der Rechtsgutbestimmung bzw. möglicherweise auch der schlichte Wunsch

---

43 Zum besonderen Schutz des Beschuldigten im Strafverfahren *Hassemer,* StV 2010, 394.

44 Für einen primären Schutz eines Allgemeinrechtsgutes *Gillmeister,* in: LK/StGB, § 356 Rn. 9 m.w.N. Auf weitere Schattierungen der Ansichten zum Schutz eines Allgemeinrechtsgutes wird hier verzichtet, da die unterschiedlichen Begriffe keinen Erkenntnisgewinn bringen.

45 Für einen primären Schutz des mit dem Auftraggebers bestehenden Mandatsverhältnisses *Kretschmer,* Parteiverrat, S. 21 ff. m.w.N.

46 Für einen parallelen Schutz von Allgemein- und Individualrechtsgütern *Rogall,* in: SK/StGB, § 356 Rn. 3 m.w.N., das geschützte Rechtsgut sei die Funktionsfähigkeit der Anwaltschaft in ihren inneren und äußeren Funktionsbedingungen und zugleich aber nicht gleichrangig der Schutz des einzelnen Auftraggebers. Hier gibt es eine Vielzahl von Ansichten, die entweder eines der Rechtsgüter primär und das andere sekundär oder als Reflex geschützt sehen. Weiterführend zum Rechtsgut auch *Dahs,* in: MK/StGB, § 356 Rn. 2 ff. m.w.N.

47 *Rogall,* in: SK/StGB, § 356 Rn. 2; ähnlich auch *Dahs,* in: MK/StGB, § 356 Rn. 3.

48 *Kudlich,* in: S/S/W, § 356 Rn. 13 mit Hinweis auf *Welzel,* JZ 1954, 276; *Gillmeister,* in: LK/StGB, § 356 Rn. 57, vertiefend auch zu den älteren Ansichten bezüglich des Interesses i.S.d. § 356 StGB.

nach einer einschränkenden Auslegung des Parteiverrats gegen die Regeln der allgemeinen Dogmatik.

## II. Der Rechtsbeistand in Strafsachen

Der strafrechtliche Parteiverrat ist ein Sonderdelikt. Taugliche Täter des Parteiverrats sind Anwälte oder andere Rechtsbeistände. In Strafverfahren sind daher vor allem Verteidiger in der Gefahr, einen Parteiverrat zu begehen. Eine mögliche Strafbarkeit droht aber auch Zeugenbeiständen bzw. Nebenklagevertretern.

Um zu den streitigen Auslegungsfragen des § 356 StGB Stellung nehmen zu können, soll zunächst die Rolle des Verteidigers weiter ausgeleuchtet werden.[49] Zu diesem Zweck wird der Strukturunterschied zwischen Straf- und Zivilprozess herausgearbeitet (unten 1.), um dann auf die institutionelle Rolle des Verteidigers im Strafverfahren eingehen zu können (unten 2.). Diese wird anschließend anhand des § 146 StPO überprüft, der eine konkrete Regelung für den Ausschluss eines prozessual untragbaren Verteidigers trifft (unten 3.). Anschließend kann aufgrund des herausgearbeiteten Rollenverständnisses ein Vergleich zu den anderen professionell am Strafprozess Beteiligten erfolgen (unten 4.) und es können allgemeingültige rechtsstaatliche Prinzipien aus dieser Analyse hergeleitet werden (unten 5.).

### 1. Strukturunterschiede zwischen Straf- und Zivilprozess

Im Zivilprozess gilt der Verhandlungsgrundsatz[50], denn der Zivilprozess ist dem Zweck nach primär auf die Feststellung und Durchsetzung privater subjektiver Rechte des Einzelnen gerichtet.[51] Die Parteien haben für die tatsächlichen Urteilsgrundlagen zu sorgen und tragen dafür die alleinige Verantwortung. Auf diese Weise wird die hinsichtlich des Prozessgegenstandes kraft Dispositionsmaxime bestehende Verfügungsmacht der Parteien auch auf die Beweisgewinnung ausgedehnt.[52] Nach der Verhandlungsmaxime darf der Richter daher seinem Urteil nur das zugrunde legen, was die Parteien behaupten, unter Beweis gestellt und bewiesen haben.[53] Im Zivilprozess gilt damit das Prinzip der formellen Wahrheit.

---

49 Vgl. *Hassemer*, JuS 1987, 412: *„Funktion, Rechtsgut und Inhalt des § 356 StGB versteht man folglich nur, wenn man sich von einer materiellrechtlichen Betrachtungsweise löst und auf die Aufgaben des Rechtsbeistands im Verfahren abstellt."*

50 *Thomas/Putzo*, ZPO, Einleitung Rn. 1 m.w.N.

51 *Saenger*, Hk-ZPO, Einführung Rn. 3.

52 *Roxin/Schünemann*, Strafverfahrensrecht, S. 85.

53 *Roxin/Schünemann*, Strafverfahrensrecht, S. 85.

Im Gegensatz dazu herrscht im Strafprozess das Prinzip der materiellen Wahrheit und für deren Auffindung der Ermittlungsgrundsatz (Instruktions- bzw. Inquisitionsprinzip). Der Ermittlungsgrundsatz bedeutet, dass das Gericht den Sachverhalt selbst ermittelt und gemäß § 244 Abs. 2 StPO zur Erforschung der Wahrheit die Beweisaufnahme von Amts wegen auf alle Tatsachen und Beweismittel zu erstrecken hat, die für die Entscheidung von Bedeutung sind. Es ist dabei an Anträge und Erklärungen der Prozessbeteiligten nicht gebunden. § 155 Abs. 2 StPO bestimmt, dass innerhalb der durch die Anklage gezogenen Grenzen die Gerichte zu einer selbständigen Tätigkeit berechtigt und verpflichtet sind.[54]

Diese Grundsätze wurden auch durch die Verständigungsgesetze – zumindest offiziell[55] – nicht aufgegeben. Nach dem Wortlaut des § 257c StPO bleibt die Amtsaufklärungspflicht unberührt und auch nach dem Bundesverfassungsgericht darf die Wahrheit im Strafprozess nicht zur Disposition stehen.[56] Neben diesen prinzipiellen Unterschieden zwischen Straf- und Zivilverfahren unterscheiden sich auch die Handlungsmöglichkeiten eines Rechtsanwalts im Zivilverfahren deutlich von denen des Verteidigers im Strafverfahren.[57] Gemäß § 138 Abs. 1 ZPO ist der Zivilanwalt verpflichtet, seine Erklärungen vollständig und wahrheitsgemäß vorzutragen.[58] Dagegen hat der Rechtsanwalt im Strafprozess die Möglichkeit, alles zu tun, was dem Mandanten nutzt und nicht ausdrücklich verboten ist. Insbesondere darf er wider besseres Wissen mit prozessual zulässigen Mitteln auf den Freispruch seines schuldigen Mandanten hinwirken.[59] Der Verteidiger hat kein Recht zu Lügen, er ist aber auch nicht verpflichtet nur das vorzutragen, von dessen Richtigkeit er überzeugt ist.[60] Er hat seinen Mandanten bestmöglich zu verteidigen und ist berechtigt, auch solche Beweismittel vorzulegen, an deren Echtheit er Zweifel hat.[61]

Neben diesen strukturell unterschiedlichen Verfahrensarten und entsprechenden Rollen ist auch die außerprozessuale Tätigkeit eines Rechtsanwalts in

---

54 *Roxin/Schünemann*, Strafverfahrensrecht, S. 86.

55 Auch wenn es die eigentliche Idee der Verständigung ist, den § 244 Abs. 2 StPO einzuschränken und so die Verfahren zu verkürzen. Vgl. zur Kritik unten S. 96 ff.

56 BVerfG, NJW 2013, 1058 ff.

57 *Hassemer*, StV 2010, 394 ff. zur Rolle des Strafverteidigers.

58 Vertiefend zum Unterschied bezüglich der Wahrheitspflicht im Zivil- und Strafverfahren *Kretschmer*, Parteiverrat, S. 57 ff.

59 *Fischer*, in: KK/StPO, Einleitung Rn. 247 m.w.N.

60 *Fischer*, in: KK/StPO, Einleitung Rn. 249 m.w.N.

61 *Fischer*, in: KK/StPO, Einleitung Rn. 284 m.w.N.

Zivilsachen grundsätzlich anders als die eines Strafverteidigers.[62] So ist der Zivilanwalt vor allem auch Vertragsgestalter, Berater, Manager und Mediator.[63] Er hat den Mandanten rechtsgestaltend, konfliktvermeidend und streitschlichtend zu begleiten.[64] Schließlich bestraft § 356 StGB nicht nur ein Fehlverhalten von Rechtsanwälten sondern auch von *„anderen Rechtsbeiständen"*, also Personen, die in staatlich anerkannter Weise Rechtsbeistand leisten oder nach allgemeiner Zulassung im Einzelfall rechtliche Beratung erteilen.[65] Da für diese Personen wie z.B. Professoren – eine Verteidigertätigkeit ist gemäß § 138 Abs. 1 StGB möglich – keine anwaltsähnliche Stellung erforderlich ist, bestehen bei den *„anderen Rechtsbeiständen"* in Strafsachen ebenfalls kaum Gemeinsamkeiten zum Rechtsanwalt im Zivilverfahren.

Diese prinzipiell grundverschiedenen Prozessarten und die weiteren beruflichen Aufgaben haben auch Auswirkungen auf das für die Auslegung des § 356 StGB entscheidende Problem des Interessengegensatzes bzw. Interessenausgleichs. So wird für den Zivilanwalt propagiert, man solle sich von dem Begriff gleichgelagerter bzw. entgegengesetzter Interessen lösen und anerkennen, dass das Berufsbild des Anwalts über die einseitige Interessenverteidigung hinausgewachsen sei. Wenn Beteiligte mit unterschiedlichen Interessen einen Anwalt damit betrauen wollten, einen ausformulierten Vorschlag dazu zu erstellen, wie ihre Interessen in einem Vertragswerk zu einem vernünftigen Ausgleich zu bringen seien, spreche dem unter dem Gesichtspunkt der Integrität der Rechtspflege nichts entgegen.[66] Dem folgend ist die Literatur grundsätzlich für eine subjektive Interessenbestimmung durch die Parteien in Zivilsachen.[67]

Nunmehr hat auch der Bundesgerichtshof aufgrund der Besonderheiten in Zivilsachen[68] entschieden, dass der in der Vergangenheit zum Tatbestand des

62 Zum Anwalt im Zivilprozess vertiefend *Kretschmer,* Parteiverrat, S. 37 ff.

63 Vgl. dazu die ausführliche Darstellung der unterschiedlichen Betätigungsfelder eines Rechtsanwalts bei *Kretschmer,* Parteiverrat, S. 227 ff.; vertiefend auch *Deckenbrock,* Parteiverrat, S. 73 ff. und S. 116 f., zur Mediation sowie *Gillmeister,* in: LK/StGB, § 356 Rn. 30 m.w.N.

64 *Schlosser,* NJW 2002, 1376 mit Hinweis auf § 1 Abs. 3 BORA.

65 *Fischer,* § 356 StGB, Rn. 2 b; *Rogall,* in: SK/StGB, § 356 Rn. 11 f. m.w.N; *Dahs,* in: MK/StGB, § 356 Rn. 20 ff.; *Gillmeister,* in: LK/StGB, § 356 Rn. 18 ff.; *Matt,* in: M/R StGB, § 356 Rn. 11 ff. m.w.N.

66 *Schlosser,* NJW 2002, 1376 (1378).

67 *Rogall,* in: SK/StGB, § 356 Rn. 34 und 37 m.w.N.

68 Anders in Statussachen (z.B. Ehescheidungen) aufgrund der Geltung des Amtsermittlungsgrundsatzes. Weiterführend *Rogall,* in: SK/StGB, § 356 Rn. 36, zur Ableitung eines objektiven Interessengegensatzes aus dem Amtsermittlungsgrundsatz; a.A.

Parteiverrats geführte Meinungsstreit, ob die maßgeblichen Interessen mehrerer von demselben Rechtsanwalt vertretenen Mandanten objektiv oder nach deren subjektiv verfolgten Zielen zu bestimmen seien, überholt sei und im Grundsatz Einigkeit bestehe, dass den subjektiven Vorstellungen der Mandanten entscheidende Bedeutung zukomme. Selbst wenn sich deren Interessen teilweise widersprechen würden, könne ein Anwalt sie gemeinsam vertreten, soweit und solange das Mandat auf die Wahrnehmung solcher Interessen begrenzt sei, die sie gemeinsam verfolgen. Dies gelte für disponible Interessen bei bürgerlich rechtlichen Auseinandersetzungsansprüchen.[69]

Diese für den Zivilprozess nunmehr herrschende Meinung[70] wird auch durch praktische Überlegungen bestätigt. Denn im Unterschied zum Strafverfahren kann der Mandant im Zivilverfahren regelmäßig seine Interessen sorgfältig und in Ruhe prüfen und sich mit Vertrauenspersonen oder Mitarbeitern besprechen. Er muss dabei keine Angst haben, eine eigene Straftat zu offenbaren. Der Beschuldigte im Strafverfahren – vor allem der sich in Untersuchungshaft befindliche – hat diese Möglichkeiten nicht. Eine nicht unerhebliche Anzahl von ausländischen Beschuldigten befindet sich auch ohne ausreichende Sprachkenntnisse und finanzielle Mittel in einem für sie fremden Land. So bleibt ihnen oft nur die „Knastpropaganda" als Entscheidungsgrundlage für die Verteidigerwahl. Dies vor allem, wenn der Beschuldigte nicht mit einem Haftbefehl gerechnet und/oder noch nicht mit dem deutschen Strafrecht in Kontakt gekommen ist. Weiter ist es gerade mit Blick auf die §§ 46, 46b StGB gefährlich, sich Mitinsassen anzuvertrauen und so die eigene Position und Interessen im Gespräch zu ergründen. Die Möglichkeit, den Zellennachbarn zu verraten, kann in aussichtsloser Situation wie ein Geschenk des Himmels helfen, die eigene Strafe zu mindern oder gar abzuwenden.[71] Schließlich können Verzögerungen bei der Einlassung oder die Konsultation eines weiteren Anwalts eine Verlängerung der Untersuchungshaft bedeuten.

---

*Erb,* NJW 2003, 730 (732) und Parteiverrat, S. 229. Gegen *Erb* wiederum zutreffend *Deckenbrock,* Parteiverrat, S. 118 f.

69 BGH Beschluss v. 04.02.2010 IX ZR 190/07; *Borgmann,* NJW 2010, 1924 (1925); vgl. *Henssler/Deckenbrock,* NJW 2012, 3265 ff. (3267).

70 *Henssler/Deckenbrock,* NJW 2012, 3265 ff. (3270).

71 Nach der einschränkenden Änderung des § 46b StGB mit Wirkung zum 01.08.2013 besteht in den Fällen, in denen die durch den Zeugen offenbarte Tat nicht mit seiner eigenen Tat im Zusammenhang steht, nicht mehr die Möglichkeit von der Kronzeugenregelung Gebrauch zu machen, gleichwohl scheint eine Milderung gemäß § 46 StGB realistisch.

Eine solche Verzögerung kann z.B. der Durchführung eines beschleunigten Verfahrens gemäß § 417 ff. StPO entgegenstehen.

Im Ergebnis kann sich die Untersuchung des § 356 StGB auch deswegen auf Strafsachen beschränken, weil sich im Zivilprozess die streitige Frage der Interessenbestimmung aufgrund der Dispositionsmaxime nicht stellt. Schließlich spricht auch die persönliche Situation des Mandanten im Zivilverfahren eher für die tatsächliche Möglichkeit einer eigenverantwortlichen Entscheidung und damit für eine wirksame Identifikation der jeweiligen Interessen.

## 2. Institutionelle Stellung des Verteidigers in Strafsachen

Im nachfolgenden Abschnitt soll zunächst auf die Rolle des Verteidigers eingegangen, dann eine mögliche Weisungsgebundenheit gegenüber seinem Mandanten thematisiert und anschließend die Erheblichkeit dieser streitigen Punkte für die Auslegung des § 356 StGB herausgearbeitet werden.

### *a) Organ der Rechtspflege oder einseitiger Interessenvertreter?*

Die institutionelle Stellung des Verteidigers in Strafsachen ist seit langer Zeit umstritten.[72] Im Kern geht es dabei um die Frage, ob der Strafverteidiger Organ der Rechtspflege[73] oder ein nur seinem Mandanten verpflichteter Interessenvertreter[74] ist. Diese unterschiedlichen Sichtweisen haben Auswirkungen auf die Rechte und Pflichten der Verteidiger in verschiedenen Situationen.[75]

Unabhängig von den streitigen Einzelfragen gibt es einen grundsätzlichen Konsens zur Funktion und Bedeutung des Verteidigers. So ist der Verteidiger als rechtsstaatlicher Garant der Unschuldsvermutung bei schwerwiegenden Vorwürfen unverzichtbar.[76] Auch ist der Beschuldigte häufig wegen seiner mangelnden fachlichen Qualifikation zur eigenen Verteidigung nicht ausreichend imstande.[77]

---

72 *Roxin/Schünemann,* Strafverfahrensrecht, S. 113 ff. m.w.N.; Vertiefend zur prozessualen Stellung *Albrecht,* Kriminologie, S. 236 ff.

73 Dafür spricht § 1 BRAO: *„Der Rechtsanwalt ist ein unabhängiges Organ der Rechtspflege"*; BVerfGE 53, 207 (214); BGHSt 15, 326; *Fischer,* in: KK/StPO, Einleitung Rn. 245; *Laufhütte/Willnow,* KK/StPO, Vor § 137 Rn. 5 ff. m.w.N.

74 *Bernsmann,* StraFo 1999, 226 ff.; *Lüderssen/Jahn,* in: LR/StPO, Vor § 137 Rn. 33 ff. (Vertragstheorie) m.w.N.

75 *Albrecht,* Kriminologie, S. 236.

76 Vgl. die Fälle der notwendigen Verteidigung gem. § 140 StPO; *Fischer,* in: KK/StPO, Einleitung Rn. 243 m.w.N.

77 *Roxin/Schünemann,* Strafverfahrensrecht, S. 113.

Die Anwälte sind daher als unabhängige, verschwiegene und geradlinige Berater und Vertreter ihrer Mandanten ein unverzichtbares rechtsstaatliches Element.[78]

Für die Funktion des Rechtsanwalts als Organ der Rechtspflege wird angeführt, dass sich aus dem Institut der Pflichtverteidigung gemäß § 140 StPO ergebe, dass das Gesetz die Strafverteidigung nicht als Privatangelegenheit des Beschuldigten ansehe. Da es in den gravierenden Fällen nicht darauf ankomme, ob der Beschuldigte einen Verteidiger möchte, könne dieser nicht ausschließlich im subjektiven Interesse des Beschuldigten agieren.[79] Dies spreche auch dafür, dass der dem Beschuldigten gegen dessen Willen beigeordnete Verteidiger nicht gänzlich den Anweisungen des Beschuldigten unterworfen ist.[80] So sei der Pflichtverteidiger in erster Linie dem Staat verpflichtet.[81] *Roxin/Schünemann* versuchen sich mit einer Synthese der unterschiedlichen Theorien und bezeichnen den Verteidiger als zur ausschließlichen Geltendmachung der gesetzlich legitimierten Verteidigungsinteressen des Beschuldigten berufen und in dieser Funktion Organ der Rechtspflege.[82] Dazu führen sie aus, dass diese Einordnung des Verteidigers als Organ der Rechtspflege im ausschließlichen Dienst der gesetzlich zulässigen Beschuldigteninteressen starke sozialstaatliche, ja paternalistische Züge trage.[83]

Dagegen gehen die Vertreter der Interessentheorie davon aus, den Beschuldigten allein bei der Wahrung seiner Interessen zu unterstützen.[84] Insbesondere *Lüderssen/Jahn* gehen von einer rein zivilrechtlichen Verpflichtung des Verteidigers gegenüber seinem Mandanten aus (Vertragstheorie).[85]

Die Regelung des § 140 StPO und damit das Institut der notfalls auch „aufgenötigten" Pflichtverteidigung zeigt, dass das Gesetz die Strafverteidigung nicht als Privatangelegenheit des Beschuldigten ansieht.[86] So erhält er nur über seinen Verteidiger unbeschränkte Akteneinsicht und kann wirksam eine Revision einlegen und begründen.[87] Besonders in den strafprozessualen Situationen, in

---

78 *Jaeger*, NJW 2004, 1 ff.

79 *Roxin/Schünemann*, Strafverfahrensrecht, S. 115.

80 *Roxin/Schünemann*, Strafverfahrensrecht, S. 115.

81 BVerfG, NJW 1975, 1015 (1016): *„Bestellung zum Pflichtverteidiger – als eine besondere Form der Indienstnahme Privater zu öffentlichen Zwecken."*

82 *Roxin/Schünemann*, Strafverfahrensrecht, S. 115 m.w.N.

83 *Roxin/Schünemann*, Strafverfahrensrecht, S. 116 m.w.N.

84 *Roxin/Schünemann*, Strafverfahrensrecht, S. 114 m.w.N.

85 *Lüderssen/Jahn*, in LR/StPO, Vor § 137 Rn. 33 ff.

86 Daher überzeugt die Konzeption von *Lüderssen* und *Jahn* nicht, vgl. *Albrecht*, Kriminologie, S. 237 m.w.N. und *Roxin/Schünemann*, Strafverfahrensrecht, S. 115 m.w.N.

87 Wobei hier die praktisch nicht genutzte Möglichkeit besteht, dies beim Rechtspfleger vorzunehmen.

denen Zweifel an der Eigenverantwortlichkeit des Beschuldigten bestehen, trägt der Verteidiger eine höhere Verantwortung und entsprechend eigenständige Rechte. So ist vor der Unterbringung des Beschuldigten zur Begutachtung gemäß § 81 StPO allein der Verteidiger und nicht auch der betroffene Beschuldigte anzuhören.[88] Dies zeigt, dass in Unterbringungsverfahren der Rechtsanwalt eine erhöhte professionelle Verantwortung gegenüber seinem Mandanten trägt. Als Verteidiger nimmt der Rechtsanwalt nicht nur ein durch privatrechtlichen Geschäftsbesorgungsvertrag erteiltes Mandat wahr; er fungiert zugleich als Prozessbeteiligter mit eigenen Rechten und Pflichten in einem öffentlich-rechtlich geordneten Verfahren, in dem über den Strafanspruch der staatlichen Gemeinschaft eine Entscheidung gefällt werden soll. Er ist damit nicht nur Beauftragter seines Mandanten, sondern – gerade in seiner Rolle als Beistand des Beschuldigten – Organ der Rechtspflege.[89]

### b) *Weisungsgebundenheit oder Eigenverantwortlichkeit?*

Nachdem die Rolle des Verteidigers als Organ der Rechtspflege herausgearbeitet wurde, stellt sich die für die Interessenbestimmung erhebliche Frage, ob der Verteidiger die Wünsche seines Mandanten blind befolgen muss oder in eigener Verantwortung – auch gegen die Vorgaben des Mandanten – agieren darf. Grundsätzliche Übereinstimmung besteht dahingehend, dass der Verteidiger eine Einwirkungsverpflichtung auf seinen Mandanten hat, er also auf ein aus seiner Sicht angebrachtes und erfolgversprechendes Verhalten hinwirken muss.[90] Weitergehend wird vertreten, dass es zu den vertraglichen Pflichten des Rechtsanwalts gehöre, den Mandanten vor Dummheiten zu bewahren, ihm zu „*seinem*" Recht zu verhelfen und ihn dabei – soweit möglich – sogar vor sich selbst zu schützen.[91] Der Verteidiger sei unabhängig und handle aus eigener Verantwortung; er sei nicht an Weisungen seines Mandanten gebunden.[92] So könne der Verteidiger entlastende Beweisanträge – etwa auf eine Zeugenvernehmung – auch gegen den Willen des Beschuldigten, der vielleicht den zu Vernehmenden

88 Meyer-Goßner/*Schmitt,* § 81 StPO Rn. 14 m.w.N.

89 BVerfG, NJW 1975, 1013 (1014); Meyer-Goßner/*Schmitt,* Vor § 137 StPO Rn. 1 und *Laufhütte/Willnow,* in: KK/StPO, Vor § 137 Rn. 5 m.w.N.

90 *Rogall,* in: SK/StGB, § 356 Rn. 34.

91 Für das Erbrecht *Offermann-Burckart,* ZEV 2007, 151 (152) und NJW 2010, 2489 (2490).

92 Meyer-Goßner/*Schmitt,* Vor § 137 StPO, Rn. 1 m.w.N.; *Rogall,* in: SK/StGB, § 356 Rn. 36, konkret im Zusammenhang mit der Interessenbestimmung beim Parteiverrat.

decken möchte, stellen.[93] Ebenso könne er beantragen, den Beschuldigten auf seinen psychischen Zustand untersuchen zu lassen, selbst wenn dieser sich für normal hielte und von einer Anstaltsbeobachtung nichts wissen wolle; er könne sogar Freispruch beantragen, obwohl der Angeklagte sich (aus welchen Gründen immer) zu Unrecht schuldig bekannt habe.[94]

Klarstellend hat auch der Bundesgerichtshof entschieden, dass der Verteidiger Beistand gemäß der Bezeichnung in § 137 StPO und nicht Vertreter des Beschuldigten sei. Diese Aufgabe verlange von ihm, sich allseitig unabhängig zu halten und, wo er durch Anträge oder auf sonstige Weise in das Verfahren eingreife, dies in eigener Verantwortung und unabhängig, d.h. frei von Weisungen auch des Angeklagten, zu tun.[95]

Andererseits wird aber auch vertreten, dass der Verteidiger vollständig den Weisungen des Mandanten unterworfen sei. An dieser Stelle wird vertieft auf die Ausführungen von *Kretschmer* eingegangen, weil dieser die Frage der Weisungsgebundenheit, genauso wie diese Untersuchung, als Vorbereitung auf die Auslegungsfragen des § 356 StGB aufwirft. *Kretschmer* hält eine Weisungsunabhängigkeit für eine Entmündigung des Mandanten.[96] Als Argument führt er an, dass der Mandant dem Verteidiger auch das Mandat entziehen könne und daher als *„minus"* in diesem *„maius"* auch eine Weisungskompetenz enthalten sei.[97] Aber nur weil man sich von jemandem trennen kann, der die eigenen Wünsche und Befehle nicht beachtet, heißt dies noch nicht, dass man deswegen eine Weisungskompetenz innehat. Beleg dafür sind Ehen und Partnerschaften, bei denen Trennungen möglich sind, aber eine Weisungsgebundenheit nicht mehr vertreten wird. Und auch die Behauptung, dass wenn man den Beschuldigten als verhandlungsfähig ansehe, ihn auch als eigenverantwortliche Person behandeln müsse[98], kann nicht überzeugen. Denn dabei übersieht *Kretschmer* die Fälle, in denen der Angeklagte nur für kurze Zeit, z.B. zwei Stunden am

93 *Laufhütte/Willnow,* Vor § 137 Rn. 5 m.w.N.; *Meyer-Goßner*/Schmitt, § 244 Rn. 30 m.w.N., zum selbständigen vom Mandanten unabhängigen Beweisantragsrecht des Verteidigers.

94 *Roxin/Schünemann,* Strafverfahrensrecht, S. 116.

95 BGH, NJW 1993, 3275 (3276); *Meyer-Goßner*/Schmitt, § 234 StPO Rn. 1, der Angeklagte ist in der Regel Beistand des Angeklagten und nur bei entsprechender Vollmacht auch Vertreter.

96 *Kretschmer,* Parteiverrat, S. 52 und S. 57.

97 *Kretschmer,* Parteiverrat, S. 53.

98 *Kretschmer,* Parteiverrat, S. 108 und S. 188, *„Wer prozessfähig ist sollte auch über sein Schicksal entscheiden können"*.

Tag, verhandlungsfähig ist. Für wie lange soll dieser Angeklagte dann gegen den Willen seines Verteidigers eigenverantwortlich entscheiden dürfen? Auch zwei Stunden? Und diese zwei Stunden an einem Verhandlungstag zusätzlich zu den oder nur während der zwei Stunden oder nur an einem Tag ohne Hauptverhandlung? Gilt dies auch für Unterbringungsverfahren gemäß §§ 63, 64 StGB? Wie ist es bei vermindert schuldfähigen Mandanten i.S.d. § 21 StGB? All diese Fragen zeigen, dass *Kretschmer* dem Willen des Mandanten ein zu hohes Gewicht beizumessen scheint.[99]

Insgesamt ist *Dahs*[100] darin zu folgen, dass der Berufsauftrag in der Rechtspflege es verbiete, die Verteidigung anders zu führen, als es dem sachlich begründeten Schutzinteresse des Auftraggebers entspreche. Der Verteidiger ist ein Beistand mit besonderer Sachkunde und nicht Vertreter des Beschuldigten. An Weisungen ist er nicht gebunden.[101]

#### *c) Relevanz für die Auslegung des § 356 StGB*

Über den Streit um die Stellung des Verteidigers wird oftmals nicht mehr geprüft, ob dieser überhaupt Relevanz für die Auslegung des § 356 StGB hat. Vorschnell wird aus einem Lagerdenken heraus eine vermeintliche Erheblichkeit unterstellt. Das Rollenverständnis als einseitiger Interessenvertreter spricht jedoch nicht zwingend für die subjektive Theorie und damit für die Möglichkeit, einen Interessengegensatz durch eine Willenserklärung des Mandanten aufzuheben. Denn der Schutzzweck des § 356 StGB wird nicht entscheidend durch eine entsprechende Rollenbestimmung tangiert. Auch unterstellt, der Verteidiger sei ein reiner

---

99 Zu den Anforderungen an eine Verhandlungsfähigkeit im Strafprozess BVerfG, NJW 1995, 1951 ff. (Fall Mielke). In dieser Entscheidung betont das Bundesverfassungsgericht, dass der Angeklagte nicht tatsächlich fähig sein müsse, die ihm gesetzlich eingeräumten Verfahrensrechte in jeder Hinsicht selbständig und ohne fremden Beistand wahrzunehmen. Der Verteidiger sei nach der Strafprozessordnung in weitem Umfang zur Wahrnehmung von Verteidigungsrechten des Angeklagten aus eigener Initiative ermächtigt. Er bedürfe nicht stets der ausdrücklichen Zustimmung des Angeklagten, könne vielmehr zur Wahrung von dessen objektiven Verteidigungsinteressen vielfach – etwa bei der Stellung von Beweisanträgen – sogar gegen den Willen des Angeklagten handeln. Es sei ausreichend, wenn der Angeklagte durch den Rat und den Beistand seines Verteidigers in die Lage versetzt werde, seine Verfahrensrechte aufgrund eigenen Willensentschlusses entweder selbst oder durch seinen Verteidiger auszuüben.

100 *Dahs*, Handbuch, Rn. 30.

101 BGH, NStZ 2011, 294 (295).

Interessenvertreter des Beschuldigten, muss der Beschuldigte eben in diese Rollenkonformität als reiner Interessenvertreter vertrauen können. Gleich wie die Rollenbestimmung in Nuancen ausfällt, diese Rolle muss eingehalten werden und möglichst von Interessenkonflikten befreit sein.

Der Streit um die Organstellung ist also für den § 356 StGB nicht von entscheidender Bedeutung solange Einigkeit darüber besteht, dass der Verteidiger so gut wie möglich und mit so wenigen Interessenkonflikten wie möglich die Position seines Mandanten vertreten soll. Nur weil der Verteidiger einseitiger Interessenvertreter des Mandanten ist, heißt dies nicht automatisch, dass er auch streng weisungsgebunden sein muss.[102]

#### *d) Zusammenfassung*

Der Verteidiger ist unverzichtbares Element eines rechtsstaatlichen Strafverfahrens.[103] Er ist als Organ der Rechtspflege Interessenvertreter seines Mandanten. Er hat Befugnisse aus eigenem Recht und ist verpflichtet, seinen Mandaten vor Schaden zu bewahren. Bei unüberwindbaren Differenzen ist er notfalls gehalten, das Mandat niederzulegen. Unabhängig davon, ob er als Organ der Rechtspflege oder als reiner Interessenvertreter des Mandanten gesehen wird, muss und darf er nur allein den wohlverstandenen Interessen seines Mandanten dienen.

### 3. Die strafprozessualen Ausschlusstatbestände für Rechtsbeistände

Die Strafprozessordnung enthält unterschiedliche Regelungen zu den Beteiligungsmöglichkeiten von Rechtsbeiständen. Deren Mitwirkungsrechte und entsprechende Ausschlussgründe hängen eng mit der verfahrensrechtlichen Stellung

---

102 A.A. wohl *Kretschmer,* Parteiverrat, S. 91. Zwar verpflichten Vertreter der Organtheorie den Verteidiger auch ein Stück weit gegen den Willen des Mandanten für das Interesse an einem funktionierenden Verfahren. Eine Aussage darüber, ob der Verteidiger nicht einen Rest von Unabhängigkeit von seinem Mandanten aber in dessen Interesse hat, liegt darin jedoch nicht. Dies übersieht *Kretschmer. Deckenbrock,* Parteiverrat, S. 104, argumentiert damit, dass der Verteidiger kein *„Unparteiischer"* sei. Weiter sei es nicht *„in erster Linie seine Aufgabe für den richtigen materiell-rechtlichen Ausgang des Strafverfahrens zu sorgen."* Anscheinend unterstellt *Deckenbrock* den Vertretern der objektiven Theorie, sie wollten eine Weisungsfreiheit des Verteidigers zu Gunsten des Staates. Dies ist unzutreffend, es geht um eine Weisungsfreiheit zu Gunsten des Beschuldigten. Der Verteidiger soll die Möglichkeit haben, diesen auch gegen seinen Willen zu schützen.

103 BVerfG, NJW 1983, 1535 ff., ausführlich auch zur Stellung und Geschichte der Anwaltschaft.

der jeweiligen Mandanten zusammen. Der nachfolgende Vergleich soll die unter 2. erarbeiteten Ergebnisse, anhand der in diesem Bereich erfolgten Auflösung von Interessenkonflikten, überprüfen.

### *a) Verteidiger*

Vor dem Hintergrund

- der Frage wie ein Mandant vor einem Interessenkonflikt seines Rechtsbeistandes geschützt werden kann bzw. muss,
- der weiterführenden Überlegung, ob der Wille des Mandanten einen Interessenkonflikt des Rechtsanwalts ausschließen kann
- und dem Rollenverständnis des Strafverteidigers

ist eine Untersuchung des strafprozessualen Ausschlusstatbestands für gemeinschaftliche Verteidiger gemäß § 146 StPO nahe liegend. Denn eine drohende Strafbarkeit gemäß § 356 StGB hat bei jedem vernünftigen Verteidiger die gleichen Konsequenzen. Er würde freiwillig auf das Mandat verzichten bzw. es niederlegen, um keine eigene Strafbarkeit zu riskieren.

§ 146 StPO verbietet einem Verteidiger, gleichzeitig mehrere derselben Tat Beschuldigte zu verteidigen. Weiter darf er auch nicht in einem Verfahren gleichzeitig mehrere verschiedener Taten Beschuldigte verteidigen. Bei dem Vergleich des § 356 StGB mit dem § 146 StPO ist zu beachten, dass nach dem Wortlaut des § 146 StPO nur der Ausschluss von Verteidigern des Beschuldigten geregelt ist, § 356 StGB dagegen weitergehend die pflichtwidrige Vertretung von Parteien durch Anwälte oder andere Rechtsbeistände unter Strafe stellt. Mit dem Verbot einer gleichzeitigen Doppelvertretung gemäß § 146 StPO sollen Interessenkonflikte, die bei gemeinschaftlicher Verteidigung auftreten können, vermieden werden. Ausgangspunkt der Norm ist die Überzeugung, dass der gemeinschaftliche Verteidiger seiner Beistandsfunktion gegenüber mehreren Beschuldigten nicht gerecht werden kann, wenn der eine Beschuldigte, um sich zu entlasten, den anderen belastet oder belasten müsste.[104] Dieser Konflikt tritt selbstverständlich nur dann auf, wenn mehrere Beschuldigte ein und dieselbe Person zum Verteidiger haben. Bei einer Vertretung durch unterschiedliche Verteidiger scheidet die Möglichkeit, dass der Widerstreit ihrer Interessen die Verteidiger in einen Pflichtenkonflikt bringt, von vornherein aus. So soll die Norm den Beschuldigten auch gegen seinen Willen davor schützen, dass der Verteidiger in einen Interessenwiderstreit gerät und dadurch seine

---

104 BVerfG, NJW 1975, 1013 (1014).

Beistandsfunktion, die es auch im öffentlichen Interesse zu bewahren gilt, beeinträchtigt wird.[105]

Im Regelungsbereich des § 146 StPO sorgt § 146a StPO für die notwendige Rechtssicherheit und Rechtsklarheit. Nach § 146a StPO ist der jeweilige Verteidiger bei einem Verstoß gegen § 146 StPO, sobald dieser erkennbar wird, zurückzuweisen. Dies gilt für das gesamte Verfahren, also auch, wenn die Voraussetzungen des § 146 StPO erst nach der Verteidigerwahl eintreten. Für die Entscheidung über eine Zurückweisung ist das Gericht zuständig, bei dem das Verfahren anhängig ist oder das für das Hauptverfahren zuständig wäre. Festzuhalten ist also, dass nicht der betroffene Verteidiger oder sein Mandant über den Ausschluss aus dem Strafverfahren entscheidet, sondern ein unabhängiger Richter. Dabei ist dem Gesetzgeber die Rechtsklarheit und Rechtssicherheit so wichtig, dass er mit der Regelung des § 146 StPO auf eine Einzelfallabwägung zugunsten eines objektiven Ausschlusstatbestandes verzichtet. *Lüderssen/Jahn* stellen insoweit fest, der Gesetzgeber habe seinerzeit die richterliche Einzelabwägung aufgegeben und die Verteidigung mehrerer Beschuldigter durch einen gemeinschaftlichen Verteidiger schlechthin kraft Gesetzes, also ohne die Möglichkeit richterlicher Prüfung im Einzelfall, für unzulässig erklärt. Grundsätzlich bestehe die Gefahr einer Interessenkollision und das Gericht könne im Einzelfall schwer beurteilen, ob ein Ausschließungsgrund vorliege. Daher sei die Unzulässigkeit klarer und eindeutiger als ein Ausschließungsgrund. Dadurch würden auch prozessuale Komplikationen durch eine späte Verteidigerausschließung vermieden.[106]

Erwähnenswert ist auch, dass gemäß § 146a Abs. 2 StPO Handlungen, die ein Verteidiger vor der Zurückweisung vorgenommen hat, nicht deshalb unwirksam sind, weil die Voraussetzungen des § 146 StPO vorlagen. Damit ist dem Gesetzgeber die Rechtssicherheit ersichtlich wichtiger, als eine möglicherweise unkorrekte Prozesshandlung eines Verteidigers.

Die gesetzliche Regelung in den §§ 146 und 146a StPO zeigt: Bei Interessenkollisionen kann der Verteidiger die ihm rechtsstaatlich zugewiesene Rolle nicht erfüllen und muss ausgeschlossen werden.[107] Über den Ausschluss entscheidet

---

105 Meyer-Goßner/*Schmitt*, § 146 StPO Rn. 1 m.w.N.

106 *Lüderssen/Jahn*, LR/StPO, § 146 Rn. 1 m.w.N.

107 Vgl. BGH, NStZ 2003, 378, der zu § 142 StPO ausführt, dass der Wunsch des Beschuldigten von einem bestimmten Rechtsanwalt verteidigt zu werden, mit einem möglichen Konflikt dieses Rechtsanwalts in Bezug auf die Interessen eines anderen – auch früheren – Mandanten kollidieren könne. Ein absehbarer Interessenkonflikt könne der Bestellung zum Pflichtverteidiger entgegenstehen, wenn eine mindere Effektivität des Verteidigereinsatzes zu befürchten sei. Die durch gerichtliche Fürsorgepflicht

nicht der Betroffene selbst, sondern das Gericht. Ein objektiver Ausschlusstatbestand ist einer Einzelfallabwägung vorzuziehen, da sich auf diese Weise Rechtsklarheit und Rechtssicherheit erreichen lassen. Der Wille des Mandanten ist im Rahmen des § 146 StPO unbeachtlich. Prozesshandlungen müssen grundsätzlich wirksam sein.

### b) *Zeugenbeistand*

Gemäß § 68b StPO können sich auch Zeugen eines anwaltlichen Beistandes bedienen.[108] Einem zur Vernehmung des Zeugen erschienenen anwaltlichen Beistand ist die Anwesenheit gestattet. Nach § 68b Abs. 2 StPO ist einem Zeugen, der bei seiner Vernehmung keinen anwaltlichen Beistand hat und dessen schutzwürdigen Interessen nicht auf andere Weise Rechnung getragen werden kann, für deren Dauer ein solcher beizuordnen, wenn besondere Umstände vorliegen, aus denen sich ergibt, dass der Zeuge seine Befugnisse bei seiner Vernehmung nicht selbst wahrnehmen kann. § 142 Absatz 1 StPO gilt entsprechend.

Falls seine Anwesenheit die geordnete Beweiserhebung nicht unwesentlich beeinträchtigt, kann der Rechtsbeistand von der Vernehmung ausgeschlossen werden.[109] Dies ist neben weiteren Ausschlussgründen dann möglich, wenn

---

zu sichernde Effektivität der Verteidigung sei gegenüber der aktiven Mitwirkung des Beschuldigten bei der Suche nach einem Verteidiger regelmäßig als vorrangig zu werten. Zwar sei der Rechtsanwalt grundsätzlich allein für die Wahrung seiner Berufspflichten verantwortlich, daher sei regelmäßig der Rechtsanwalt gegebenenfalls auch der Beschuldigte anzuhören. Bei der Entscheidung, ob der wichtige Grund einer Gefahr einer Interessenkollision vorläge, habe der Gerichtsvorsitzende einen Beurteilungsspielraum. Den Beschuldigten sei in diesen Fällen eine – laienhafte Verkennung der eigenen Verteidigungsinteressen – nicht als verschuldet anzulasten. So war die Revision des Beschuldigten erfolgreich, obwohl die als fehlerhaft gerügte Pflichtverteidigerbestellung gerade auf Wunsch des Beschuldigten erfolgte. Vgl. auch die erfolgreiche Revision BGH, NStZ 2006, 404.

108 Zum Zeugenbeistand vertiefend *Kretschmer*, Parteiverrat, S. 215 ff., der verletzte Zeuge *„Opferzeuge"* sei Partei, er habe strafprozessuale Mitwirkungsrechte und zivilrechtliche Schadensersatzansprüche. Auch der *„gewöhnliche"* Zeuge sei Partei i.S.d. § 356 StGB. § 407 StPO regelt die Mitwirkungsrechte für den Beistand und Vertreter des Verletzten. Weiterführend *Wessing/Ahlbrecht*, Der Zeugenbeistand, S. 5 ff., zu den rechtlichen Grundlagen und dem Selbstverständnis des Zeugenbeistands; Konkret zum Zeugenbeistand und der Gefahr eines Parteiverrats *Dahs*, in: FS Puppe, S. 1545 ff.

109 Ausführlich zu den Ausschlussgründen *Wessing/Ahlbrecht*, Der Zeugenbeistand, S. 37 ff.

aufgrund bestimmter Tatsachen anzunehmen ist, dass das Aussageverhalten des Zeugen dadurch beeinflusst wird, dass der Beistand nicht nur den Interessen des Zeugen verpflichtet erscheint. Eine sorgfältige Prüfung von Interessenkollisionen ist dann vorzunehmen, wenn der Beistand mehrere Zeugen vertritt.[110] Denn es muss sichergestellt sein, dass sich die Beratung des Zeugen an seinem Interesse und nicht auch am möglicherweise gegenläufigen Interesse anderer Personen orientiert.[111]

Auch bei der Regelung des Zeugenbeistandes ist der Gesetzgeber dem Erfordernis der Rechtssicherheit nachgekommen und insoweit ist gemäß § 68b Abs. 3 StPO die Entscheidung über einen Ausschluss unanfechtbar.

### *c) Nebenklagevertreter*

Gemäß § 395 StPO sind besonders schutzwürdige Opfer von Straftaten berechtigt, sich an dem Verfahren zu beteiligen.[112] Die Möglichkeit, dabei durch einen Nebenklagevertreter eigene Rechte wahrzunehmen, hat sich im Laufe der Jahre stetig erweitert.[113] Nach § 397 Abs. 1 StPO ist der Nebenkläger, auch wenn er als Zeuge vernommen werden soll, zur Anwesenheit in der Hauptverhandlung berechtigt und zur Hauptverhandlung zu laden. Die Befugnis zur Ablehnung eines Richters oder Sachverständigen, das Fragerecht, das Recht zur Beanstandung von Anordnungen des Vorsitzenden und von Fragen, das Beweisantragsrecht sowie das Recht zur Abgabe von Erklärungen stehen auch dem Nebenkläger zu. Dieser ist, soweit gesetzlich nichts anderes bestimmt ist, im selben Umfang zuzuziehen und zu hören wie die Staatsanwaltschaft. Entscheidungen, die der Staatsanwaltschaft bekannt gemacht werden, sind auch dem Nebenkläger bekannt zu geben.

Gemäß § 397 Abs. 2 StPO kann sich der Nebenkläger des Beistands eines Rechtsanwalts bedienen oder sich durch einen solchen vertreten lassen. Der Rechtsanwalt ist zur Anwesenheit in der Hauptverhandlung berechtigt. Er ist vom Termin der Hauptverhandlung zu benachrichtigen, wenn seine Wahl dem

---

110 *Senge*, in: KK/StPO § 68 b Rn. 3; Nach BT-Drs. 16/12098, S. 17, ist bei einer Vertretung eines Zeugen und eines Beschuldigten regelmäßig ein Interessenkonflikt gegeben.

111 BT-Drs. 16/12098, S. 17.

112 *Meyer-Goßner*/Schmitt, Vor § 395 StPO Rn. 1 m.w.N. § 406g StPO regelt die Mitwirkungsrechte für den Beistand des nebenklageberechtigten Verletzten. Weiterführend *Roxin/Schünemann*, Strafverfahrensrecht, S. 513 ff., zu den Beteiligungsmöglichkeiten des Verletzten am Strafverfahren.

113 *Barton*, JA 2009, 753 und *ders.*, StraFo 2011, 161; *Roxin/Schünemann*, Strafverfahrensrecht, S. 521 ff.

Gericht angezeigt oder er als Beistand bestellt wurde. Durch die Nebenklage soll die Rolle von Opfern im Strafverfahren gestärkt werden.

Die Vertretung mehrerer Nebenkläger durch einen gemeinschaftlichen Rechtsanwalt ist zulässig.[114] Der Gesetzgeber hat keine Reglung getroffen, um einen möglichen Interessenwiderstreit aufzulösen. Zu erwägen ist jedoch, ob die Regelung für einen Zeugenbeistand (§ 68b StPO) auf einen Nebenklagevertreter analog anzuwenden ist, da jeder Nebenkläger auch ein potentieller Zeuge ist. Grundsätzlich sollten keine Unterschiede zwischen Verteidiger, Nebenkläger und Zeugenbeistand gemacht werden,[115] denn der Nebenklagevertreter hat im Wesentlichen ähnliche Rechte wie ein Verteidiger.[116]

Regelmäßig werden in landgerichtlichen Verfahren – in denen hohe Freiheitsstrafen zu erwarten sind – Zeugen vom Angeklagten der Falschaussage bezichtigt und oftmals wird auch eine Strafanzeige erstattet. Gleiches gilt für Entlastungszeugen, wenn der Sitzungsvertreter der Staatsanwaltschaft den Eindruck hat, dass diese begünstigende Falschaussagen tätigen. Oft wird dann schon während der laufenden Hauptverhandlung ein Ermittlungsverfahren gegen den Zeugen eingeleitet. Daher brauchen auch diese Zeugen einen von Interessenkonflikten befreiten Rechtsbeistand. Die Regelung des § 68b StPO ist daher zumindest analog auch auf Nebenklagevertreter anzuwenden. Dabei müsste natürlich auch berücksichtigt werden, dass eine hohe Anzahl von Nebenklagevertretern die Grenzen des prozessual Praktikablen erreichen kann (z.B. das NSU-Verfahren).[117]

### *d) Ergebnis*

Auch die prozessualen Regelungen für die Vertretung und Begleitung der Verfahrensbeteiligten durch Rechtsbeistände haben die Intention, Interessenkonflikte zu vermeiden. Insbesondere die schutzwürdigen Interessen der Mitbeschuldigten

---

114 OLG Hamburg, NStZ-RR 2013, 153: „*Anders als beim Angeklagten ist beim Nebenkläger eine Mehrfachvertretung grundsätzlich zulässig, da diese hier regelmäßig nicht mit Interessenkonflikten verbunden ist.*“; OLG Köln, StV 2014, 277 f.; *Meyer-Goßner/* Schmitt, § 397 StPO Rn. 11.

115 Nach *Dahs*, in: MK/StGB, § 356 Rn. 13, gilt die strafrechtliche Haftung des § 356 StGB umfassend, gleichgültig in welcher spezifisch anwaltlich-prozessualen Funktion der Rechtsanwalt tätig wird, z.B. Strafverteidiger, Nebenklagevertreter, Zeugenbeistand oder Opferanwalt (§§ 406 f, 406 g StPO).

116 *Barton*, JA 2009, 753 (754).

117 Weiterführend zur Frage einer Gruppenvertretung der Nebenkläger *Pues*, StV 2014, 304 ff.

oder Zeugen verlangen nach nur ihnen verpflichteten Rechtsbeiständen. Rechtssicherheit ist von entscheidender Bedeutung. Dabei zeigt schon die kontinuierliche Ausweitung von Zeugenrechten, dass dessen Rolle von einem reinen Beweismittel zu einem eigenständigen Akteur – womöglich sogar zu einer Partei i.S.d. § 356 StGB – aufgewertet wurde.

Eine engagierte Strafverteidigung mit unter Umständen schweren Einzelfallentscheidungen verlangt eine Menge vom Verteidiger. Daher ist er auf eindeutige Grenzen seiner Rechte angewiesen und sollte nicht durch rechtliche Grauzonen in die Gefahr der eigenen Strafbarkeit geführt werden. So ist auch das Bundesverfassungsgericht zu verstehen, wenn es zur Stellung des Verteidigers im Zusammenhang mit der Verständigungsgesetzgebung ausführt, dass angesichts der besonderen Bedeutung, die dem Vertrauensverhältnis zwischen dem Beschuldigten und seinem Verteidiger unter rechtsstaatlichen Gesichtspunkten zukomme, es sich verbiete, im Strafprozess Verfahrensweisen vorzusehen, die – etwa auf Grund der Schaffung sachwidriger Anreize – erwarten ließen, dass dieses Vertrauen unterlaufen und damit das Recht auf eine effektive Verteidigung entwertet würde.[118]

## 4. Ausschlusstatbestände für Richter und Staatsanwälte

Der nachfolgende Vergleich mit anderen Verfahrensbeteiligten hinsichtlich der Lösung von Interessenkonflikten erfolgt mit dem Ziel, rechtsstaatliche Prinzipien herauszuarbeiten, die zur Auslegung des § 356 StGB herangezogen werden können. Dabei soll zunächst auf den zentralen Akteur in der Hauptverhandlung – den Richter – eingegangen werden.

Da der Richter neben der Verhandlungsleitung auch noch das Urteil spricht, gewährleistet das Grundgesetz den Beteiligten eines gerichtlichen Verfahrens, vor einem unabhängigen und unparteilichen Richter zu stehen, der die Gewähr für Neutralität und Distanz gegenüber allen Verfahrensbeteiligten und dem Verfahrensgegenstand bietet.[119] Dieser verfassungsrechtliche Anspruch wurde durch eine umfassende gesetzliche Normierung umgesetzt und damit der Gefahr, die durch Interessenkonflikte von Richtern entsteht und deren Neutralität beeinträchtigen kann, begegnet. So regelt § 22 StPO, dass ein Richter von der Ausübung des Richteramtes kraft Gesetzes ausgeschlossen ist, wenn er selbst durch die Straftat verletzt ist oder in einem nahen Verwandtschaftsverhältnis zum Beschuldigten steht. Weiter auch, wenn der Richter in der Sache als Beamter der Staatsanwaltschaft,

---

118 BVerfG, NJW 2013, 1058 (1061).

119 BVerfG, NJW 2013, 1058 (1061).

als Polizeibeamter, als Anwalt des Verletzten oder als Verteidiger tätig gewesen ist oder in der Sache als Zeuge oder Sachverständiger vernommen wurde.[120] Weitere Ausschlussgründe, die auf eine professionelle Vorbefassung des Richters abstellen, finden sich in § 23 StPO. Schließlich kann gemäß § 24 StPO ein Richter wegen Besorgnis der Befangenheit abgelehnt werden, wenn ein Grund vorliegt, der geeignet ist, Misstrauen gegen seine Unparteilichkeit zu rechtfertigen.

Damit das Strafverfahren nicht unter der Unsicherheit eines möglicherweise ausgeschlossenen Richters leidet, finden sich strenge formale Voraussetzungen für einen Richterausschluss in § 26a StPO. So verwirft das Gericht die Ablehnung eines Richters als unzulässig, wenn die Ablehnung verspätet ist, ein Grund zur Ablehnung oder ein Mittel zur Glaubhaftmachung nicht angegeben wurde. Unzulässig ist eine Ablehnung auch dann, wenn offensichtlich das Verfahren nur verschleppt oder nur verfahrensfremde Zwecke verfolgt werden sollen. In § 27 StPO wird der weitere Gang des Ablehnungsverfahrens exakt geregelt. Diese Vorschriften werden durch eine nahezu lückenlose Rechtsprechung[121] ergänzt und ausgefüllt, so dass zu jedem Zeitpunkt des Strafverfahrens Rechtssicherheit über die Funktionskonformität des Richters besteht bzw. hergestellt werden kann.[122] Geschützt wird die Einhaltung dieser Regeln über den absoluten Revisionsgrund des § 338 Nr. 2 StPO[123], mit dem der Gesetzgeber die Einhaltung dieser Vorschriften auch in der Praxis garantiert.

Ein weiterer wichtiger Akteur im Strafverfahren ist die Staatsanwaltschaft. Für Staatsanwälte gelten die §§ 22 ff. StPO nicht entsprechend.[124] Gleichwohl ist die Problematik eines befangenen Staatsanwalts bekannt und es gibt eine Reihe von Lösungsvorschlägen.[125] Hintergrund ist auch hier der Wunsch nach einem nur der Sache verpflichteten Staatsanwalt, der dem Beschuldigten und

120 Auch diese Gleichstellung der Rolle des Anwalts des Verletzten mit der eines Verteidigers ist ein Argument für eine Gleichbehandlung von Verteidiger, Nebenklagevertreter und Zeugenbeistand bei der Auflösung von Interessenkonflikten.

121 Vgl. die zahlreichen Nachweise bei *Scheuten,* in: KK/StPO, §§ 22 bis 31.

122 § 25 StPO bestimmt für die Ablehnung wegen der Besorgnis der Befangenheit im Interesse der Verfahrensbeschleunigung einen Zeitpunkt der spätestmöglichen Geltendmachung. Weiterführend *Scheuten,* in: KK/StPO, § 25 Rn. 1 ff.

123 *Gericke,* in: KK/StPO, § 338 Rn. 55 ff. m.w.N.; *Hamm,* Die Revision in Strafsachen, S. 156 ff.

124 Meyer-Goßner/*Schmitt,* Vor § 22 StPO Rn. 3 ff. m.w.N.; *Scheuten,* in: KK/StPO, Vor §§ 22 bis 31 Rn. 1 m.w.N.

125 Vgl. *Erb,* Parteiverrat, S. 167 ff., der von einem Handlungsverbot für einen befangenen Staatsanwalt ausgeht.

dem Verfahrensgegenstand mit der größtmöglichen Neutralität begegnet. Grundsätzlich besteht ein Konsens dahingehend, dass zunächst der einzelne Staatsanwalt selbst seine Ablösung veranlassen muss, wenn er sich für befangen hält. Dann hat der Vorgesetzte des staatsanwaltschaftlichen Dezernenten die Verpflichtung, den Staatsanwalt gemäß § 145 Abs. 1 GVG von seinen Amtshandlungen zu befreien.[126]

Ein Recht der anderen Prozessbeteiligten, eine Ablösung des Staatsanwalts zu erzwingen, gibt es nicht, diese können nur darauf hinwirken. Dabei muss beachtet werden, dass bei einem Ausschluss wegen der Besorgnis der Befangenheit ein anderer Maßstab als bei Richtern herangezogen werden muss. Hier gilt es die besondere Rolle der Staatsanwaltschaft als Ermittler zu berücksichtigen. So darf nicht unbeachtet bleiben, dass der Gesetzgeber – um die Problematik des befangenen Staatsanwalts wissend – keine gesetzliche Regelung verabschiedet und damit für erforderlich gehalten hat. Es handelt sich daher um eine bewusste Nichtregelung von Ausschlussgründen für „befangene" Staatsanwälte. Gleichwohl gibt es immer wieder Versuche, den Ausschluss eines „befangenen" Staatsanwalts zu regeln bzw. über Richterrecht zu einem Ausschluss zu gelangen.

Für die Notwendigkeit eines unbefangenen Staatsanwalts spricht auch die Feststellung des Bundesverfassungsgerichts, dass der Staatsanwaltschaft die besondere Rolle zukomme, die Rechtmäßigkeit des Verfahrens zu überwachen. Ihr sei die Aufgabe zugewiesen, an der Sicherung der Gesetzmäßigkeit des Verfahrensablaufs und -ergebnisses mitzuwirken. Mit ihrer Verpflichtung zur Objektivität gemäß § 160 Abs. 2 StPO sei sie Garantin für Rechtsstaatlichkeit und gesetzmäßige Verfahrensabläufe und gewährleiste als Vertreterin der Anklage eine effektive Strafrechtspflege.[127] Dem Rechnung tragend wird sich das Revisionsrecht wohl zu einem wirksamen Instrument gegen befangene Staatsanwälte entwickeln. Bereits jetzt soll die unzulässige Mitwirkung eines *„ausgeschlossenen"* Staatsanwalts in der Hauptverhandlung mit der Revision gerügt werden können.[128] Problematisch erscheint dabei jedoch das Beruhen des vom Gericht gesprochenen Urteils aufgrund einer unzulässigen Mitwirkung des Staatsanwalts bzw. der Nachweis für ein solches Beruhen.[129]

126 Meyer-Goßner/*Schmitt*, Vor § 22 StPO Rn. 4 m.w.N.

127 BVerfG, NJW 2013, 1058 (1066).

128 Vgl. Meyer-Goßner/*Schmitt*, Vor § 22 StPO Rn. 6 m.w.N und *Scheuten*, in: KK/StPO; Vor §§ 22 Rn. 6.

129 *Erb*, Parteiverrat, S. 171 m.w.N.

Die Untersuchung der Regelung von Interessenkonflikten bei den anderen Hauptakteuren im Strafverfahren – Gericht und Staatsanwaltschaft – zeigt, dass der Strafprozess ein sorgfältig ausbalanciertes System ist, in dem die unterschiedlichen Beteiligten streng definierte Rollen ausfüllen. Diese institutionalisierten Rollen sollen einen ausgeglichenen Prozess zur Erlangung der materiellen Wahrheit ermöglichen. Damit diese Rollen unbeeinflusst ausgeübt werden können, müssen außersystemische Einflüsse – soweit möglich – vermieden werden. Insbesondere Interessen, die nicht Teil der professionellen Rolle sind, können diese Rollenkonstanz beeinträchtigen und führen zum Ausschluss des jeweiligen Beteiligten. Das Rollengefüge ist Teil unseres Rechtsstaats. Interessenkollisionen sollen bereits im Ansatz verhindert werden. Der Ausschlussgrund des § 24 Abs. 2 StPO zeigt, dass allein der Anschein von Befangenheit zum Ausschluss führen kann. Über den Interessenkonflikt entscheidet nicht nur der Betroffene selbst. Die Entscheidung über einen Ausschluss ist überprüfbar.

## 5. Ergebnis

Aus den Unterschieden zwischen Zivil- und Strafverfahren, der Stellung des Verteidigers im Strafverfahren, der Regelung des § 146 StPO und dem Vergleich mit anderen professionellen Rollen im Strafprozess lassen sich die folgenden Schlüsse ableiten:

- Das Rollenverständnis aller am Strafverfahren beteiligten Personen soll nicht durch außerprozessuale Faktoren beeinflusst werden.
- Gesetzliche Regelungen, die Interessenkollisionen begünstigen, sind systemwidrig.
- Auch der Anschein von Befangenheit muss vermieden werden, da sonst das Vertrauen der Öffentlichkeit beeinträchtigt wird.
- Es muss unverzüglich Klarheit darüber geschaffen werden, ob ein Beteiligter ausgeschlossen wird.
- Der Wille des Beschuldigten ist nicht entscheidend.
- Der jeweils Betroffene ist nicht die richtige Institution, um abschließend über die eigene Befangenheit zu entscheiden. Hält er sich nicht für befangen, muss dies von einer anderen Instanz – einem Richter, dem Vorgesetzten der Staatsanwaltschaft, notfalls einem höheren Richter in der Revisionsinstanz – überprüft und gegebenenfalls korrigiert werden können.

Diese Folgerungen müssen auch bei der Auslegung des § 356 StGB beachtet werden.

## III. Strafbarkeitsrisiken aufgrund unterschiedlicher prozess- und materiell-rechtlicher Regeln

Die Regelungen im Strafprozess und materiellem Strafrecht sind keineswegs immer übereinstimmend. Es kann sowohl etwas strafrechtlich erlaubt[130] und gleichzeitig prozessual verboten, als auch etwas materiell rechtlich verboten, jedoch prozessual zulässig sein.[131] Der Grund dafür ist, dass Strafrecht und Strafprozessrecht unterschiedliche Regelungsaufgaben haben. Durch das Strafrecht sollen elementare Rechtsgüter geschützt werden und das Prozessrecht soll ein Verfahren ermöglichen, um die Wahrheit und eine gerechte Strafe zu ermitteln. Gleichzeitig soll mit dem Prozessrecht ein angemessener Ausgleich zwischen dem Strafanspruch des Staates und den Grundrechten der am Strafverfahren Beteiligten gefunden werden. Rechtsbeistände, die diese Aufgabenabgrenzung nicht verinnerlicht haben, befinden sich in der großen Gefahr einer Strafbarkeit gemäß § 356 StGB. Dies vor allem bei sukzessiven Mehrfachvertretungen, (illegalen) Verständigungen und durch die Nichtbeachtung des § 46b StGB.

### 1. Sukzessive Mehrfachvertretungen

Auch unter Berücksichtigung des Umstandes, dass § 146 StPO und § 356 StGB nicht den identischen Regelungsbereich und Gegenstand haben, zeigt sich im Zusammenhang mit § 146 StPO eine Gefahr[132], die den Ausgangspunkt und das Ziel dieser Arbeit betrifft. Der Unterschied zwischen prozessualem Recht und dem weitgehend unbekannten § 356 StGB verschärft Strafbarkeitsrisiken.

Es war und ist gefährlich, § 146 StPO einzuschränken, insbesondere die sukzessive Mehrfachvertretung zuzulassen, damit die prozessualen Möglichkeiten, ein Mandat anzunehmen, zu erweitern und zugleich den Straftatbestand des § 356 StGB unverändert zu lassen.[133] Denn bis zu dieser Änderung kamen sukzessive Mehrfachvertretungen so gut wie nicht vor. Zusammen mit der damaligen Rechtsprechung, nach der Mitbeschuldigte keine Parteien im Sinne des § 356 StGB sein sollten, bestand in diesem Zusammenhang kaum

130 Bzw. nicht verboten.

131 Dies voraussetzend BGH, NJW 1992, 1841.

132 So auch *Kretschmer*, Parteiverrat, S. 212, mit der Aussage im Zusammenspiel von § 146 StPO und § 356 StGB liege die größte Gefahr für den Strafverteidiger.

133 *Gillmeister*, in: LK/StGB, § 356 Rn. 55 m.w.N., nach dem § 146 StPO den Anwendungsbereich von § 356 StGB nicht einschränkt.

eine praktische Gefahr einer Strafbarkeit gemäß § 356 StGB.[134] Bei der aktuellen Rechtslage unterliegen Verteidiger oftmals dem Rechtsirrtum[135], ein nach § 146 StPO nicht verbotenes Verhalten könne auch nicht strafbar sein.[136] Entsprechend halten es *Laufhütte/Willnow* für bedenklich, dass § 146 StPO auch in Fällen eindeutigen Parteiverrats bei sukzessiver Verteidigung keine Handhabe für eine Zurückweisung des pflichtvergessenen Verteidigers mehr biete.[137] Auch aus der Gesetzesbegründung geht hervor, dass dem Gesetzgeber der unterschiedliche Anwendungsbereich von § 146 StPO und § 356 StGB bekannt und die, nicht durch § 146 StPO zu verhindernde Strafbarkeit gemäß § 356 StGB, gewollt war: *„Wenn der Verteidiger trotz dieser abgeschlossenen Vortätigkeit einen Beschuldigten verteidigt, so kann sich das im Einzelfall als Parteiverrat (§ 356 StGB) darstellen, unterfällt aber nicht dem Regelungsbereich des § 146.“*[138] So ist § 356 StGB nach seinem Wortlaut nicht auf gleichzeitige Vertretungen beschränkt.[139]

Ein Beleg für die aktuelle Relevanz dieser Strafbarkeitsrisiken ist, dass es ein Fall der sukzessiven Mehrfachvertretung war, den der Bundesgerichtshof am 25.06.2008 zu entscheiden hatte und anders als das Landgericht einen Verstoß gegen § 356 StGB erkannte. Gleichzeitig ist dieser Fall auch ein Nachweis für die erstaunliche Unkenntnis des Landgerichts bezüglich der Voraussetzungen einer

---

134 *Prinz*, in: FS Mehle, S. 489 (490), bezeichnet die damalige Konstellation von sukzessiver Mehrfachvertretung als eine von eher akademischen Interesse.

135 Zur Vermeidbarkeit siehe *Dahs*, in: MK/StGB; § 356 Rn. 69 m.w.N.

136 Dagegen erkannte schon *Otto Geppert*, NJW 1958, 1959, dass der damalige § 146 StGB keine Auswirkungen für die Frage der strafrechtlichen Verantwortung des Anwalts gemäß § 356 StGB hatte; vgl. *Gillmeister*, in: LK/StGB § 356 Rn. 55 und BGH, NStZ 1992, 292: *„Den Fällen des konkreten Interessenwiderstreits außerhalb des Anwendungsbereiches des jetzt geltenden § 146 StPO muß der Verteidiger unter Berücksichtigung des anwaltlichen Standesrechts und des § 356 StGB gerecht werden“*.

137 *Laufhütte/Willnow*, in: KK/StPO, § 146 Rn. 1, die ausdrücklich darauf hinweisen, dass ein Einverständnis des Beschuldigten mit der ihn möglicherweise benachteiligenden Verteidigungssituation unbeachtlich sei. Die prozessuale Fürsorgepflicht könne allerdings die Beiordnung eines zusätzlichen Pflichtverteidigers gebieten, wenn ein offenkundiger Verstoß gegen die Verteidigungsinteressen des Beschuldigten vorliege.

138 BT-Drs. 10/1313, S. 22; a.A. *Erb*, Parteiverrat, S. 243, der § 356 StGB als Generalklausel betrachtet, die hinter die Normen des Prozessrechts zurücktreten solle. Die h.M. sei verwirrend, unverständlich und daher abzulehnen. Dazu auch *Lüderssen*, StV 1998, 357.

139 *Kudlich*, in: S/S/W § 356 Rn. 19 und 23; *Baumann/Pfohl*, JuS 1983, 24 (27).

Strafbarkeit gemäß § 356 StGB. Der durch den Bundesgerichtshof zu entscheidende Sachverhalt stellt sich im Wesentlichen wie folgt dar:

Der Angeklagte R, ein Rechtsanwalt, übernahm in einem Strafverfahren wegen versuchten Mordes zum Nachteil der O die Verteidigung der damaligen Angeklagten A. In der Hauptverhandlung legte A, die mittlerweile einen neuen Verteidiger mandatiert hatte, ein Geständnis ab. Dabei beschuldigte sie Z, sie zu ihrer Tat angestiftet zu haben. Dieser wurde unmittelbar danach wegen des Verdachts der Anstiftung zum Mord vorläufig festgenommen. Am selben Tag beauftragte Z den R mit seiner Verteidigung in dieser Sache. Mit einem Schreiben wandte sich der R an die Staatsanwaltschaft und trat der Aussage der A entgegen. Er zog ihre Glaubwürdigkeit in Zweifel und legte dar, dass sie über großes schauspielerisches Talent verfüge und sich stets der Lüge bediene.[140]

Und auch in der durch das Oberlandesgericht Stuttgart zu entscheidenden Konstellation war es ein Fall der sukzessiven Vertretung, der zur Bejahung des objektiven Tatbestandes bereits durch das Landgericht und dann auch des subjektiven Tatbestandes durch das Oberlandesgericht führte:

Der R, ein Rechtsanwalt, übernahm in einem Ermittlungsverfahren wegen Verstoßes gegen das Betäubungsmittelgesetz die Verteidigung des damaligen Mitbeschuldigten B. Dieser hatte zuvor während einer Vernehmung erklärt: *„Weil ich aber Vergünstigungen i.S. des § 31 BtMG in Anspruch nehmen möchte, bin ich bereit, weiterhin Angaben zu machen“*. Im Zuge dieser Vernehmung hatte B detaillierte Angaben über Lieferanten und Abnehmer in der Rauschgiftszene gemacht. Unter anderem hatte er auch einen Haschischlieferanten K benannt. B wurde im weiteren Verlauf aus der Haft entlassen. Wenig später erteilte K dem R Vollmacht. Gegen K war nämlich inzwischen ebenfalls ein Ermittlungsverfahren wegen Verstoßes gegen das Betäubungsmittelgesetz eingeleitet worden. Darauf legte R das Mandat für B mit dessen Einverständnis nieder. Nach der Festnahme seines neuen Mandanten K beantragte er mündliche Haftprüfung. Diesen Antrag begründete er insbesondere damit, dass den Angaben des Hauptbelastungszeugen B *„schwerste Bedenken“* entgegenstünden.[141]

In Anbetracht der geringen Zahl von höchstrichterlichen Entscheidungen zu § 356 StGB zeigen die beiden Beispiele jedoch die Konstellation bei Verurteilungen auf, die aufgrund einer sukzessiven Doppelvertretung nach Änderung des § 146 StPO erfolgen, und gleichzeitig die Offensichtlichkeit, mit der die Verteidiger die Interessen ihres „Altmandanten“ verraten haben.

---

140 BGH, NJW 2008, 2723 ff.

141 OLG Stuttgart, NStZ 1990, 542 ff.

## 2. Verständigungen

Mit der Einführung des § 257c StPO wurden die Strafbarkeitsrisiken aufgrund von Fehlvorstellungen über das Verhältnis von Straf- zu Strafprozessrecht deutlich erweitert. Denn auch im Zusammenhang mit Verständigungen fehlt es dem Verteidiger oft an dem nötigen Bewusstsein, dass er sich gemäß § 356 StGB strafbar machen kann.[142] Eine Strafbarkeit droht vor allem bei informellen Absprachen außerhalb der gesetzlichen Regelung.

Dass die strafprozessualen Regelungen zur Verständigung in der Praxis vielfach umgangen werden, wurde durch die vom Bundesverfassungsgericht in Auftrag gegebene Studie von *Altenhain* zum Umgang der am Strafverfahren Beteiligten mit den Verständigungsgesetzen belegt.[143] So gaben viele Verteidiger in der Befragung an, die gesetzliche Regelung widerspreche dem *„Wesen des Deals"*, dieser sei informell.[144] Das Bundesverfassungsgericht bemängelte daraufhin ein bisher nur unzureichend ausgeprägtes Bewusstsein dafür, dass es Verständigungen ohne die Einhaltung der Anforderungen des Verständigungsgesetzes nicht geben dürfe.[145]

Insgesamt besteht die Gefahr der Kumulation von Fehlverständnissen. Zunächst, dass auch, was strafprozessual erlaubt (bzw. nicht verboten) ist, strafbar sein kann und dann weiterhin, dass informelle Absprachen neben dem Verständigungsgesetz nicht (mehr) erlaubt sind. Gefährlich ist dies vor allem auch deswegen, weil ein Gesprächspartner der Absprache die Staatsanwaltschaft ist und diese von Amts wegen verpflichtet ist, ein Ermittlungsverfahren gegen den Verteidiger einzuleiten, wenn sie einen Anfangsverdacht auf ein pflichtwidriges Verhalten gemäß § 356 StGB hat. Die besondere Rolle der Staatsanwaltschaft als Wächter eines rechtsstaatlichen Verfahrens und der Einhaltung der Verständigungsgesetze wurde nun auch durch das Bundesverfassungsgericht betont.[146]

In der Praxis wird der Verteidiger wohl weiter auf die informellen Programme vertrauen, nach denen die Staatsanwaltschaft die ihr im Rahmen von Verständigungen „dienenden" Verteidiger nicht mit Ermittlungsverfahren belästigt.[147]

---

142 Dies könnte sich aufgrund eines entsprechenden Hinweises bei *Fischer,* § 356 StGB Rn. 6 jetzt ändern.

143 *Altenhain/Dietmeier/May,* Die Praxis der Absprachen in Strafverfahren, 2013.

144 BVerfG, NJW 2013, 1058 (1070).

145 BVerfG, NJW 2013, 1058 (1070).

146 BVerfG, NJW 2013, 1058 (1066).

147 Nach einem Dezernentenwechsel bei der Staatsanwaltschaft könnte sich dies jedoch schnell ändern.

Günstig für die Verteidiger wirkt sich dabei aus, dass auch Staatsanwälte und Richter rechtliche Lücken im Anwendungsbereich des § 356 StGB haben. Sich darauf jedoch zu verlassen, ist gefährlich.

### 3. Kronzeugenregelung

Die Kronzeugenregelung gemäß § 46b StGB ist als Strafmilderungsgrund ausgestaltet und damit eine materiell-rechtliche Norm. Aber auch im Regelungsbereich des § 46b StGB herrscht große Unsicherheit und so können Fehlverständnisse ähnlich wie bei den §§ 146 und 257c StPO zu einer Strafbarkeit gemäß § 356 StGB führen. So wird regelmäßig nicht berücksichtigt, dass bei der Interessenbestimmung der Parteien i.S.d. § 356 StGB immer auch die aus den §§ 46b und 46 StGB resultierenden Interessen beachtet werden müssen.[148]

### 4. Compliance und Internal Investigations

Schließlich drohen für Rechtsanwälte auch im Zusammenhang mit Compliance-Mandaten und insbesondere bei Internal Investigations in Wirtschaftsunternehmen die Interessenlagen der Beteiligten zwischen Auf- und Verdeckung von Straftaten in Konflikt zu geraten.[149] Diese Gefahr potenziert sich, sobald der Rechtsbeistand mehr als nur einen Mandanten vertritt. Die Interessenkollisionen zwischen verschiedenen Zielorientierungen beauftragter anwaltlicher Ermittlung und paralleler Strafverteidigung sind gerade hier evident.

### 5. Ergebnis

Auch prozessual erlaubtes Verhalten, insbesondere eine sukzessive Mehrfachvertretung, kann gemäß § 356 StGB strafbar sein. Die Unsicherheit bei der Anwendung des § 257c StPO birgt neue Strafbarkeitsrisiken. Bei informellen Absprachen besteht eine große Gefahr, dass auch entsprechende Ermittlungsverfahren eingeleitet werden. Auch die Änderung einer materiell rechtlichen Regelung kann den „Anwendungsbereich" des § 356 StGB verändern. So bleiben die Auswirkungen des § 46b StGB auf den § 356 StGB weitgehend unbeachtet. Schließlich birgt auch die Gemengelage bei Compliance-Mandanten und

---

148 Vertiefend dazu Abschnitt III.

149 Vgl. hierzu grundsätzlich und umfassend *S. Campos Nave*, Rechtsstaatliche Regeltreue? – Corporate Compliance als zwingende Antwort des freiheitsliebenden Unternehmens im Wirtschaftsstrafrecht, 2012; *B. Kruse*, Compliance und Rechtsstaat, – Zur Freiheit von Selbstbelastung bei Internal Investigations, 2014.

insbesondere bei Internal Investigations ein erhöhtes Strafbarkeitsrisiko für den Rechtsbeistand.

## IV. Der Interessengegensatz im Parteiverrat

Nachdem bereits unter I. die geschichtlichen Ausgangspunkte des Parteiverrats gemäß § 356 StGB beschrieben, unter II. allgemeingültige rechtsstaatliche Konsequenzen für die Rolle des Beistandes (Verteidigers) in Strafverfahren herausgearbeitet und unter III. die weitgehend unbekannten Strafbarkeitsrisiken aufgrund unterschiedlicher Regelungen im materiellen wie im Prozessrecht aufgezeigt wurden, beschäftigt sich der folgende Abschnitt mit den aktuellen Auslegungsproblemen und speziell mit der zentralen Frage: Wie wirkt sich der Wille des Mandanten auf eine mögliche Strafbarkeit des Verteidigers gemäß § 356 StGB aus?

Es ist weitgehend umstritten, ob eine Willenserklärung des Mandanten einen Interessengegensatz ausschließen und damit die Strafbarkeit des Rechtsbeistands verhindern kann. Dogmatisch wird die Relevanz einer Zustimmung des Mandanten zu einer Doppelvertretung bei dem Tatbestandsmerkmal der Pflichtwidrigkeit angesiedelt.[150] Dabei handelt es sich um ein normatives Tatbestandsmerkmal, mittels dessen ein derselben Rechtssache innewohnender Interessengegensatz zwischen den Parteien bezeichnet und vorausgesetzt wird.[151] Konsens herrscht allein darüber, dass eine tatsächliche Beschränkung der Rechtssache durch eine Willensentscheidung des Mandanten[152] und eine rechtfertigende Einwilligung nicht möglich sind.[153]

In Rechtsprechung und Literatur werden bezüglich der Pflichtwidrigkeit im Sinne des § 356 StGB Ansichten vertreten, die sich grundsätzlich in eher objektive und eher subjektive Theorien aufteilen lassen. Dabei stellt die objektive Auslegung bezüglich der Interessen der Mandanten auf eine objektive, intersubjektiv zu ermittelnde Einschätzung ab. Die subjektive Auslegung orientiert sich bei der Interessenbestimmung am vom Mandanten geäußerten Interesse.

Die unterschiedlichen Positionen wirken sich vor allem bei der Frage aus, ob sich ein bestehender Interessengegensatz durch Willenserklärungen der

150 *Dahs,* in: MK/StGB, § 356 Rn. 50 ff. m.w.N.

151 *Rogall,* in: SK/StGB, § 356 Rn. 30 m.w.N.; *Dahs,* in: MK/StGB, § 356 Rn. 50 m.w.N.; *Kretschmer,* Parteiverrat, S. 186 m.w.N.

152 *Dahs,* in: MK/StGB, § 356 Rn. 46 m.w.N.; *Beulke/Ruhmannseder,* Strafbarkeit des Verteidigers, Rn. 226; *Holz,* Parteiverrat, S. 24.

153 *Dahs,* in: MK/StGB, § 356 Rn. 73 m.w.N.

Mandanten beseitigen lässt. Insgesamt ist die Rechtslage unsicher und unübersichtlich.[154] Durch das bereits oben[155] erwähnte Urteil des Bundesgerichtshofes vom 04.07.2010 in Zivilsachen ist jedoch eine höhere Rechtssicherheit für im Zivilrecht tätige Rechtsanwälte eingetreten. Der Bundesgerichtshof folgt in Zivilsachen nun der subjektiven Theorie.

Dessen ungeachtet sind im Strafrecht andere Bezugspunkte relevant. Die Interessenbestimmung muss in Strafsachen (und Statussachen) den Parteien entzogen sein. Im Strafprozess ist der Interessengegensatz durch ein Einverständnis nicht auszuschließen. Hier wird nicht über Individualrechtsgüter von Parteien disponiert, es geht zentral im Strafverfahren um Wahrheitsermittlung (§ 244 Abs. 2 StPO). Dies folgt aus dem im Strafrecht geltenden Offizialprinzip im Gegensatz zur Dispositionsmaxime im Zivilrecht. Dem Strafrecht ist der Vertragsgedanke, also die Disposition der Parteien über den Prozessgegenstand, prinzipiell fern.[156]

Zu diesem Problemkreis soll im Folgenden zunächst die Rechtsprechung ausgewertet und dann auf die Literatur eingegangen werden.

## 1. Rechtsprechung

Beim Parteiverrat handelt es sich – statistisch gesehen – um kein alltägliches Delikt und so findet sich auch verhältnismäßig wenig höchstrichterliche Rechtsprechung.[157] Nach dem Urteil des Bundesgerichtshofs vom 25.06.2008[158] sind die meisten Tatbestandmerkmale eindeutig definiert. So ist für das Merkmal des Anvertrauens ausreichend, dass der Mandant dem Anwalt den fraglichen Sachverhalt mitteilt und damit bezweckt, dass der Rechtsanwalt seine Interessen in dieser Sache wahrnimmt.[159] Eine Rechtssache kann jede rechtliche Angelegenheit sein, die zwischen mehreren Beteiligten mit jedenfalls möglicherweise

---

154 *Dahs,* in: MK/StGB, § 356 Rn. 63, stellt zusammenfassend fest, dass eine allgemeingültige, hinreichend präzise und verlässliche Richtlinie für die Bestimmung der Grenze zur Pflichtwidrigkeit sich nicht aus den noch so großen Fallmaterial ableiten lasse. *Geppert,* NStZ 1990, 542 f., mit der Warnung an die Anwaltschaft, *„in einer im Anwaltsalltag gewiss nicht seltenen Frage angesichts kontroverser, widersprüchlicher oder jedenfalls unklarer Rechtsprechung und Literatur in die Falle strafbaren Parteiverrats (§ 356 StGB) zu geraten."*

155 Vgl. Fn. 69 m.w.N.

156 Vgl. *Sinner,* Der Vertragsgedanke im Strafprozessrecht, 1999.

157 Rechtsprechungsübersicht vom Reichsgericht bis 2005 bei *Erb,* Parteiverrat, S. 265 ff.

158 BGH, NJW 2008, 2723 ff.

159 BGH, NJW 2008, 2723 (2724) m.w.N.

entgegenstehenden rechtlichen Interessen nach Rechtsgrundsätzen behandelt und erledigt werden soll.[160] Auch Strafsachen gehören zu den unter § 356 StGB fallenden Rechtssachen, wenn an ihnen mehrere Personen mit widerstreitenden Interessen rechtlich beteiligt sind.[161] Diese Personen sind dann Parteien im Sinne des § 356 StGB. Ein engeres Verständnis vom Begriff der Partei verlangt Art. 103 Abs. 2 GG nicht.

Die Rechtsprechung hat als Parteien derselben Rechtssache in einem Strafverfahren unter anderem den Angeklagten und den durch seine Tat Verletzten sowie den Beschuldigten und den ihn belastenden Zeugen anerkannt.[162] Auch Beschuldigte in einer Strafsache, gegen die jeweils der Verdacht besteht, gemeinsam mit anderen Beschuldigten als Mittäter, Anstifter oder Gehilfe Teilnehmer derselben Straftat gewesen zu sein, können unterschiedliche Parteien im Sinne des § 356 StGB sein.[163] Mit dieser Entscheidung für eine Parteistellung von Mitbeschuldigten hat der Bundesgerichtshof, wie es *Prinz* zutreffend ausdrückt, eine *„über 70 Jahre währende juristische Irrfahrt"* beendet und in einer der maßgeblichen Fragen der Anwendung des § 356 StGB Klarheit für die Tätigkeit des Strafverteidigers geschaffen.[164] Die Erkenntnis, dass Beteiligte Parteien im Sinne des § 356 StGB sein können, weitet dessen Anwendungsbereich jedoch erheblich aus und erhöht die praktische Gefahr für Rechtsbeistände deutlich.[165]

Weiter umstritten ist noch die Frage, ob auch Staatsanwaltschaft und „gewöhnliche" Zeugen[166] Parteien im Sinne des § 356 StGB sind. Auf diese Frage, zu der es keine aktuelle Rechtsprechung gibt, wird später noch ausführlich eingegangen.[167] Ungeachtet der verbleibenden Probleme bei der Parteistellung ist für die Rechtsprechung nach wie vor die Auslegung der Pflichtwidrigkeit und damit die Bestimmung des Interessengegensatzes das entscheidende Tatbestandsmerkmal.

Bei Auswertung der höchstrichterlichen Entscheidungen ab 1945, konzentriert auf die Auslegung des Merkmals der Pflichtwidrigkeit, wird deutlich, dass es zunächst eine uneinheitliche Rechtsprechung gab, die ihren Höhepunkt im Jahr 1954 gefunden hatte. Nachdem der 2. Senat des Bundesgerichtshofes im

---

160 BGH, NJW 2008, 2723 (2724) m.w.N.

161 BGH, NJW 2008, 2723 (2724) m.w.N.

162 BGH, NJW 2008, 2723 (2724) m.w.N.

163 BGH, NJW 2008, 2723 (2724) m.w.N.

164 *Prinz,* in: FS Mehle, S. 489 ff., vertiefend zur Auslegung des Parteibegriffs nach der Rechtsprechung.

165 *Prinz,* in: FS Mehle, S. 489 (490): *„Die Gefahr hat sich verschärft".*

166 Bereits anerkannt Opferzeuge, Alternativtäterzeuge und Belastungszeuge.

167 Zur Staatsanwaltschaft S. 110 ff. und zum Zeugen S. 133 ff.

Jahr 1952 bereits die objektive Theorie vertreten hatte[168], setzte auch der 5. Senat des Bundesgerichtshofs am 02.02.1954 eine objektive Interessenbestimmung voraus, indem er entschied:

> *„Ob die Übernahme einer Strafverteidigung pflichtwidrig ist, hängt von der wirklichen Interessenlage und nicht von ihrer Beurteilung durch die zu verteidigenden Beschuldigten und von dessen Einverständnis ab".*[169]

Am 04.02.1954 judizierte dagegen der 4. Senat des Bundesgerichtshofs:

> *„Der Begriff des Interesses ist im subjektiven Sinne zu verstehen; maßgebend ist daher nicht, was etwa im objektiven Interesse der Partei liegt, sondern welche Ziele sie verfolgt wissen will. Der strafrechtliche Schutz umfasst nicht notwendig die Gesamtheit der Belange des Auftraggebers, wird vielmehr durch den Kreis der Rechtsinteressen begrenzt, die dem Anwalt durch den Auftrag anvertraut worden sind".*[170]

Der 4. Senat vertrat damit eine subjektive Auslegung. Zunächst sollen diese konträren und nur zwei Tage auseinanderliegenden Entscheidungen des höchsten Fachgerichts bewertend einander gegenüber gestellt werden.

### *a) Das Urteil des Bundesgerichtshofs vom 02.02.1954*

Der Entscheidung des 5. Senats lag vereinfacht der folgende Sachverhalt zugrunde:

Der H hatte zweimal eine Ehescheidungsklage erhoben und war abgewiesen worden. Der angeklagte Rechtsanwalt R war in beiden Rechtsstreitigkeiten für H tätig gewesen. Die Zeugin Z gestand dem H in den beiden Ehescheidungsprozessen zu seinen Ungunsten falsch ausgesagt zu haben. H schaltete einen Privatdetektiv ein und erstattete eine Strafanzeige gegen Z wegen Meineids. R ließ sich von H eine schriftliche Vollmacht erteilen, dessen Interessen als des Verletzten und Anzeigeerstatters in dem Verfahren gegen Z wahrzunehmen. In der Folgezeit gab er nach anfänglichem Sträuben einem Wunsch Hs nach und übernahm die Verteidigung der Z in ihrem Strafverfahren. Er sah die Strafakten nicht ein und sprach mit ihr nur telefonisch und einmal wenige Minuten vor Beginn des Hauptverhandlungstermins. Im Laufe der Hauptverhandlung legte er die Verteidigung auf Veranlassung des Gerichts nieder. Z erhielt einen Pflichtverteidiger und wurde freigesprochen.

In rechtlicher Hinsicht begründete der Bundesgerichtshof eine Strafbarkeit gemäß § 356 StGB im Wesentlichen damit, dass die Tätigkeit, die der R im

168 BGH, NJW 1953, 472 ff.

169 BGH, NJW 1954, 482 ff. (Leitsatz).

170 BGH, NJW 1954, 726 ff. (Leitsatz).

Strafverfahren für beide Teile ausübte, objektiv pflichtwidrig gewesen sei und ein Interessengegensatz bestanden habe. Es komme bei der Übernahme einer Verteidigung im Strafverfahren auf die wirkliche Interessenlage und nicht darauf an, wie die zu verteidigende Person ihre strafrechtliche Schuld beurteile und welche Aussichten und Möglichkeiten sie demgemäß im Strafverfahren zu haben glaube. Für die Frage der objektiven Pflichtwidrigkeit sei es daher unerheblich, wie die Interessenlage der Z dem R dargestellt wurde. Weiter führt der Bundesgerichtshof aus, der Vorsatz erfordere das Wissen des R, dass H und Z an dem Strafverfahren als zwei Parteien, d.h. mit objektiv entgegengesetzten Interessen beteiligt waren, mochte dieser Gegensatz ihnen selbst auch nicht klar sein. Das Bestreben Hs, Z wegen Meineids und falscher uneidlicher Aussage verurteilt zu sehen, und das dem entgegengesetzte Interesse der Z war es, jeweils einer Verurteilung zu entgehen.

Weiter führte der Bundesgerichtshof aus, ein Verteidiger dürfe sich *„nicht mit der äußerlichen Übereinstimmung der ihm unterbreiteten Wünsche der Parteien begnügen; er muss die wirklich bestehende Interessenlage prüfen und von ihr die Annahme eines Mandats abhängig machen"*. Der Vorsatz des R sei auch nicht dadurch ausgeschlossen, dass er glaubte, beiden Teilen dienen zu können, ohne einem von beiden zu schaden; denn ein bewusstes Handeln zum Nachteil einer Partei gehöre nicht zum Tatbestand des § 356 Abs. 1 StGB.[171]

### *b) Das Urteil des Bundesgerichtshofs vom 04.02.1954*

Gleichwohl ist der 4. Senat nur zwei Tage später der subjektiven Theorie gefolgt und hat eine aufgrund von § 356 StGB erfolgte Verurteilung aufgehoben. Diesem Urteil lag vereinfacht der folgende Sachverhalt zu Grunde:

Auf die Privatklage der K war der A vom Landgericht in der Berufungsinstanz wegen gefährlicher Körperverletzung verurteilt worden. Die als Zeugin vernommene Z hatte ihn in beiden Rechtszügen belastet. Im Verlaufe des anschließend von K angestrengten Schadensersatzprozesses wurde Z zweimal eidlich als Zeugin gehört, wobei ihre belastenden Aussagen im Laufe des Zivilrechtszuges widersprüchlich waren. Die Schadensersatzklage der K wurde abgewiesen, weil die Körperverletzung nicht nachweisbar war. In dem Privatklageverfahren wurde nunmehr zugunsten des A ein von dem später angeklagten Rechtsanwalt R unterzeichneter Wiederaufnahmeantrag eingereicht, in dem auch darauf hingewiesen wurde, dass die Zeugin Z ihre ursprüngliche

171 BGH, NJW 1954, 482 ff.

Aussage nicht aufrechterhalte. Auf Anregung des Gerichts leitete die Staatsanwaltschaft nunmehr ein Ermittlungsverfahren gegen Z ein. Diese gab vor dem Ermittlungsrichter an, sie habe bei jeder Vernehmung nach bestem Wissen die Wahrheit gesagt und sehe auch keinen Unterschied zwischen ihren Aussagen. Später erklärte sie dagegen, vor der Staatsanwaltschaft im Privatklageverfahren die Unwahrheit gesagt zu haben. Z wurde daraufhin wegen vorsätzlich falscher Aussage im Privatklageverfahren angeklagt. Auf den Rat des A bestellte sie den R zu ihrem Verteidiger. Als der R zur Vorbereitung der Hauptverhandlung die Strafakten durcharbeitete, kamen ihm Bedenken, ob er wegen des von ihm unterzeichneten Wiederaufnahmeantrags die Verteidigung der Z führen könne. In einer gemeinsamen Beratung mit A und Z besprach er daher unter Darlegung der Rechtslage die gesamten Vorgänge und stellte hierbei die Frage in den Mittelpunkt, ob Z hinsichtlich der Äußerung des A im Privatklageverfahren oder im Zivilprozess die Unwahrheit gesagt habe. Als Z fragte, ob sie nicht einfach sagen solle, ihre Aussage im Privatklageverfahren sei doch richtig, erwiderte der R, dass sie mit einer solchen Änderung ihrer Einlassung nicht durchkommen werde und dass er sie bei einer solchen Einlassungsänderung auch nicht vertreten könne, weil sich dann eine Interessenkollision mit A ergebe. Wenn sie nämlich von der Anklage der falschen uneidlichen Aussage im Privatklageverfahren freigesprochen werde, sei für A der Faden ab, weil dem Wiederaufnahmeantrag der Boden entzogen werde. Z erklärte darauf, dass sie die Unrichtigkeit ihrer Aussage im Privatklageverfahren auch weiterhin einräumen wolle. In der Hauptverhandlung trat der R als Verteidiger der Z auf. Diese gab, wenn auch nicht ganz eindeutig, zu, sie habe im Privatklageverfahren bewusst die Unwahrheit gesagt. Obwohl die Staatsanwaltschaft Freispruch von der Anklage der falschen uneidlichen Aussage beantragte, bat der R insoweit nur um Einstellung des Verfahrens. Das Gericht entsprach indessen dem Antrag der Staatsanwaltschaft, weil trotz des Geständnisses zweifelhaft sei, ob Z überhaupt noch wisse, was damals gesagt worden sei.

Rechtlich begründete der Bundesgerichtshof seine den Freispruch bestätigende Entscheidung im Wesentlichen damit, dass das Wort *„Interesse“* nicht wie vom Landgericht im objektiven sondern im subjektiven Sinne zu verstellen sei. Es komme somit nicht darauf an, welches Verhalten etwa im objektiven Interesse der Partei liege, sondern welches Ziel diese selbst verfolgt wissen wolle. Der strafrechtliche Schutz des § 356 StGB umfasse mithin nicht notwendig die Gesamtheit der persönlichen und wirtschaftlichen Belange des Auftraggebers, sondern er werde durch den Kreis der Rechtsinteressen begrenzt, die der Auftraggeber dem Rechtsanwalt durch den Auftrag anvertraut habe. Solange sich nämlich die Interessen mehrerer Auftraggeber in derselben Rechtssache vom

Standpunkt der Beteiligten aus miteinander vereinigen lassen und soweit diese dem Rechtsanwalt nur die Wahrnehmung ihres gemeinsamen vermeintlichen Interesses anvertraut haben, handele es sich für den Anwalt nicht um Gegenparteien oder entgegengesetzte Interessen und es könne von einem Missbrauch des Vertrauens im Dienste des Gegners nicht die Rede sein.

Aufgrund dieser Rechtsausführungen betonte der Bundesgerichtshof, dass Z den R mit ihrer Verteidigung nicht obwohl, sondern eben weil er den Gegenbeteiligten A in dessen Wiederaufnahmeverfahren vertrat, beauftragt habe. Sie sei außerdem vom R ausdrücklich darauf hingewiesen worden, dass er sie mit Rücksicht auf das Interesse des A nur vertreten könne und wolle, wenn sie bei ihrer letzten Einlassung im Ermittlungsverfahren bleibe und die Unrichtigkeit ihrer Aussage im Privatklageverfahren auch weiterhin einräume. Da Z dies ausdrücklich zusicherte und unter dieser Voraussetzung den Verteidigungsauftrag bestätigte, liege der Schluss nahe, dass Gegenstand des Auftrages nicht die Wahrnehmung ihrer gesamten Interessen in dem gegen sie schwebenden Strafverfahren sei, sondern nur ihre Verteidigung auf der Grundlage ihres Geständnisses. Z könnte nach der Sachlage auch Grund haben, ein den Wiederaufnahmeantrag des A gefährdendes Interesse bewusst nicht zu verfolgen und sich sittlich verpflichtet fühlen, ihr Verteidigungsinteresse den Belangen des A an einer Wiederaufhebung seiner Verurteilung unterzuordnen.[172]

### *c) Das Urteil des Bundesgerichtshofs vom 13.07.1982*

Auch im Jahr 1982 erfolgte eine subjektive Interessenbestimmung durch den Bundesgerichtshof in einem Fall, in dem der angeklagte Rechtsanwalt R im Auftrag eines Ehepaares in einem Betäubungsmittelverfahren die Verteidigung eines Mittäters M übernahm, der nach Absprache die Straftat als – angeblicher – Alleintäter auf sich nahm.[173]

Der Bundesgerichtshof urteilte, R habe nicht entgegengesetzte, sondern gleichlaufende Interessen wahrgenommen. M habe aus ideellen und materiellen Gründen das Ehepaar, die *„eigentlichen Haupttäter"*, nicht preisgeben und deshalb die Straftat auf sich genommen. M habe seine Verteidigungsstrategie aus eigenem Entschluss und in klarer Erkenntnis möglicher negativer Auswirkungen auf die Strafzumessung gemäß der getroffenen Absprache festgelegt, bevor der R das erste Gespräch mit ihm führte. Die vom Mandanten gewollte Verteidigungsstrategie kam nicht nur den Eheleuten, sondern auch anderen Tatgenossen zugute.

---

172 BGH, NJW 1954, 726 ff.
173 BGH, NStZ 1982, 465 f.

Dass R sie hinnahm und (mit) aufrechterhielt, kann ihm nicht als Parteiverrat zur Last gelegt werden. Ein Beschuldigter brauche nicht zu offenbaren, dass er Tatgenossen hatte. Wenn und solange er sie aus Motiven decke, die sein Handeln als autonom bestimmtes Verhalten erscheinen ließen und wenn und solange er sich über die möglichen nachteiligen Konsequenzen seines Verhaltens im Klaren sei und sie aus freien Stücken auf sich nehme, dürfe der Verteidiger diese Verteidigungsstrategie hinnehmen.[174]

Keine Ausführungen enthalten die beiden Entscheidungen, in denen der Bundesgerichtshof einer subjektiven Auslegung folgt, zu der Problematik, ob nicht Voraussetzung für eine freie Entscheidung zur Schuldübernahme für einen anderen Straftäter eine Beratung durch einen Rechtsbeistand sein sollte, der kein eigenes Interesse hat, in diese Richtung zu beraten. Denn die Schuldübernahme des Unschuldigen hilft dem Rechtsbeistand, die tatsächlichen Straftäter erfolgreich – möglicherweise für ihn auch in finanzieller Hinsicht – zu verteidigen. Weiter scheint es dem Bundesgerichtshof nicht aufgefallen zu sein, dass der Rechtsanwalt mindestens drei Beschuldigte vertreten hat; die beiden Eheleute und den M.[175]

### *d) Das Urteil des Bundesgerichtshofs vom 25.06.2008*

In seiner Entscheidung von 2008 folgt der Bundesgerichtshof, ohne dass es in der Entscheidung darauf ankommt und ohne dies deutlich zu machen, anscheinend eher der objektiven Theorie, da er sich nicht zu den subjektiven Vorstellungen der Mandanten äußert. Hätte der Bundesgerichtshof eine subjektive Ansicht vertreten, würden im Urteil die entsprechenden Feststellungen zu den subjektiven Interessen fehlen. Eine Beurteilung des Sachverhalts war dem Bundesgerichtshof folglich nur unter Zugrundelegung der objektiv widerstreitenden Interessen möglich. Er urteilte aus, ein Rechtsanwalt diene dann pflichtwidrig, wenn er einer Partei Rat und Beistand leiste, nachdem er einer anderen Partei in derselben Sache bereits Rat und Beistand geleistet habe.[176]

Im konkret zu entscheidenden Fall hatte der angeklagte Rechtsanwalt R nach Ansicht des Bundesgerichtshofs pflichtwidrig gehandelt, denn die Interessen der A, die er im Rahmen des Verteidigungsverhältnisses wahrzunehmen gehabt

174 BGH, NStZ 1982, 465 (466); a.A. *Holz*, Parteiverrat, S. 107: *„Es war statt dessen geradezu seine Pflicht als Verteidiger, die Verurteilung seines Mandanten als Haupttäter mit allen Mitteln zu verhindern.“* und ähnlich *Kuhlen*, in: NK/StGB, § 356 Rn. 52a.

175 Mit der Folge, dass zumindest potentielle Interessenkonflikte von drei Parteien durch denselben Rechtsbeistand zu betreuen waren.

176 BGH, NJW 2008, 2723 ff., der Sachverhalt wurde bereits oben auf S. 49 mitgeteilt.

habe und die Interessen des Z seien eklatant und ganz offensichtlich entgegengesetzt. Als R die Verteidigung von Z mit dem Ziel übernahm, A der *„Alleintäterschaft zu bezichtigen"*, um den Vorwurf der Tatbeteiligung zu entkräften, habe er bereits zuvor A mit der Intention, sie zu entlasten, mithin im gegenläufigen Interesse, beraten. Hier manifestiere sich die Pflichtwidrigkeit des Verhaltens des R in besonderer Weise in dem von ihm an die Staatsanwaltschaft gerichteten Brief, in dem er die Glaubwürdigkeit seiner früheren Mandantin A vor Abschluss des gegen sie gerichteten Strafverfahrens in Zweifel gezogen habe und zugunsten seines neuen Mandanten Z darstellte, dass *„die Zeugin über ein großes schauspielerisches Talent verfüge und sich stets der Lüge bediene."*[177]

Indem der Bundesgerichtshof ausführt, dass die Interessen *„eklatant und ganz offensichtlich"* entgegengesetzt waren, lässt er Raum für Fälle in denen ein Interessengegensatz besteht, der eben nicht auf den ersten Blick erkennbar ist. Da gerade in Strafsachen der Sachverhalt oftmals unsicher ist und die Verfahren überraschende Wendungen nehmen, bleibt hier ein durch die Rechtsprechung noch nicht ausdifferenzierter Raum, in dem gerade die strittigen Fälle anzusiedeln sein werden.

### *e) Das geschützte Rechtsgut*

Das durch § 356 StGB geschützte Rechtsgut sieht die Rechtsprechung im Vertrauen der Allgemeinheit in die Zuverlässigkeit und Integrität der Rechtsbeistände.[178] Der Schutz des Treueverhältnisses zwischen Rechtsbeistand und Mandant hat in der Rechtsprechung an Bedeutung verloren.[179] Zwar behaupten einige Anhänger der subjektiven Theorie, dass durch § 356 StGB geschützte Rechtsgut sei unklar,[180] tatsächlich ist die Auslegung der Obergerichte jedoch hinsichtlich des geschützten Rechtsgutes durch das Bundesverfassungsgericht bestätigt worden.

Das Bundesverfassungsgericht stellt zunächst fest,

> *„dass die fachgerichtliche Rechtsprechung den Begriff des „pflichtwidrigen Dienens" im Sinne von § 356 Abs. 1 StGB dahin auslegt, dass der Rechtsanwalt einer Partei Rat und Beistand leistet, nachdem er einer anderen Partei in derselben Sache, aber im entgegengesetzten Sinne bereits Rat und Beistand gewährt habe. Damit würde ein Interessengegensatz, der sich unabhängig davon bestimme, ob den Mandanten durch das Verhalten des Rechtsanwalts Schaden entstehen könne oder entstehen solle, gefördert. Diese Auslegung*

---

177 BGH, NJW 2008, 2723 ff.

178 BVerfG, NJW 2001, 3180 (3181).

179 *Kretschmer,* Parteiverrat, S. 32 m.w.N.

180 *Erb*, Parteiverrat, S. 95; *Deckenbrock,* Parteiverrat, S. 42.

*sei verfassungsrechtlich nicht zu beanstanden, sie halte sich im Rahmen des Wortlauts der Vorschrift und insbesondere auch ihres Sinns und Zwecks. In Abgrenzung zu § 356 Abs. 2 StGB verlange Absatz 1 der Vorschrift gerade nicht einen Nachteil einer Partei, tatbestandlich sei nicht einmal die Gefährdung der Interessen der Partei erforderlich. Geschützt würde mithin nicht in erster Linie der nur mittelbar erfasste Auftraggeber, sondern das Vertrauen der Allgemeinheit in die Zuverlässigkeit und Integrität der Anwalt- und Rechtsbeistandschaft.*"[181]

### f) Zusammenfassung

Nach den maßgeblichen Entscheidungen des Bundesverfassungsgerichts und des Bundesgerichtshofes schützt § 356 StGB das Rechtsgut „*Vertrauen der Allgemeinheit in die Zuverlässigkeit und Integrität der Anwalt- und Rechtsbeistandschaft*" und dadurch „*mittelbar*" den Mandanten.[182] Dies ist bei der Auslegung der einzelnen Tatbestandsmerkmale zu berücksichtigen. Zwar ist die Rechtsprechung, vor allem zu der Frage, ob die Interessen der Mandanten objektiv oder subjektiv zu bestimmen sind, nicht konsequent und einheitlich.[183] Aber zur Auslegung des Parteibegriffs hat der Bundesgerichtshof seine Rechtsprechung nunmehr geändert und zutreffend Mitbeschuldigte in Strafverfahren als unterschiedliche Parteien angesehen.[184]

Hält man sich an die aktuellen Entscheidungen der Obergerichte, so ist die Rechtsprechung deutlich übersichtlicher geworden.[185] Die Tatbestandsmerkmale lassen sich nun für fast alle Fälle auslegen. Offen bleiben lediglich die Parteistellung von „gewöhnlichen" Zeugen und die der Staatsanwaltschaft sowie eine aktuelle ausdrückliche Entscheidung zwischen objektiver oder subjektiver Theorie bei der Bestimmung der Interessen der einzelnen Parteien.[186]

---

181 BVerfG, NJW 2001, 3180 f. m.w.N.

182 BVerfG, NJW 2001, 3180 f. m.w.N.

183 OLG Düsseldorf, NZV 2003, 297, ist aufgrund der unbestimmten Formulierung, es komme auf die „*wirkliche Interessenlage*" an, dogmatisch schwer einzuordnen; KG Berlin, NStZ 2006, 688, nimmt eine subjektive Interessenbestimmung vor; LG Itzehoe, NStZ-RR 2008, 170 (172), folgt im Ausgangspunkt einer subjektiven Betrachtungsweise, die jedoch durch objektive Elemente einzuschränken sei. Im Strafverfahren liege eine Begrenzung darin, dass das Interesse in irgendeiner Weise der Wahrung der persönlichen Rechtspositionen der Partei dienen müsse.

184 Und damit, wie es *Gillmeister* in seiner Anmerkung NJW 2008, 2723 (2726) feststellt, in einer wesentlichen Frage Klarheit geschaffen.

185 A.A. Rogall, in: SK/StGB, § 356 Rn. 32.

186 *Dahs*, in: MK/StGB, § 356 Rn. 54, ist der Ansicht, dass die Rechtsprechung eine subjektive Interessenbestimmung auch im Strafrecht favorisiere.

## 2. Literatur

Die Literatur folgt grundsätzlich der Rechtsprechung und ist dort unübersichtlich, wo es die Rechtsprechung auch ist. Bezüglich des Parteibegriffs besteht Einigkeit dahingehend, dass der Begriff der Partei nicht im Sinne einer formellen Prozessgegnerschaft zu verstehen sei.[187] Parteien im Sinne des § 356 seien alle Rechtssubjekte, die in einer Rechtssache rechtlich und nicht nur tatsächlich interessiert seien, weil sie – und sei es auch nur vermeintlich – von den rechtlichen Wirkungen der Rechtsangelegenheit betroffen würden.[188]

Als Parteien anerkannt sind der durch die Tat Verletzte (Opferzeuge) sowie als Alternativtäter oder Beteiligte in Betracht kommende (verdächtige) Zeugen, ebenso Nebenbeteiligte, der Beschuldigte und weitere Tatbeteiligte (Mitbeschuldigte).[189] Auch in der Literatur besteht – sicherlich auch eine Folge der fehlenden Rechtsprechung – keine einheitliche Haltung zur Frage der Parteistellung „gewöhnlicher" Zeugen und der Staatsanwaltschaft.

Um sich auf das Wesentliche zu konzentrieren, wird im Folgenden nur auf die Frage eingegangen, wann ein zwei Parteien dienender Rechtsbeistand auch pflichtwidrig handelt. Dies ist, wie bereits oben ausgeführt, das umstrittene Merkmal, der neuralgische Punkt.[190] Auf die mögliche Parteistellung von Staatsanwaltschaft und gewöhnlichen Zeugen wird, wie bereits angekündigt, später eingegangen.[191]

### *a) Objektive Theorie*

Nach der objektiven Theorie müssen die Interessen der einzelnen Mandanten objektiv bestimmt werden.[192] Es kommt darauf an, welche Interessen sie vernünftigerweise verfolgen würden. In Strafsachen wird das Interesse von Beschuldigten

187 Streitig, aber im Ergebnis ohne große Relevanz ist, ob ein Interessengegensatz auch Voraussetzung des Parteibegriffs ist. Dazu *Beulke/Ruhmannseder*, Strafbarkeit des Verteidigers, Rn. 227 m.w.N.

188 *Rogall*, in: SK/StGB, § 356 Rn. 22 m.w.N.

189 *Fischer*, § 356 StGB Rn. 4 und Rn. 6 m.w.N.; *Kuhlen*, in: NK/StGB, § 356 Rn. 25.; *Gillmeister*, in: LK/StGB, § 356 Rn. 42; *Kühl*, in: Lackner/Kühl, § 356 Rn. 4; *Heine/Weißer*, in: Schönke/Schröder, § 356 Rn. 13 m.w.N.; *Matt*, in: M/R StGB, § 356 Rn. 27 m.w.N.

190 Statt vieler *Dahs*, in: MK/StGB, § 356 Rn. 50 m.w.N.

191 Zur Staatsanwaltschaft S. 110 ff. und zum Zeugen S. 133 ff.

192 So schon *Welzel*, JZ 1954, 276 (278), der Interessenkonflikt sei danach zu bestimmen, *„wie er objektiv, d.h. als Rechtsangelegenheit, besteht, nicht wie ihn die Beteiligten subjektiv empfinden."*

regelmäßig auf einen Freispruch oder eine möglichst geringe Strafe gerichtet sein. Bei Zeugen liegt das Interesse grundsätzlich darin, nicht selbst in den Verdacht einer Straftat zu geraten, nicht der Falschaussage bezichtigt zu werden und sich in keiner Hinsicht schadenersatzpflichtig zu machen. Daneben sind jeweils eine ganze Reihe weiterer Interessen denkbar.

Eine subjektive Bestimmung der Interessen der einzelnen Mandanten halten die Vertreter der objektiven Theorie nur dann für möglich, wenn die betroffene Rechtsangelegenheit der Parteidisposition unterliegt. So folgt eine ganze Reihe von Autoren grundsätzlich und insbesondere in Zivilsachen der subjektiven Theorie. Da das Strafverfahren die Erforschung der Wahrheit ermöglichen solle und insoweit der Amtsermittlungsgrundsatz und nicht die Parteidisposition den Ablauf der Beweisaufnahme bestimme, halten sie im Strafverfahren allein eine objektive Bestimmung der Interessen für möglich.[193] Das subjektive Interesse müsse in den Fällen, in denen das Rechtsgut nicht disponibel sei, hinter das allgemeine Interesse zurücktreten. Der Interessenwiderstreit werde den Parteien auch gegen ihren Willen aufgedrängt.[194] Der Mandant sei im Strafprozess, da öffentliche Interessen involviert seien, nicht legitimiert, die Parteiinteressen verbindlich zu formulieren.[195] Die Interessenautonomie sei begrenzt, weil der Rechtsanwalt auch einer am Rechtsstaatsgedanken ausgerichteten Strafrechtspflege diene.[196] Der objektive Interessengegensatz, wie er sich als gegenläufiges Interesse der jeweils beteiligten Personen gewissermaßen aus der Perspektive eines neutralen Beobachters darstelle, sei entscheidend und nicht das, was die jeweils Beteiligten subjektiv für in ihrem Interesse liegend ansähen. Dies folge nicht zuletzt aus dem Normzweck strafbaren Parteiverrats, bestehe doch dessen Unrechtsgehalt nicht hauptsächlich in der ungetreuen Benachteiligung des (früheren) Auftraggebers, sondern in der Erschütterung des Vertrauens der Allgemeinheit in die Berufstreue des Anwalts.[197] Der Schutz individueller Treuepflicht des Anwalts dem Auftraggeber gegenüber sei so gesehen nur Reflex oder nachrangiger Rechtsgutsaspekt dieses allgemeinen Interesses.[198] In Strafverfahren sei eine subjektive Zielsetzung des Mandanten unbeachtlich, da es zur Rolle des Verteidigers gehöre, dass er sich für eine mögliche Entlastung des

---

193 *Kühl*, in: Lackner/Kühl § 356 Rn. 7 m.w.N.; *Kindhäuser*, Strafgesetzbuch, § 356 Rn. 16; *Müller/Gussmann*, Berufsrisiken des Strafverteidigers, Rn. 95.

194 *Hübner*, 10. Aufl., in: LK/StGB, § 356 Rn. 83 m.w.N.

195 *Rogall*, in: SK/StGB, § 356 Rn. 34 m.w.N.

196 *Heine/Weißer*, in: Schönke/Schröder, § 356 Rn. 18.

197 *Klaus Geppert*, NStZ 1990, 542 (544).

198 *Rogall*, in: SK/StGB, § 356 Rn. 3 m.w.N.

Beschuldigten vom Tatvorwurf einsetze. Dieses normativ vorgegebene Interesse des Beschuldigten bleibe auch dann beachtlich, wenn der Beschuldigte eine nicht von ihm begangene Tat gestehen wolle, um inhaftiert zu werden oder den wahren Täter zu entlasten.[199] In Strafverfahren seien daher die Interessen wegen der weisungsunabhängigen Stellung des Strafverteidigers allein im Sinne einer fachgerechten und vor allem unparteiischen Strafverteidigung zu bestimmen.[200]

*b) Subjektive Theorie*

In der Literatur wird auch in Strafsachen tendenziell eher eine subjektive Theorie vertreten.[201] So soll die für die Pflichtwidrigkeit maßgebliche Interessenbestimmung auf Grundlage des vom Mandanten geäußerten Interesses erfolgen.

Aber auch innerhalb der Vertreter der subjektiven Theorie gibt es solche, die mit unterschiedlichen Schattierungen von einer rechtsstaatlichen Begrenzung der subjektiven Definitionsmacht der Mandanten ausgehen, um grob unbillige Ergebnisse zu verhindern.[202] Es besteht Einigkeit dahingehend, dass die Rechtssache in ihrem sachlich-rechtlichen Umfang nicht von den Parteien beschränkt werden kann.[203]

**aa) Kommentatoren aus Rechtsanwaltschaft und Lehre**

Ausgangspunkt der Analyse der subjektiven Auslegung sollen die Ausführungen von *Dahs* sein. Grund dafür ist, neben seinem besonderen Blickwinkel als Strafverteidiger und Strafrechtswissenschaftler, die Tatsache, dass er sich über viele Jahre mit § 356 StGB beschäftigt hat (Veröffentlichungen 1986 bis 2013[204]). So kann bei ihm der Wechsel des Prüfungsstandortes bezüglich der Frage des Interessengegensatzes im Parteibegriff zum Merkmal der Pflichtwidrigkeit überschaubar nachvollzogen werden.

In seinen frühen Veröffentlichungen vertritt *Dahs* die Ansicht, dass widerstreitende Rechtsinteressen das Tatbestandsmerkmal der Parteistellung

---

199 *Kuhlen,* in: NK/StGB, § 356 Rn. 52 m.w.N.

200 *Holz,* Parteiverrat, S. 103 f.

201 *Matt,* in: M/R StGB, § 356 Rn. 39 m.w.N.

202 *Dahs,* in: MK/StGB, § 356 Rn. 51 m.w.N.; Nach *Matt,* in: M/R StGB, § 356 Rn. 41, lägen die Grenzen normativ akzeptabler subjektiver Bestimmbarkeit in der objektiv vollkommenen Unvereinbarkeit, z.B. wenn eine Partei die andere der aktuellen Lüge bezichtigte.

203 *Rogall,* in: SK/StGB, § 356 Rn. 20 m.w.N.; *Dahs,* in: MK/StGB, § 356 Rn. 46 m.w.N.; *Kretschmer,* Parteiverrat, S. 168.

204 Sein Vater *Hans Dahs (Senior)* schon ab 1961.

begründen.[205] Heute geht er von dem Grundsatz aus, dass Dienstleistung in derselben Rechtssache für konträre Parteiinteressen den Anforderungen an die Rollenkonstanz widersprechen und damit den Rollenbruch des Rechtsbeistandes und auch die Pflichtwidrigkeit indizieren würde.[206] Tatbestandsrelevanz habe das Merkmal der Pflichtwidrigkeit zur Kennzeichnung von Gründen, durch die der Rechtsbeistand von den Anforderungen der Rollenkonstanz im konkreten Einzelfall freigestellt werde. Dies sei bei einer eigenverantwortlichen Interessendefinition und einem entsprechenden Einverständnis des Mandanten der Fall.

Eine dem öffentlichen Interesse im Strafrecht an einer Repräsentationsfunktion des Rechtsbeistandes geschuldeten Grenze sieht *Dahs* in dem Erfordernis, dass die Interessendefinition des Mandanten insgesamt als vernünftig veranlasst erklärt werden könne.[207] Eine Antwort darauf, wie dies praktisch überprüft werden kann, gibt er nicht und stellt sich damit einem der wesentlichen Probleme nicht. Wie soll man aufklären, ob der Mandant eine vernünftige Interessendefinition treffen konnte, bei einem Mandanten der sicher viele Gründe hat, nicht mehr über seine Straftat zu sprechen, und einem Rechtsanwalt, der sich auf seine Schweigeverpflichtung bzw. auf ein Auskunftsverweigerungsrecht berufen kann und wird?

*Dahs* ist weiter der Ansicht, da der Mandatsinhalt seiner Natur nach notwendigerweise subjektiv determiniert sei, bestimme die vom Auftraggeber festgelegte Zielsetzung auch den Umfang des Interesses. Mehrere Parteien könnten also durch ein Einverständnis in der Sache die Gegensätzlichkeit ihrer Interessen aufheben. Dabei konstatiert er, dass man sich mit der Begriffsbestimmung letztlich doch wieder einer Einzelfallbewertung nähere, was aber im Hinblick auf die wenig präzise *„schwammige"* Begriffsstruktur des Tatbestandes unumgänglich sei.[208] Oft hänge die Pflichtwidrigkeit strafrechtlicher Doppelvertretungen nur von geringen Verschiebungen des Sachverhalts ab.[209] Gerade deswegen ist jedoch eine klare Lösung und Rechtssicherheit ohne Einzelfallabwägungen für einen Strafverteidiger unverzichtbar.

Im Ergebnis hat nach *Dahs* der einschlägig aufgeklärte, hinreichend verständige, frei handelnde Mandant die Möglichkeit einer Disposition über den

---

205 *Dahs*, NStZ 1991, 561 (562), jedoch *„duale Bedeutung"* (564).
206 *Dahs*, in: MK/StGB, § 356 Rn. 51.
207 *Dahs*, in: MK/StGB, § 356 Rn. 51.
208 *Dahs*, in: MK/StGB, § 356 Rn. 56.
209 *Dahs*, in: MK/StGB, § 356 Rn. 62.

Interessenkreis, den er dem Rechtsanwalt anvertraut.[210] Dieser Idealtyp eines Mandanten taucht jedoch in der Realität nicht auf. Trotz der auch von *Dahs* erkannten, durch die subjektive Theorie verstärkten Rechtsunsicherheit, merkt er an, es erscheine nicht zweifelsfrei, ob das *„Patentrezept"*, grundsätzlich in einem Strafverfahren nicht zwei Mandate – wie immer auch beschaffen – zu übernehmen, der Hilfs- und Vertrauensfunktion des Anwalts in Rechtssachen gegenüber dem Bürger und dem Beratungsbedürfnis miteinander verbundener Personen, die gemeinsam in ein Strafverfahren geraten seien, gerecht würde. Zudem würde in nahezu allen Rechtsgebieten die Betreuungsaufgabe des Rechtsanwalts von der Klientel heute als *„full service"* verstanden und das *„Auseinanderdividieren"* in separate Einzelfälle (und Mandate) mit Unverständnis bedacht oder der Gebührenschneiderei verdächtigt.[211]

Ähnlich wie *Dahs* folgt auch *Beulke/Ruhmannseder* einer subjektiven Theorie, dabei sei es unerheblich, ob die Interessenbestimmung vernünftig oder realisierbar sei.[212] Die Interessen der Beteiligten seien subjektiv zu bestimmen, Voraussetzung dafür sei jedoch, dass der Mandant aufgrund redlicher und ausführlicher Beratung eine autonome Entscheidung über seine Interessen und deren Wahrnehmung treffen könne.[213] Die Parteien müssten über sämtliche Umstände und mögliche Folgen informiert werden.[214] Für den Fall, dass dem Rechtsanwalt mit der Beiordnung als Pflichtverteidiger auch noch gleichzeitig die Verfahrensakten übersandt würden, könne er die Akten zur Prüfung, ob ggf. widerstreitende Interessen vorliegen, zunächst – entsprechend dem *„Orientierungsgespräch"* mit einem Mandanten – flüchtig durchsehen.[215]

Auch nach *Müssig* kann der Mandatsgegenstand durch die subjektive Definitionsmacht des Mandanten bestimmt und eingegrenzt werden.[216] Insoweit fordert *Müssig* dann auch konsequent eine tatbestandliche Relevanz des Einverständnisses des Mandanten und führt aus, es seien keine Gründe ersichtlich, warum die Interessendefinition des Mandanten keine tatbestandliche Relevanz entfalten solle, sehe man von dogmatischen Zirkelargumenten zur Rechtsgutsbestimmung

---

210 *Dahs,* in: MK/StGB, § 356 Rn. 59.

211 *Dahs,* NStZ 1995, 16 (18).

212 *Beulke/Ruhmannseder,* Strafbarkeit des Verteidigers, Rn. 238.

213 *Beulke/Ruhmannseder,* in: DAV-FS, S. 259 (272) und Strafbarkeit des Verteidigers, Rn. 239.

214 *Beulke/Ruhmannseder,* Strafbarkeit des Verteidigers, Rn. 238. Dass eine solche Information praktisch nicht möglich ist, versteht sich von selbst.

215 *Beulke/Ruhmannseder,* Strafbarkeit des Verteidigers, Rn. 214.

216 *Müssig,* NStZ 2009, 421 (424).

und -verfügbarkeit oder paternalistischen Bevormundungstendenzen als zweifelhaften strafrechtlichen Legitimationskriterien ab.[217]

Bei dem Argument der Bevormundung lässt *Müssig* unbeachtet, dass die Beteiligten im Strafverfahren tatsächlich oft bevormundet werden und dies aus überzeugenden Gründen. So ist der ausdrücklich geregelte Rechtsmittelverzicht nach Verständigungen gemäß § 302 Abs. 1 S. 2 StPO eine Bevormundung des Verurteilten. Die Regelung soll den Angeklagten vor Übereilung und damit wiederum Bevormundung durch ihm – in der konkreten Situation – überlegene Richter, Rechts- und Staatsanwälte schützen.[218] Die Verfahrensbeteiligten können auch nicht einen gesetzlich ausgeschlossenen Richter rechtsverbindlich akzeptieren.[219] Ein weiteres Beispiel sind die Regeln über die Öffentlichkeit des Verfahrens. So kann nicht verbindlich dem Ausschluss der Öffentlichkeit zugestimmt werden, selbst nach einer vom Angeklagten erklärten Zustimmung bleibt der Weg einer (erfolgreichen) Revision über § 338 Nr. 6 StPO.[220] Besonders anschaulich zeigt der § 136a StPO, dass es gute Gründe dafür gibt, nicht jede Rechtsgutsverletzung zur Disposition des verletzten Rechtsgutsträgers zu stellen. Die Regelung eines Verwertungsverbotes unabhängig von der Zustimmung des Verletzten zur Verwertung hat ihren Grund auch darin, dass die Institutionen, die zunächst für die Verwirklichung des § 136a StPO verantwortlich waren, auf die Zustimmung drängen könnten.

Es erscheint also nicht sinnvoll, dass gerade die Personen, die sich im Zwielicht befinden – im Zusammenhang mit § 356 StGB der Verteidiger – die Möglichkeit haben, vielleicht sogar durch fehlerhafte Aufklärung, das eigene Verhalten durch eine Zustimmung legalisieren zu lassen. Für diese Frage sind sie nicht zuständig. Es gibt also viele und gut begründete Grenzen der Dispositionsbefugnis von Verfahrensbeteiligten.

---

217 *Müssig*, NStZ 2009, 421 (425); ähnlich *Dahs*, in: MK/StGB, § 356 Rn. 54 ff.

218 Vgl. *Hassemer*, in: FS Hamm, S. 171 (174), der den Paternalismus im Strafrecht erläutert und erklärt, *„was das autonom handelnde Subjekt als paternalistische Intervention in seine Handlungsfreiheit erfahren mag, ist nichts anderes als der gut gemeinte – und regelmäßig auch gelingende – Versuch, dieses Subjekt vor Rechtsfolgen aus Situationen zu bewahren, für deren Bestehen seine autonome Ausstattung typischerweise nicht hinreicht.“*

219 Allein bei disponiblen Ablehnungsgründen ist das Unterlassen dieser Option möglich – hier müsste jedoch regelmäßig zumindest die Staatsanwaltschaft eingreifen.

220 *Hamm*, Die Revision in Strafsachen, S. 200. Ein weiteres Beispiel ist die Verpflichtung, sich im Revisionsverfahren durch einen Verteidiger vertreten zu lassen (§ 345 Abs. 2 StPO). Vgl. BGH, NStZ-RR 2013, 289, nach dem der Verteidiger die volle Verantwortung für den Inhalt der Revisionsbegründungsschrift übernehmen muss.

Nach *Gillmeister* ist Rechtsgut des Parteiverrats das Vertrauen in die zuverlässige und unabhängige Interessenvertretung durch Rechtsbeistände als Voraussetzung einer funktionsfähigen Rechtspflege.[221] Gleichwohl ist er der Ansicht, dass das Parteiinteresse nicht objektivierbar sei und nur subjektiv bestimmt werden könne. Ein Interesse, das die Partei nicht verfolgen wolle, könne der Rechtsbeistand nicht verraten.[222]

Gleichzeitig räumt *Gillmeister* ein, bei Mandatsbeginn habe der Auftraggeber oftmals noch keine klare Vorstellung vom Ziel seiner Interessen. Diese müssten auch mit Hilfe der Beratung ermittelt werden. Schon die Einflussnahme auf den eigenen Mandanten könne parteiverräterisch sein, wenn der Beistand den Mandanten unvollständig oder gezielt fehlerhaft berate.[223] Da er in seinen Ausführungen nicht konsequent zwischen Straf- und Zivilverfahren trennt, wird nicht ausreichend deutlich, wo er eine Grenze der Dispositionsbefugnis des Mandanten für notwendig erachtet.[224]

#### bb) Aktuelle Monographien

Auch die aktuellen Monographien von *Deckenbrock, Erb* und *Kretschmer* bereiten in der Auswertung große Schwierigkeiten, da sie zwar eine umfassende Auswertung der Rechtsprechung und Literatur vornehmen, jedoch die Prozesswirklichkeit nur reduziert wahrnehmen. Diese Arbeiten führen bezüglich der Fragestellung einer objektiven oder subjektiven Auslegung nicht weiter. So

---

221 *Gillmeister,* in: LK/StGB, § 356 Rn. 9.

222 *Gillmeister,* in: LK/StGB, § 356 Rn. 60.

223 *Gillmeister,* in: LK/StGB, § 356 Rn. 60.

224 Wie schwierig es ist, die einzelnen Veröffentlichungen zu erfassen und einer bestimmten Richtung zuzuordnen, zeigt sich bei dem führenden Praktikerkommentar von *Fischer* zum Strafgesetzbuch. So sind dessen Ausführungen bezüglich der Stellung von Mitbeschuldigten in Strafsachen widersprüchlich. In der Kommentierung des § 356 StGB in Rn. 6 führt er auch unter Hinweis auf die oben erläuterte Entscheidung des Bundesgerichtshofs aus dem Jahr 2008 aus, „*Parteien können auch mehrere Tatbeteiligte sein*“. Bereits in der nächsten Rn. 6a steht dagegen unter Hinweis auf die oben erläuterte Entscheidung des Bundesgerichtshofs aus dem Jahr 1982, „*zwischen Teilnehmern an derselben strafbaren Handlung bestehen keine vom Recht geschützten Beziehungen, die Gegenstand eines rechtlichen Verfahrens unter ihnen als Parteien sein könnten.*“ In Rn. 10 zur Frage eines Dienens für beide Parteien führt er schließlich, wiederum mit Hinweis auf die Entscheidung des Bundesgerichtshofes aus dem Jahr 1982 und ohne Hinweis auf die Entscheidung des Bundesgerichtshofes aus dem Jahr 2008 aus, „*umstritten ist, ob dies auch bei Vertretung zweier Deliktsteilnehmer bei widerstreitenden Interessen der Fall ist*“.

werden jeweils grundsätzliche Thesen aufgestellt, auf denen dann die weiteren theoretischen Ausführungen aufbauen. Da aber aus forensischer Erfahrung heraus viele dieser Ausgangsthesen nicht geteilt werden können, überzeugen zwangsläufig auch die daraus entwickelten Ideen nicht.

So ist *Erb*, ohne auf die diesbezügliche Entscheidung des Bundesverfassungsgericht einzugehen, der Ansicht, dass die Frage nach dem von der Norm geschützten Rechtsgut noch nicht befriedigend beantwortet werden könne.[225] Entscheidend ist bei der Auslegung des § 356 StGB für *Erb* der Begriff des Vertrauens in die Rechtspflege, und bei der Frage wie dieses Vertrauen zerstört werden könne, behauptet er, dass die Zerstörung von Vertrauen sich in der Regel nicht graduell vollziehe, sondern schlagartig. Da sich Vertrauen in verschiedenen Abstufungen seiner Ansicht nach nicht denken ließe, man vielmehr ganz oder gar nicht vertraue, gleiche das Umschlagen von Vertrauen in Misstrauen dem Überschreiten einer Schwelle.[226]

Dazu kommt die ebenfalls problematische Behauptung: *„Die einseitige Wahrnehmung fremder Interessen ist daher das signifikante Merkmal der anwaltlichen Berufsausübung und unterscheidet sie von der Tätigkeit anderer Berufsträger wie Ärzten oder Geistlichen. Zwar sind auch diese verpflichtet, sich des in sie gesetzten Vertrauens als würdig zu erweisen. Allerdings reicht die Bedeutung des Vertrauens, das einem Arzt oder einem Geistlichen entgegengebracht wird, bei weitem nicht an dasjenige heran, welches das Mandatsverhältnis so stark prägt.“*[227]

Auch die weiteren Ausführungen vermögen nicht zu überzeugen, da sie einen wichtigen Aspekt nicht berücksichtigen. Anders als Justizorgane, für die eine geringere Anzahl von Verfahren keine unmittelbaren wirtschaftlichen Auswirkungen hat, profitiert der Rechtsanwalt in der Regel gerade von der Annahme vieler Mandate. Dies birgt das Risiko, über bestehende Interessenkonflikte hinwegzusehen und bleibt bei *Erbs* Kernaussage unberücksichtigt: *„Indem über die Vorbefassung der Justizorgane ohne viel – materiell-rechtlichem – Federlesens hinweggesehen wird, kann man sich des Eindrucks nicht erwehren,*

225 *Erb*, Parteiverrat, S. 27 und auf S. 95, hält er die Rechtsgutsfrage sogar für *„nach wie vor ungeklärt“*. Dabei unterschlägt er die Bestätigung des BVerfG, NJW 2001, 3180 (3181), für die Rechtsgutsfestlegung durch den Bundesgerichtshof (BGHSt 45, 148). Dies ist unverständlich, da *Erb* die entsprechenden Entscheidungen auf S. 96 zitiert.

226 *Erb*, Parteiverrat, S. 92. Widersprüchlich dazu sind seine Ausführungen auf S. 147, wo sich die Gefährdung eines kollektiven Vertrauensrechtsgutes doch in mehreren Stufen denken lassen soll.

227 *Erb*, Parteiverrat, S. 109.

*dass hier willkürlich mit zweierlei Maß gemessen wird: Während Richtern und Staatsanwälten unterstellt wird, sie könnten in verschiedenen Verfahren über denselben Gegenstand vorurteilsfrei und gewissenhaft ihres Amtes walten, wird diese Fähigkeit dem Rechtsanwalt nonchalant abgesprochen und in § 356 StGB pönalisiert.*"[228]

Wenig nachvollziehbar ist auch, dass sogar Minderjährige wirksam in eine Doppelvertretung einwilligen können sollen[229] und die Prävarikation die wahrheitsgemäße Urteilsfindung fördern könne.[230] Das Gegenteil dürfte eher richtig sein.

*Kretschmer* vertritt ein individualrechtliches Verständnis. Seiner Vorstellung nach – die hier nicht geteilt wird – läuft eine strafrechtliche Hauptverhandlung folgendermaßen ab: „*Das staatliche Strafverfolgungsinteresse wird vom Vertreter der Anklage wahrgenommen, das Interesse des Beschuldigten vertritt der Verteidiger. Diese beiden führen im Wesentlichen die Vernehmungen des Beschuldigten und der Zeugen. Das Gericht dagegen leitet die Verhandlung eher wie ein Schiedsrichter und fällt auf Grund des von den „Parteien" gesammelten Be- und Entlastungsmaterial das Urteil.*"[231]

Weiter begründet *Kretschmer* seine individuelle Sichtweise mit dem besonderen Schutz des Vertrauensverhältnisses zwischen Verteidiger und Mandanten. Dabei will er einen Unterschied in der Qualität zu dem Vertrauensverhältnis zu einem Arzt erkennen. Weiter behauptet er, dass entlastende Momente am ehesten Berücksichtigung fänden, wenn sie von einer formal von der Anklagebehörde getrennten Institution, der Verteidigung, vorgebracht würden.[232] Dies darf bezweifelt werden, denn trägt ein Staatsanwalt zugunsten des Angeklagten vor, wird dies in der Regel größere Wirkung entfalten, da diese Ausführungen nicht wie beim Verteidiger der strengen Parteilichkeit geschuldet sind, sondern der Objektivitätsverpflichtung.[233]

Und so ist auch im Ergebnis nicht überzeugend, das Vertrauensverhältnis zu einem Arzt nicht für genauso wichtig zu erachten wie das zum Rechtsbeistand. So gibt *Kretschmer* keine Antwort auf die Frage, warum gerade im Verhältnis

---

228 *Erb*, Parteiverrat, S. 176.

229 *Erb*, Parteiverrat, S. 214 f. Das Problem der unbilligen Einwilligungen sieht er auch und will in Ausnahmefällen eine Tatbestandmäßigkeit bejahen S. 212 ff.

230 *Erb*, Parteiverrat, S. 230 und S. 241.

231 *Kretschmer*, Parteiverrat, S. 243.

232 *Kretschmer*, Parteiverrat, S. 34.

233 Denn selbst wenn Staatsanwälten gelegentlich fehlende Objektivität attestiert wird, dann doch regelmäßig keine Parteilichkeit zugunsten des Angeklagten.

zum Verteidiger (Anwaltsvertrag) und anders als z.B. bei Ärzten oder Psychologen (Behandlungsvertrag) ein privates Vertragsverhältnis besonders geschützt werden sollte? Es gibt keinen Grund – es sei denn, das von der objektiven Auslegung favorisierte Rechtsgut des Vertrauens der Allgemeinheit in die Rechtsanwaltschaft – eine Pflichtverletzung im Anwaltsvertrag mit einer Mindeststrafe von drei Monaten zu bestrafen und bei anderen Vertragsverhältnissen nicht.

Schließlich kann auch die Einschätzung nicht geteilt werden, dass sich die Defizite des Betroffenen im Regelfall auf den juristischen Sachbereich beziehen würden.[234] Hier werden die tatsächlichen Schwierigkeiten und Anforderungen an die Arbeit eines Strafverteidigers nur unzureichend erkannt. Strafverteidigung ist viel mehr und hat u.a. mit Menschenkenntnis, Erfahrung, Aussagepsychologie, Kriminaltechnik usw. viele weitere Schwerpunkte. Eine Reduzierung auf die reine Rechtsberatung ist wohl der Intention von *Kretschmer* geschuldet, später durch eine Willenserklärung eine wirksame Interessenbeschränkung erreichen zu können.

Seiner These vom eigenverantwortlichen Mandanten widersprechend erklärt *Kretschmer* an anderer Stelle, dass der professionelle Rat des Anwalts den eigenverantwortlichen Mandanten im Regelfall überzeugen würde.[235] Auch die Äußerung von *Kretschmer*, es habe sich gezeigt, dass in der Mehrzahl der Fälle die Anwälte ihre Mandanten unzureichend oder gar nicht über Absicht und Durchführung von Verständigungen unterrichten würden[236], passt nicht zu seinem sonstigen Vertrauen in die anwaltliche Beratung und die daraufhin zu achtende Entscheidung des Mandanten.

*Deckenbrock* sieht durch den Tatbestand die Funktionsfähigkeit der Rechtspflege, die das Vertrauen der Öffentlichkeit in die Zuverlässigkeit der Anwaltschaft voraussetze und gleichzeitig auch das Vertrauensverhältnis zwischen Anwalt und Mandant, geschützt.[237] Aber auch seine Argumentation und entsprechende Ablehnung der objektiven Theorie in Strafverfahren[238] kann aufgrund fraglicher Ausgangsthesen nicht geteilt werden. So behauptet er, die objektive Theorie beinhalte ein unkalkulierbares Risiko für den Anwalt.[239] Tatsächlich wird der Rechtsbeistand bei Anwendung der objektiven Theorie das Mandat ablehnen und geht kein Risiko ein. Indem *Deckenbrock* im gleichen Abschnitt

---

234 *Kretschmer,* Parteiverrat, S. 44.
235 *Kretschmer,* Parteiverrat, S. 211.
236 *Kretschmer,* Parteiverrat, S. 245 f.
237 *Deckenbrock,* Parteiverrat, S. 51 f.
238 *Deckenbrock,* Parteiverrat, S. 411.
239 *Deckenbrock,* Parteiverrat, S. 105.

ausführt, für den Rechtsanwalt sei es vielfach gar nicht möglich, die wahre bzw. vernünftige Interessenlage der Parteien zu erfahren[240], widerspricht er seiner eigenen Idee von einem gut beratenen Mandanten, der eigenverantwortlich seine Interessen mit Hilfe des Verteidigers bestimmt. Dass er sich sogar dagegen wendet, dass der Verteidiger, der mehrere Angeklagte vertritt, in der Gefahr schwebe, den objektiven Tatbestand des § 356 StGB zu verwirklichen[241], ist nicht nachvollziehbar. Dieser Verteidiger schwebt nicht nur in Gefahr, er ist regelmäßig zu verurteilen.

Der grundsätzliche Fehler *Deckenbrocks* zeigt sich in der Annahme, dass *„wer einen latent vorhandenen Interessenkonflikt genügen lasse und einen Anwalt bereits dann von der Mandatsübernahme ausschließen wolle, wenn jedenfalls theoretisch die Wahrung des einen Interesses der Verfolgung des anderen Interesses zuwiderläuft, ignoriere Art. 12 Abs. 1 GG, der es verbiete, den Parteiverratstatbestand als abstraktes Gefährdungsdelikt zu verstehen. § 356 sei vor dem Hintergrund des Art. 103 Abs. 2 GG zwingend als Begehungsdelikt zu verstehen, in dessen Rahmen hypothetische Geschehensabläufe nicht berücksichtigt werden dürften.“*[242] Unverständlich und widersprüchlich ist diese Behauptung, weil er andererseits bei der Rechtfertigung des § 146 StPO ausführt, dass ohne ein entsprechendes Verbot das Interesse des Beschuldigten noch weit schwer wiegender verletzt werden könne, als wenn man ihm von vornherein die Chance nähme, den Verteidiger seiner Wahl zu erhalten.[243] Hier scheint er bei paralleler Konfliktlage keinen Verstoß gegen Art. 12 GG zu sehen.[244]

**cc) Ergebnis**

In der Literatur ist weiterhin umstritten, ob ein Interessenwiderstreit zwischen den Parteien objektiv oder subjektiv zu bestimmen ist.[245] Die Vertreter der objektiven Theorie betonen den rechtsstaatlichen Aspekt des Strafverfahrens: Dieser stünde nicht zur Disposition der Parteien. Die subjektive Theorie stellt dagegen auf die Freiheit des mündigen Menschen ab: Dieser solle seine Interessen eigenverantwortlich und ohne staatliche Bevormundung formulieren dürfen.

240 *Deckenbrock,* Parteiverrat, S. 105.

241 *Deckenbrock,* Parteiverrat, S. 105. Dabei übersieht er wohl auch das entsprechende Verbot aus § 146 StPO, welches er einige Seiten später als richtig anerkennt.

242 *Deckenbrock,* Parteiverrat, S. 111.

243 *Deckenbrock,* Parteiverrat, S. 124.

244 Vertiefend unten S. 84 ff. warum es sich bei § 356 StGB um ein abstraktes Gefährdungsdelikt handelt.

245 *Matt,* in: M/R StGB, § 356 Rn. 38 m.w.N.

### 3. Zusammenfassende Stellungnahme

Nachdem bereits unter 1. und 2. die unterschiedlichen Ansichten bewertend dargestellt wurden, soll nun in einer zusammenfassenden Stellungnahme auf Rechtsprechung und Literatur eingegangen werden.

Aktuell ist ein Vordringen der subjektiven Theorie zu beobachten.[246] Zur Unübersichtlichkeit der Rechtslage trägt bei, dass die Vertreter der subjektiven Theorie oft aus Rücksicht auf die möglicherweise entgegenstehende Rechtsprechung ihre Ausführungen mit dem Hinweis versehen, man solle in der Praxis aus Sicherheitsgründen doch der objektiven Theorie folgen und dieser entsprechend kein zweites Mandat annehmen bzw. bereits laufende Mandate niederlegen.[247] In diesem Zusammenhang findet sich auch der Hinweis darauf, dass es sich bei § 356 StGB um einen der schwierigsten Straftatbestände des Strafgesetzbuches handele.[248] Dies erscheint jedoch nur zutreffend, wenn man versucht, den Tatbestand gegen den Wortlaut einzuschränken und dabei bemerkt, dass man dafür die üblichen dogmatischen Regeln überwinden muss.

#### *a) Auseinandersetzung mit der subjektiven Theorie*

Das Fragliche der subjektiven Theorie liegt in der mangelnden Praxistauglichkeit und der Überschätzung der tatsächlichen Möglichkeiten des Individuums. Verlockend an der subjektiven Theorie ist die Illusion, den Menschen, auch bezüglich der kompliziertesten Entscheidungen in einem Strafverfahren, autonom zu stellen und seinen freien Willen als Ausdruck seiner Würde zu akzeptieren. Denn Ausgangspunkt der subjektiven Theorie ist, wie es *Kretschmer* ausdrückt, ein *„individualrechtliches Verständnis."*[249]

Bei genauerer Betrachtung zeigt sich jedoch, dass die subjektive Theorie nicht jedem Menschen hilft, frei die eigenen Interessen zu verfolgen, sondern primär

---

246 *Rogall,* in: SK/StGB, § 356 Rn. 33 m.w.N.; *Dahs,* in: MK/StGB, § 356 Rn. 54, geht sogar davon aus, dass die Rechtsprechung eine subjektive Interessenbestimmung favorisiere.

247 *Beulke/Ruhmannseder,* DAV-FS, 259 (273) und *dieselb.,* Strafbarkeit des Verteidigers, Rn. 240; Ähnlich auch *Heuchemer,* in: Beck OK, § 356 StGB Rn. 11; *Deckenbrock,* Parteiverrat, S. 146.

248 *Dahs,* NStZ 1995, 16 (18); *Beulke/Ruhmannseder,* DAV-FS, 259 und auch Strafbarkeit des Verteidigers, Rn. 203; *Gillmeister,* in der Anmerkung NJW 2008, 2723 (2727), hält die tatbestandlichen Voraussetzungen des Parteiverrats für immer noch nicht geklärt.

249 *Kretschmer,* Parteiverrat, S. 110 ff.

dem Stärkeren. Abgesprochene Einlassungen, die Schuldübernahme von Unschuldigen, um schwer kriminelle Hintermänner zu schützen, eben diese „Vorteile“ der subjektiven Theorie zerstören das Ansehen der Rechtsanwaltschaft und konterkarieren den Rechtsstaat.

### aa) Das Zeitproblem

Die subjektive Theorie ist aus vielen praktischen Gründen fraglich. Sie ignoriert völlig das sich in vielen Verfahren stellende Zeitproblem. Bei Durchsuchungen, Festnahmen, Selbstanzeigen und ungeplanten Straftaten aufgrund von Gefühlsausbrüchen ist die Mandatierung eines Verteidigers eine sofort erforderliche Maßnahme. Der Mandant kann und will in diesen Ausnahmesituationen nicht warten.

Anhand einer aktuellen Verurteilung wegen Parteiverrats wird gerade im Zusammenhang mit der Zeitfrage deutlich, wie wichtig eine eindeutige, der Rechtssicherheit verpflichtete Lösung für die Praxis der Strafverteidigung ist. So wurde ein Rechtsanwalt wegen Parteiverrats verurteilt, weil er zunächst den Beschuldigten eines Tötungsdeliktes und später den Anstifter vertrat.[250] Seine Revision, mit der er sich zumindest auch auf einen Verbotsirrtum berief, war erfolglos und er erhob eine Verfassungsbeschwerde. Darin argumentierte er, wegen der *„im Rahmen der Strafverteidigung nahezu stets ad hoc zu treffenden Entscheidungen, die ja immer auch mit der Inhaftierung eines Mandanten im Zusammenhang stünden“*, habe *„man schlicht und ergreifend weder Zeit noch die tatsächliche Möglichkeit ..., in Bibliotheken drei Artikel aus 20 Jahren herauszusuchen“*. Vor diesem Hintergrund seien die zum Verbotsirrtum angestellten Erwägungen der Gerichte nicht verfassungskonform.[251] Das Bundesverfassungsgericht hielt diese Argumentation nicht für erheblich und nahm die Verfassungsbeschwerde mit Beschluss vom 06.05.2011 nicht zur Entscheidung an.[252]

Dieses Beispiel zeigt, dass es eine einfach verständliche Rechtslage braucht, damit auch arbeitsbelastete, unerfahrene oder im Schwerpunkt zivilrechtlich tätige Rechtsbeistände vor Strafbarkeit – aufgrund einer unüberlegten Mandatsannahme – bewahrt werden. Ein Verbotsirrtum wird bei einem Rechtsanwalt nur in den seltensten Fällen vorliegen bzw. unvermeidbar gewesen sein.[253]

---

250 Eine sukzessive Mehrfachvertretung ist strafprozessual gemäß § 146 StPO zulässig (der Sachverhalt wurde auf S. 49 bereits geschildert).

251 BVerfGK 18, 430 ff.

252 BVerfGK 18, 430 ff. dazu *Kuhlen*, HRRS, 2012, 114 ff.

253 Vertiefend zum Vorsatz *Kuhlen*, in: NK/StGB, § 356 Rn. 56 ff.

### bb) Parteiverrat durch Erstberatung

Das nächste Problem tritt bereits bei der von den Vertretern der subjektiven Theorie immer geforderten und als besonders wichtig bezeichneten Erstberatung auf. Denn diese Erstberatung des Zweitmandanten kann bereits einen Parteiverrat gegenüber dem bereits angenommenen Erstmandanten darstellen. Dies nämlich dann, wenn sie tatsächlich umfangreich auf alles für den Erstmandanten Negative gerichtet ist und den Strafzumessungsgesichtspunkt des §§ 46, 46b StGB konkret mit allen Belastungsmöglichkeiten aufzeigt; weiter auch in dem Hinweis auf die allgemeinen Möglichkeiten, durch gegenseitige Beschuldigungen bzw. der Relativierung eigener Tatbeiträge zu Lasten der anderen Mitbeschuldigten auf tatsächlicher Ebene die eigene Verantwortung zu verdecken.[254] Denn durch diese Informationen dient der Rechtsbeistand auch der anderen Partei in einer ihm zumindest von dem Erstmandanten anvertrauten Rechtssache, ob er will oder nicht.

### cc) Die Vergütungsfrage

Hinzu kommt, dass Strafverteidiger nicht die Zeit haben, Mandanten ohne Vergütung ausführlich zu beraten.[255] Dies wird in der Praxis dazu führen, dass die Aufklärung sehr kurz ausfällt.[256]

Weiter stellt sich die Frage, wie der Rechtsanwalt in der Lage sein soll, über mögliche Interessenskonflikte aufzuklären, bevor er sich in das womöglich umfangreiche Mandat entsprechend eingearbeitet hat. Die Vertreter der subjektiven Theorie erläutern nicht konkret, wie diese Beratung aussehen soll. In den meisten Fällen wird dem Rechtsanwalt die Akte nicht vorliegen, wenn über eine Mandatierung gesprochen wird. Wie gründlich soll er sich den Fall erzählen lassen? Wie ist es mit Mandanten, die nicht so klar formulieren bzw. einen Sachverhalt vortragen können? Auch der Mandant weiß nicht immer genau, welche möglicherweise sehr komplexen Sachverhalte oder verschiedene Straftaten ihm gerade durch die Strafverfolgungsbehörden vorgeworfen werden.

---

254 *Gillmeister,* in: LK/StGB, § 356 Rn. 42.

255 *Roxin/Schünemann,* Strafverfahrensrecht, S. 113 m.w.N., stellen fest, dass die durchschnittliche Verteidigung von einer erstaunlichen Passivität gekennzeichnet sei. In diese Richtung können auch die Ausführungen von *Lam/Meyer-Mews,* NJW 2012, 177 (178), verstanden werden, wenn sie von Verteidigern berichten, die sich vorwiegend als Urteilsbegleiter und Geständnisvermittler verstehen würden und deren Tätigkeit sich in einer Pro-forma-Verteidigung erschöpfen würde.

256 Ganz anders die unrealistischen Ausführungen zur Aufklärungspflicht des Rechtsanwalts bei *Erb,* Parteiverrat, S. 220 ff.

Weiter wird nicht ausgeführt, wie diese Aufklärung zu dokumentieren und zu kontrollieren sei.

So überzeugt der praktische Hinweis von *Beulke/Ruhmannseder* nicht, den sie für den Fall erteilen, dass dem Rechtsanwalt mit der Beiordnung als Pflichtverteidiger auch gleichzeitig die Verfahrensakten übersandt werden. Dann könne der Verteidiger die Akten zur Prüfung, ob ggf. widerstreitende Interessen vorliegen, zunächst – entsprechend dem *„Orientierungsgespräch"* mit einem Mandanten – flüchtig durchsehen.[257] Offen bleibt dabei, was mit diesem flüchtigen Durchsehen gemeint ist. Ein flüchtiges Lesen als Grundlage für die Prüfung eines Interessenwiderstreits? Gerade bei einem so komplizierten Tatbestand[258] sollte eine rechtliche Prüfung nicht flüchtig und damit auch fehleranfällig sein. Ganz abgesehen davon, dass bei umfangreichen Akten auch flüchtiges Lesen lange dauert und die Akten in Strafsachen leider oftmals nicht so übersichtlich aufgebaut sind, dass sich der Inhalt durch ein flüchtiges Lesen überhaupt belastbar erschließt.

**dd) Das Problem der Interessenänderung**

Vor allem eine mögliche Interessenänderung des Mandanten spricht aus praktischer Sicht gegen die subjektive Theorie. Zum Zeitpunkt der Mandatsübernahme kann man nicht ausschließen, dass die wechselnden Situationen und Konstellationen im weiteren Verfahren einen Interessenwiderstreit zwischen den Mandanten entstehen lassen.[259] Die Interessenlage der Mandanten kann sich im Laufe eines Strafverfahrens ändern und dies in mehreren Konstellationen.[260]

Zunächst könnte der Mandant eine Interessenverschiebung bemerken. In diesem Fall lebt durch seine Entscheidung der Interessengegensatz wieder auf und der Rechtsanwalt muss beide Mandate niederlegen. Dies wäre natürlich auch ein gravierender Eingriff in die Rechte des zweiten Mandanten. Weiter drohen beiden Mandanten durch den Mandatsentzug Nachteile. Gerade bei einem Rechtsanwaltswechsel im laufenden Strafverfahren muss der neue Verteidiger sich

---

257 *Beulke/Ruhmannseder,* Strafbarkeit des Verteidigers, Rn. 214.

258 *Dahs,* NStZ 1995, 16 (18); *Beulke/Ruhmannseder,* DAV-FS, S. 259 und *dieselb.,* Strafbarkeit des Verteidigers, Rn. 203.

259 Vgl. BVerfG, NJW 1975, 1013 (1014).

260 Zur Veränderbarkeit von Interessenlagen im Erbrecht siehe das sehr anschauliche Beispiel bei *Offermann-Burckart,* ZEV 2007, 151 (154). Auch *Kretschmer,* Parteiverrat, S. 210 f., mahnt zur Vorsicht, da die Autonomie des Beschuldigten im laufenden Verfahren Änderungen der Verteidigungsstrategie zulasse. Auf diese praktische Schwierigkeit geht er jedoch nicht näher ein.

schnell einarbeiten. Es besteht kein Anspruch darauf, die Hauptverhandlung in Gänze zu wiederholen. Die wichtigsten Beweise sind dann möglicherweise bereits in die Hauptverhandlung eingeführt, entlastende Beweiserhebungen nicht mehr möglich und der beste Zeitpunkt für ein Geständnis bereits verstrichen. Für die parallele Problematik im Zivilverfahren führt *Henssler* aus, dass der Mandant durch die erzwungene Mandatsniederlegung seinen Berater gerade dann verlieren würde, wenn er ihn am dringendsten benötige.[261]

Es ist auch der Fall denkbar, dass der Mandant eine nur vermeintliche Interessenverschiebung bemerkt. Auch in diesem Fall müsste er die Beschränkung der Interessen aufheben können und damit wäre der Rechtsbeistand wiederum gezwungen, beide Mandate niederzulegen. Der Rechtsbeistand würde das Risiko tragen, sich möglicherweise gründlich in ein Großverfahren eingearbeitet zu haben und anschließend, ohne dass sich tatsächlich etwas geändert hat, aufgrund einer Laune oder eines Denkfehlers seines Mandanten das Mandat und damit wohl den größten Teil seiner Vergütung verlieren. Und auch der zweite Mandant würde seinen Vertreter mit allen negativen Konsequenzen grundlos verlieren.

Natürlich könnte auch der Rechtsbeistand eine Interessenverschiebung bemerken. In diesem Fall muss der Verteidiger mit allen Konsequenzen – die Mandanten stehen ohne Rechtsbeistand da – die Mandate niederlegen.

Es erscheint auch möglich, dass der Rechtsanwalt Informationen erhalten hat, die eine Interessenverschiebung bewirken und die er seinem Mandanten mitteilen muss, weil sich dieser in Untersuchungshaft befindet. Gleichzeitig könnten schnelle Entscheidungen von ihm verlangt werden. Damit stünde er vor der Frage, ob er nun weiterarbeiten solle, um den Mandatsauftrag zu erfüllen, oder zunächst auf eine erneute Entscheidung seines Mandanten drängen müsste, die einen neuen Interessengegensatz auflösen könnte. Es besteht also die Gefahr, dass der Rechtsanwalt in den Verdacht gerät oder sich tatsächlich strafbar macht, indem er auch nach Korrektur der Interessenlage durch den Mandanten zumindest kurzzeitig weiter tätig gewesen ist. Diese Situation der Unsicherheit und drohenden Strafbarkeit ist dem Rechtsanwalt nicht zumutbar.

Schließlich könnte der Rechtsanwalt eine vermeintliche Interessenverschiebung bemerken und auch in diesem Fall müsste der Verteidiger mit allen Konsequenzen – die Mandanten stehen ohne Rechtsbeistand da – grundlos die Mandate niederlegen.

Für alle vier Konstellationen kommt noch erschwerend hinzu, dass die Gründe der tatsächlichen oder vermeintlichen Veränderung der Interessenlage dergestalt

261 *Henssler,* NJW 2001, 1521 (1527).

sein können, dass sie nicht offengelegt werden dürften. So könnte der Mandant dem Verteidiger möglicherweise nur sagen, die Interessen hätten sich geändert. Eine Erklärung würde sensible Informationen enthalten und müsse daher unterbleiben. Weiter könnte auch der Rechtsanwalt gehindert sein, die Gründe aus dem ersten Mandat dem zweiten Mandanten mitzuteilen, da schon in dieser Mitteilung eine Tathandlung des Parteiverrats liegen könnte. All dies würde die Entscheidung für keine Seite transparent und überprüfbar machen. Dies kann vor allem dann sehr schmerzhaft sein, wenn der Mandant in höchster Not den Beistand oder der Rechtsanwalt ein lukratives Mandat verliert.

#### ee) Die Gefahr von Missverständnissen

Weiter ist noch auf die Gefahr von Missverständnissen und einer Erpressbarkeit hinzuweisen, da der Mandant behaupten könnte, der Rechtsanwalt habe ihn nicht korrekt und umfassend über den möglicherweise auch schwierig erkennbaren Interessengegensatz aufgeklärt. Dies erscheint im Hinblick auf den neuen § 46b StGB nicht unwahrscheinlich, da die Norm in der Praxis noch relativ unbekannt ist. Ein solcher Vorwurf müsste noch nicht einmal der Wahrheit entsprechen, denn Beschuldigte in Strafverfahren stehen nicht selten mit dem Rücken zur Wand.[262]

#### ff) Überschätzung von Mandant und Rechtsbeistand

Die subjektive Theorie überschätzt die am Strafverfahren beteiligten Personen und zwar sowohl die Mandanten als auch den Rechtsbeistand. So ist der Wunsch, dass der ausführlich und redlich beratene Mandant freiverantwortlich über seine Interessen entscheidet, oft nicht realitätsgerecht.[263]

##### *(1.) Der überforderte Mandant*

Der Mandant kann in vielen Fällen nicht eigenverantwortlich über die Erheblichkeit eines Interessenwiderstreits entscheiden, da er regelmäßig nicht die

---

262 Auch könnte es auf einem Missverständnis beruhen und es stellt sich die Frage, wer die Gefahr von Missverständnissen trägt. Mandanten in Strafsachen sind oft irritiert und verstört.

263 *Kretschmer,* Parteiverrat, S. 44, sieht auch hier die Unterlegenheit des Beschuldigten im Regelfall allein im juristischen Sachbereich. In der Praxis der Hauptverhandlung überwiegt eher der Eindruck, dass die Angeklagten oftmals die Situation nicht überblicken. Dies sowohl bei vermeintlich einfachen Fällen beim Amtsgericht, bei denen der Mandant allein aufgrund der Geschwindigkeit der Beweisaufnahme überfordert ist, als auch bei den oftmals komplizierten Fällen beim Landgericht, wo auch die Möglichkeit von hohen Freiheitsstrafen bei jeder einzelnen Prozesshandlung zu berücksichtigen ist.

notwendige Sachkunde dafür besitzt. So ist unabdingbare Voraussetzung für ein wirksames Einverständnis auch die Fähigkeit der Parteien zu begreifen, was man ihnen erklärt. Dies setzt ein intellektuelles Verstehen und ein straf- und strafprozessuales Grundverständnis voraus.[264] Ein solches kann im Regelfall nicht unterstellt werden.[265] Wie sollen die Mandanten die Beweislage oder eine realistische Straferwartung einschätzen?[266]

Die Entscheidung, ob ein Interessengegensatz besteht, beinhaltet eine Prognose über den weiteren Verlauf des Strafverfahrens. Sie impliziert die Kenntnis bezüglich eventueller zivilrechtlicher Ansprüche (z.B. Schadensersatz oder Schmerzensgeld) und Verpflichtungen und ist zu komplex, um sie dem Mandanten aufzubürden.[267]

Tatsächlich erscheint die Situation des Mandanten mit der eines Patienten vor einer Einwilligung in eine Heilbehandlung vergleichbar. Denn sowohl vor einer Operation wie auch in einem Strafverfahren kommt es darauf an, sich dem Arzt bzw. Anwalt anzuvertrauen. In beiden Konstellationen wird eine Willenserklärung des Patienten/Mandanten verlangt und jeweils kann dieser die Konsequenzen seines Handelns nicht wirklich erfassen, sondern vertraut sich an.[268] *Rüthers* hält die Unsicherheit der Bürger gegenüber dem Recht für eine unvermeidbare, schicksalhafte Gegebenheit in hochdifferenzierten sozialen und politischen Systemen. Die Unsicherheit, ja das Gefühl des Ausgeliefertseins an eine unbekannte Macht, die sich Rechtsordnung nenne und von Fachjuristen verwaltet würde, sei ein Grundgefühl, nicht selten ein Alptraum vieler Bürger in modernen Gesellschaften.[269] In beiden Situationen droht die Gefahr eines für

---

264 So für das Zivilverfahren entsprechend *Offermann-Burckart,* ZEV 2007, 151 (155).

265 A.A. *Dahs,* in: MK/StGB, § 356 Rn. 59, der zur Grundlage seiner Ansicht auf einen einschlägig aufgeklärten, hinreichend verständigen und frei handelnden Mandanten abstellt.

266 Dies ist kaum möglich, da es wohl auch von Landgericht zu Landgericht unterschiedliche Gepflogenheiten in der Strafhöhe gibt. Nach *Roxin/Schünemann,* Strafprozessrecht, S. 104, könne der Angeklagte ohne Verteidiger weder seine Absprachechancen adäquat wahrnehmen noch das „*Angebot*" des Gerichts auch nur annähernd zuverlässig beurteilen. Vertiefend zur Ungleichheit bei der Strafzumessung *Mellinghoff,* in: FS Hassemer, S. 503 (515 ff.), und dem Hinweis, dass sogar das Alter des Richters Bedeutung für die Strafzumessung haben soll.

267 Ganz anders traut *Erb,* Parteiverrat, S. 214 f., diese Entscheidungen grundsätzlich auch Minderjährigen zu.

268 Das theoretische Fundament für solche Situationen ist bei *Rüthers,* in: FS Rebmann, S. 77 ff., erläutert.

269 *Rüthers,* in: FS Rebmann, S. 77 (79).

das weitere Leben des Patienten/Mandanten folgenreichen Scheiterns. Hiergegen muss sich der Arzt/Anwalt für den Fall des Scheiterns rechtfertigen und absichern. Dabei zeigt sich an der praktischen Umsetzung einer solchen Absicherung deren Untauglichkeit für ein Strafverfahren. Denn eine schriftliche Fixierung wird der Mandant in vielen Fällen nicht wollen. Falls doch, stellt sich die Frage, ob dann auch die Anforderungen an die Wirksamkeit der Einwilligungen kurz vor einer Operation auf Mandanten in Untersuchungshaft übertragen werden müssten? Weiter würde sich das Problem stellen, wie konkret die widerstreitenden Interessen benannt werden müssten, um nachzuweisen, dass genau auf diese Interessen verzichtet wurde.

Oft wird von den Vertretern der subjektiven Theorie das Argument vorgebracht, wenn der Erstmandant seine Ehefrau (die Zweitmandantin) decken und für diese eine Strafe übernehmen wolle, sei dies zu akzeptieren.[270] Diese auf den ersten Blick „ehrenwerte" Motivation wird nicht weiter hinterfragt.[271] Tut man dies, werden viele Probleme sichtbar. Was glauben die Beteiligten wird der Frau passieren? Wäre eine Gefängnisstrafe für die Frau realistisch? Wie ist die psychische Situation des Mannes? Ist er aufgrund seines Gesellschaftsbildes und seines Selbstbewusstseins in seiner Entscheidung frei oder von der Frau abhängig?

Dass diese Fragen berechtigt sind, zeigt ein Beispiel aus der Praxis. Die Vollstreckung des Restes einer mehrjährigen Gesamtfreiheitsstrafe wurde aus einem Urteil eines Landgerichts gemäß § 57 Abs. 2 Nr. 2 StGB zur Bewährung ausgesetzt. Da die zu vollstreckende Strafe zwei Jahre überstieg, kam eine Aussetzung gemäß § 57 Abs. 2 Nr. 2 StGB nur in Betracht, da dem Verurteilten eine positive Sozialprognose gestellt werden konnte und die Gesamtwürdigung von Tat, Persönlichkeit des Verurteilten und seiner Entwicklung ergab, dass besondere Umstände vorlagen. In der Begründung wurde zunächst auf das Haftverhalten und seine dortige Arbeit abgestellt und damit eine positive Sozialprognose ermöglicht. Anschließend wurde das Vorliegen besonderer Umstände damit belegt, dass sich bereits aus dem Urteil des Landgerichts ergebe, dass die Taten im Wesentlichen dadurch bedingt waren, dass sich der Verurteilte aufgrund seines schwachen Selbstwertgefühls dem Willen seiner damaligen Ehefrau nicht widersetzen konnte und ihre mit finanziellem Aufwand verbundenen Wünsche zu erfüllen versuchte. Weiter habe er sich nach der Tat freiwillig einer stationären

---

270 Z.B. *Kretschmer*, Parteiverrat, S. 194 (Ehepartner); *Deckenbrock*, Parteiverrat, S. 104 f., sieht hier in der Verteidigung des Ehemannes und später der Ehefrau keinen Parteiverrat. Vgl. dagegen LG Itzehoe, NStZ-RR 2008, 170 (172).

271 Ganz abgesehen davon, dass dieses Verhalten der Wahrheitsermittlung entgegensteht.

Therapie zur Stärkung seines Selbstbewusstseins unterzogen. Im Anschluss daran habe er diese Therapie ambulant weitergeführt, wobei es im Wesentlichen um die Beziehung zu seiner Ehefrau ging. Der Verurteilte habe angegeben, in der Therapie habe er gelernt „*Nein*" zu sagen, was ihm zuvor den Wünschen seiner Frau gegenüber nicht möglich gewesen sei. Weiter sei er nunmehr von seiner Frau endgültig getrennt.[272]

Dieses Beispiel zeigt, dass die Entscheidung, die der Beschuldigte bezüglich der Interessenlage treffen muss, nicht nur unmittelbare Folgen für eine Verurteilung in einer anstehenden Hauptverhandlung haben, sondern auch weitreichende Konsequenzen für die spätere Strafvollstreckung und konkret für die Frage, ob eine Strafaussetzung nach der Hälfte oder zwei Dritteln der Strafe vertretbar ist. Diese weitreichenden Konsequenzen, auch bezüglich des Vollstreckungsverfahrens, sind nicht leicht zu erfassen. Alle diese möglicherweise in der Zukunft zu berücksichtigenden Umstände dem Mandanten in einem (Erst-)Gespräch zu vermitteln, so dass dieser freiverantwortlich entscheiden kann, erscheint unrealistisch. Dabei könnte eine solche Entscheidung bereits vor der Einleitung eines Ermittlungsverfahrens notwendig sein. Nur zur Erinnerung: Eine Strafbarkeit gemäß § 356 StGB setzt keine Kenntnis der Strafverfolgungsbehörden von der Straftat des Mandanten voraus.

Manche Entscheidungen verlangen eine besondere Sachkunde und Unabhängigkeit.[273] Sie können daher auf den Mandanten, der diese gerade nicht hat, auch nicht übertragen werden,[274] da ein unverzichtbares Element des rechtsstaatlichen Strafverfahrens das Recht des Beschuldigten ist, prozessuale Rechte und Möglichkeiten mit der erforderlichen Sachkunde wahrnehmen und Übergriffe der staatlichen Stellen oder anderer Verfahrensbeteiligter angemessen abwehren zu können.[275]

Weiter wird der Rechtsbeistand in der Art, wie er die Informationen und Erklärungen weitergibt, auf die Antwort des Mandanten Einfluss nehmen können.

---

272 Auch wenn hier aus datenschutzrechtlichen Gründen keine Fundstelle genannt werden kann, scheint das Beispiel plausibel.

273 Neben der Sachkunde kommt der Unabhängigkeit eine besondere Bedeutung zu. Dies zeigt sich besonders anschaulich an dem Spruch: Der Anwalt, der sich selbst verteidigt, hat einen Idioten als Mandanten.

274 *Lam/Meyer-Mews,* NJW 2012, 177, stellen fest, dass die Bedingungen des Strafverfahrens mittlerweile durch die Rechtsprechung so fein differenziert worden sind, dass die vielen Fallstricke und wenigen Chancen für den strafrechtlichen Laien schlechthin undurchschaubar sind.

275 BVerfG, NJW 2013, 1058 (1060).

Der Beschuldigte hat viele wichtige und schwierige Entscheidungen zu treffen, z.B. ob er gesteht, bestreitet oder keine Einlassung abgibt. Diese Entscheidungen kann letztlich nur der Beschuldigte selbst treffen. Dabei muss er jedoch auf einen nur seinen Interessen verpflichteten Rechtsbeistand vertrauensvoll zurückgreifen können. Dessen Rolle bei Interessenkonflikten kann und muss in einem Rechtsstaat jedoch vom Gesetzgeber vorgegeben werden. Dies ist mit der Regelung im § 356 StGB erfolgt.

*(2.) Der überforderte Rechtsbeistand*

Der Rechtsbeistand wird von den Vertretern der subjektiven Theorie in doppelter Hinsicht überschätzt. So wird – wie die Praxis zeigt – zu Unrecht unterstellt, er sei zu dem von der subjektiven Theorie geforderten Erstgespräch in der Lage. Außerdem wird der Verteidiger in die Versuchung gebracht, einen Interessengegensatz zu übergehen, um weitere Mandate anzunehmen. So könnte die Hoffnung auf erhebliche Honorare seine Einschätzung bezüglich der widerstreitenden Interessen beeinflussen. Dieses Geld erscheint leicht verdient, da der Rechtsanwalt sich nur in den einen Sachverhalt als Vorbereitung auf zwei Mandate einarbeiten muss.[276] Besonders lukrativ könnte dies bei einer Vertretung vieler Zeugen werden.

Dass sich auch Verteidiger in schwierigen Verlockungssituationen befinden können, hat nun auch das Bundesverfassungsgericht im Zusammenhang mit den Verständigungen als Realität erkannt. Es betont, dass dem Gesetzgeber die Besonderheiten des aufgrund einer Verständigung abgegebenen Geständnisses, insbesondere dessen erhöhte Fehleranfälligkeit infolge der Anreiz- und Verlockungssituation, in der sich der Angeklagte wie auch sein Verteidiger befinden können, und demzufolge die Gefahr von „*Falschgeständnissen*" bewusst war.[277] Insoweit wirke das Verständigungsgesetz dem Risiko entgegen, dass sich ein

---

276 Zum Stand der Ethikdiskussion in der Anwaltschaft vertiefend *Ignor*, NJW 2011, 1537 ff. Aus dessen Ausführungen geht deutlich hervor, dass sich die Anwaltschaft der besonderen Problematik der Vertretung widerstreitender Interessen bewusst ist und auch dessen, dass der anwaltliche Berufsstand auf Dauer keinen Bestand hat, wenn er nicht dem Vertrauen gerecht wird, das in ihn gesetzt wird. Gleichzeitig beschreibt *Ignor* aber aus seiner Praxiskenntnis heraus, dass die wirtschaftlichen Interessen des Anwalts über die Interessen des Mandanten gestellt würden und z.B. Strafprozesse hinausgezögert würden, um zusätzliche Hauptverhandlungstage abrechnen zu können.

277 BVerfG, NJW 2013, 1058 (1063).

möglicher Interessengleichlauf von Gericht, Staatsanwaltschaft und Verteidigung zum Nachteil des Angeklagten auswirke.[278]

Überraschend ist die Auffassung von *Dahs*, eine bei Erteilung des Mandats vorgegebene Bestimmung des Interessenkreises der Beteiligten, die geeignet sei, für den konkreten Fall den Interessengegensatz auszuschließen oder zu neutralisieren, sei strafrechtlich unbedenklich. Eine solche Interessenabgrenzung könne sogar – vor Übernahme eines Mandats – unter der objektiv-gestaltenden Beratung des Rechtsbeistandes herbeigeführt werden.[279] Hier soll der Rechtsbeistand also schon ohne Mandat beraten, um dann ein Mandat annehmen zu können?

#### gg) Unbillige Ergebnisse

Die oben dargestellten Urteile[280] zeigen, dass bei der Anwendung der subjektiven Theorie in ihrer reinen Form fragliche Ergebnisse die Folge sind. Die Resultate der subjektiven Theorie erscheinen daher nicht nur theoretisch, sondern auch in der praktischen Anwendung unbillig.

Die Entscheidung des 4. Strafsenats vom 04.02.1954 stellt nur auf die geschützten Rechtsgüter der Mandanten ab und nicht auf die ebenso geschützten Gemeinschaftsrechtsgüter des Vertrauens in die Redlichkeit der Rechtsanwälte allgemein. Etwas anderes wäre nach Ansicht des Bundesgerichtshofes *„sinnwidrig“*.[281] Dass es dies gerade nicht ist, zeigt der heute allgemein anerkannte Schutz von Allgemeininteressen. Offensichtlich nimmt die Anwaltschaft Schaden, wenn der Verteidiger anders als der Staatsanwalt nicht auf Freispruch plädiert, da er ein anderes Ergebnis für einen anderen Mandanten für vorteilhafter hält. Wie schlecht die Beratung und Interessenbestimmung durch den Anwalt war, zeigt auch, dass dieser der Mandantin keine Erfolgsaussichten mit ihrer ursprünglich beabsichtigten Verteidigung einräumte[282], sie dann aber gegen den Antrag des Verteidigers Erfolg hatte. Der Mandant muss immer erwarten können, dass Rechtsbeistände die

278 BVerfG, NJW 2013, 1058 (1069). Zum Nachteil des Angeklagten kann sich auch auswirken, dass er oftmals nicht sympathisch ist. Dagegen haben Richter, Staatsanwälte und Verteidiger alle Rechtswissenschaft studiert und kommen tendenziell eher aus einem ähnlichen sozialen Umfeld.

279 *Dahs*, in: MK/StGB, § 356 Rn. 58.

280 S. 53 ff.

281 BGH, NJW 1954, 726 (728).

282 NJW 1954, 726 (727), *„das sie mit einer solchen Änderung ihrer Einlassung nicht durchkommen werde.“*

Mandanteninteressen im wohlverstandenen Sinn „*rücksichtslos*", d.h. ohne falsche Rücksichtnahme, vertreten.[283]

Bei der Entscheidung des Bundesgerichtshofs aus dem Jahr 1982 bringen die Hintermänner eines Drogenhandels – hier zumindest die beiden Eheleute – einen der Handlanger (auch) mit materiellen Argumenten dazu, die Strafe als angeblicher Alleintäter auf sich zu nehmen. Dieses mit der subjektiven Theorie zu legitimieren, schützt nicht den einzelnen Mandanten, sondern finanzstarke Organisationen oder solche, die mit Gewalt drohen können, der eigenen Strafe mit Hilfe von Rechtsanwälten und Bauernopfern zu entgehen.[284]

So kritisiert *Geppert* die Entscheidung zutreffend, dass es ersichtlich nicht um das Bemühen eines gemeinsamen Verteidigers um einen gerechten Ausgleich zwischen den widerstreitenden Interessen der Beteiligten gehe, sondern vorrangig darum, den einen gegebenenfalls auch auf Kosten des anderen aus dem Strafverfahren herauszuhalten. Einen Anwalt exakt vor solchen Konfliktsituationen und innerem Widerstand zu bewahren und dafür zu sorgen, dass das Ansehen des Anwalts als eines wichtigen Organs der Rechtspflege angesichts solcher Kungeleien in den Augen der Allgemeinheit nicht Schaden leide, eben darin bestehe der Hauptzweck des § 356 StGB.[285]

#### hh) Dogmatische Analyse zur Widerlegung der subjektiven Theorie

Nachdem die subjektive Theorie allein schon aus praktischen Gründen nicht überzeugt, jedoch an Bedeutung gewinnt[286], und sie das verführerische Argument der Freiheit ins Feld führt, soll nun versucht werden, anhand einer dogmatischen Aufarbeitung grundsätzliche Fehlverständnisse der Vertreter der subjektiven Theorie anzusprechen.

Angesichts der langjährigen Auslegungsstreitigkeiten und der verbreiteten Nichtberücksichtigung der höchstrichterlichen Entscheidungen, darf jedoch auch im Zusammenhang mit § 356 StGB vermutet werden, dass es sich teilweise um interessengeleitete Missverständnisse und Bestrebungen handelt, die

283 *Gillmeister,* in: LK/StGB, § 356 Rn. 9, im Zusammenhang mit der Rechtsgutsbestimmung.

284 Dass die Wahrheitsermittlung durch Doppelvertretungen im Zusammenhang mit Abhängigkeitsverhältnissen gefährdet ist, thematisiert auch BT-Drs. 16/12098, S. 17, im Zusammenhang mit Interessenkollisionen von Zeugenbeiständen.

285 *Klaus Geppert,* NStZ 1990, 542 (544).

286 *Rogall,* in: SK/StGB, § 356 Rn. 33 m.w.N.; *Dahs,* in: MK/StGB, § 356 Rn. 54, geht sogar davon aus, dass die Rechtsprechung eine subjektive Interessenbestimmung favorisiere.

gesetzliche Regelung wegen ihrer – als unpraktisch empfundenen – Schutzmechanismen zu umgehen.[287]

Ein Beispiel für die teilweise gefällige, die Freiheit betonende Argumentation ist die Habilitationsschrift von *Kretschmer*.[288] So führt *Kretschmer* aus, es müsste von einem individuellen Verständnis ausgegangen, der Mensch ernst genommen und beachtet werden. Dies hört sich modern und menschenfreundlich an, ist es aber nicht.

Der grundsätzliche Fehler und damit die Ursache der schon lange bestehenden Rechtsunsicherheit liegt darin, dass es sich bei dem Parteiverrat gemäß § 356 StGB um ein abstraktes Gefährdungsdelikt[289] handelt, die unterschiedlichen Vertreter der subjektiven Theorie aber auf einen konkreten Interessengegensatz abstellen. Insgesamt erscheint es so, als würden diese Autoren, vorsätzlich oder unvorsätzlich, versuchen, den Tatbestand in ein konkretes Gefährdungsdelikt umzudeuten.[290]

*(1.) Die Interessenbestimmung und der Wille des Mandanten*

Zunächst soll an dieser Stelle die dogmatische Grundlage des streitigen Tatbestandsmerkmals der Interessenbestimmung herausgearbeitet werden. Widerstreitende Interessen liegen vor, wenn sich die Standpunkte nicht gleichzeitig optimieren lassen, wenn also eine Seite einen Vorteil erstrebt, der zumindest auch zu Lasten der anderen geht.[291] Die Pflichtwidrigkeit, als Ausgangspunkt eines Interessengegensatzes, ist ein normatives Tatbestandsmerkmal.[292]

---

287 So das BVerfG, NJW 2013, 1058 (1070), zur Beurteilung der Verständigungsgesetze durch die Praxis.

288 *Kretschmer*, Parteiverrat, 2005; auch *Dahs*, in: MK/StGB, § 356 Rn. 52, erklärt Unterschiede zur Judikatur zur Interessenumschichtung mit der eingängigen Formulierung, dass bei seiner Ansicht die Autonomie der Person des aufgeklärten urteilsfähigen Mandanten stärkere Berücksichtigung fände.

289 *Fischer*, § 356 StGB Rn. 2 m.w.N.; *Gillmeister*, in: LK/StGB, § 356 Rn. 10 m.w.N.; *Dahs*, in: MK/StGB, § 356 Rn. 9; *Beulke/Ruhmannseder*, Strafbarkeit des Verteidigers, Rn. 204; *Heine/Weißer*, in: Schönke/Schröder, § 356 Rn. 3; *Rogall*, in: SK/StGB, § 356 Rn. 5 (abstraktes Gefährdungsdelikt besonderer Art); *Kuhlen*, in: NK/StGB, § 356 Rn. 6 (abstraktes Gefährdungsdelikt besonderer Art); *Kretschmer*, Parteiverrat, S. 33; a.A. *Erb*, Parteiverrat, S. 263: „*Soweit das anwaltliche Treueverhältnis betroffen ist, stellt § 356 StGB ein Verletzungsdelikt dar, in Bezug auf die Rechtspflege ein abstraktes Gefährdungsdelikt in Form eines Kumulationsdelikts.*"

290 Dies wird nur bei *Erb*, Parteiverrat, S. 263, auch so deutlich ausgesprochen.

291 *Grunewald*, ZEV 2006, 386.

292 *Gillmeister*, in: LK/StGB, § 356 Rn. 58 m.w.N.; *Kretschmer*, Parteiverrat, S. 186 m.w. N.

Für den Parteiverrat stellt sich die Frage, wie es sich auswirkt, dass die Mandanten von der Doppelvertretung und dem sich dadurch ergebenden Interessengegensatz wissen und gleichwohl mit der Vertretung durch denselben Rechtsanwalt einverstanden sind. Nach der üblichen Dogmatik wirkt sich der Wille des Rechtsgutsträgers tatbestandsausschließend aus, wenn der gesetzliche Tatbestand ein Handeln gegen den Willen des Berechtigten fordert.[293] Klassische Beispiele dafür sind Hausfriedensbruch, Nötigung und Vergewaltigung. Der Wille ist jedoch nur dann zu beachten, wenn der Betroffene über das Rechtsgut tatsächlich und normativ verfügen kann. Wirksamkeitsvoraussetzung ist weiterhin, dass der Betroffene einwilligungsfähig, d.h. fähig ist, Bedeutung und Folgen der Rechtshandlung zu erkennen und nach dieser Einsicht zu handeln.[294] Enthält der Tatbestand kein Merkmal, das auf einen Willen abstellt, wirkt der Wille des Berechtigten rechtfertigend, z.B. bei Körperverletzungen (§ 228 StGB).

Es gibt aber auch Straftatbestände, bei denen sich der Wille des Opfers weder tatbestandsausschließend noch rechtfertigend auswirkt. Ein Beispiel dafür ist der sexuelle Missbrauch von Kindern gemäß § 176 StGB. Interessant ist der Vergleich mit dem Tatbestand des Missbrauchs von Kindern, weil dort der Wille zumindest von der Person geäußert wurde, die durch das Strafgesetz geschützt werden soll.[295] Die Einwilligungen der Minderjährigen sind aber nur bezüglich des Handlungs- oder Duldungselements (i.S. von § 240 StGB) wirksam und gerade nicht, soweit sie sich auf den sexuellen Charakter von Handlungen beziehen.[296] Die Parallele zur Einwilligung bei § 356 StGB wäre, dass der Mandant keine zivilrechtlichen Ansprüche gelten machen kann, wenn er in eine – gleichwohl gemäß § 356 StGB – strafbare Doppelvertretung eingewilligt hat. Auch eine Strafbarkeit gemäß § 203 StGB könnte so ausgeschlossen werden. Weiter ist die Willenserklärung des Mandanten ein Umstand, der bei der Strafzumessung gemäß § 46 StGB berücksichtigt werden müsste.

Schließlich ist auch die Tötung auf Verlangen gemäß § 216 StGB ein gutes Beispiel für die fehlende Dispositionsbefugnis eines „unmittelbaren“ Tatopfers. Bei diesem Tatbestand bleibt eine Tötung auch dann strafbar, wenn das Opfer ausdrücklich und ernsthaft den Täter zu dieser bestimmt hat.

Es kommt also bei der Frage, ob eine tatbestandsauschließende Interessenbestimmung möglich ist, zentral auf die Herausarbeitung des Rechtsgutsträgers an.

---

293 *Fischer,* Vor § 32 StGB Rn 3b m.w.N.; kritisch *Erb,* Parteiverrat, S. 203 ff.

294 *Fischer,* Vor § 32 StGB Rn 3c m.w.N.

295 Hier ist jedoch zu beachten, dass bei § 356 StGB noch ein weiteres Rechtsgut die Allgemeinheit geschützt werden soll und bei § 176 StGB nur die Kinder.

296 *Fischer,* § 176 StGB Rn. 2 m.w.N.

Ist Rechtsgutsträger die Allgemeinheit mit ihrem Interesse an einem rechtsstaatlichen Justizsystem, dann ist die von den Vertretern der subjektiven Theorie geforderte Interessenbestimmung in der dogmatischen Verortung als tatbestandsausschließendes Einverständnis nicht möglich.

*(2.) Das geschützte Rechtsgut*

Ausgangspunkt für die Bestimmung des Rechtsgutsträgers ist der Wortlaut der Norm.[297] § 356 StGB fordert allein, dass der Täter innerhalb derselben Rechtssache einer anderen Partei mit Rat oder Tat Beistand leistet. Es muss kein, wie auch immer gelagerter Erfolg eingetreten sein. Die abstrakten Gefährdungsdelikte sind eben keine Erfolgsdelikte. Ihr Tatbestand verlangt nicht den Eintritt einer Gefahr, sondern beschreibt ein bloßes Tun, das deshalb bestraft wird, weil es leicht eine konkrete Gefahr auslösen kann. Die Gefährlichkeit ist hier also nicht Merkmal des Tatbestandes, sondern gesetzgeberischer Grund der Strafdrohung.[298] Bei § 356 StGB handelt es sich um ein abstraktes Gefährdungsdelikt.[299]

In Abgrenzung zu § 356 Abs. 2 StGB verlangt Absatz 1 der Vorschrift gerade nicht einen Nachteil einer Partei, tatbestandlich ist nicht einmal die Gefährdung der Interessen der Partei erforderlich. Geschützt würde mithin nicht in erster Linie der nur mittelbar erfasste Auftraggeber, sondern das Vertrauen der Allgemeinheit in die Zuverlässigkeit und Integrität der Anwalt- und Rechtsbeistandschaft.[300]

Lediglich einzelne Vertreter der Literatur halten § 356 StGB für ein konkretes bzw. konkret-abstraktes Gefährdungsdelikt. Ein überzeugendes Argument für diese Auslegung gegen den Wortlaut bzw. die dogmatische „Neukreation" bieten sie nicht. *Erb* erkennt, dass es sich um ein abstraktes Gefährdungsdelikt handelt und versucht es trotzdem in ein Verletzungsdelikt umzudeuten.[301] Dies überzeugt aus den oben genannten Gründen nicht.

*(3.) Abstrakte Gefährdungsdelikte und der Wille des „Betroffenen"*

Der Wille des „Betroffenen" wirkt sich bei abstrakten Gefährdungsdelikten üblicherweise nicht aus, ihm fehlt die legitimierende Kraft, denn Gefährdungsdelikte schützen die Allgemeinheit. Der Wille wirkt sich auch deswegen nicht aus, weil keine willensfähige Person geschädigt wird.

---

297 BVerfG, NJW 2013, 1058 (1062).

298 *Fischer,* Vor § 13 StGB Rn 19 m.w.N.

299 *Fischer,* § 356 StGB Rn. 2 m.w.N.

300 BVerfG, NJW 2001, 3180 (3181).

301 *Erb,* Parteiverrat, S. 263.

Anderes könnte sich bei einem schnellen Blick auf die Gefährdung des Straßenverkehrs gemäß § 315c StGB ergeben. Bei diesem Straftatbestand ist streitig, ob eine rechtfertigende Einwilligung durch den gefährdeten Mitfahrer möglich ist. In diesem Zusammenhang wird vor allem darauf abgestellt, dass der Strafrahmen des § 315c StGB gegenüber § 316 StGB erhöht wurde, gerade weil die einwilligende Person gefährdet sei.[302] Diese Argumentation ähnelt den Ausführungen, die zu § 356 StGB gemacht werden. Auch dort soll die Allgemeinheit und der einzelne Mandant geschützt werden, so dass der Mandant auch auf den Schutz verzichten könne.[303] Bei genauerem Hinsehen wird jedoch schnell klar, dass es sich bei dem § 315c StGB um ein konkretes Gefährdungsdelikt handelt. Denn bei diesem Straftatbestand findet sich die Formulierung *„und dadurch Leib und Leben oder eine Sache von bedeutendem Wert gefährdet“*, damit wurde ein konkreter Erfolg in Form einer konkreten Gefährdung zur Tatbestandsvoraussetzung gemacht. Weiter stellt die Literatur bei ihrer Argumentation im Zusammenhang mit dem § 315c StGB auch darauf ab, dass der strafrechtliche Schutz aus der Trunkenheit im Verkehr gemäß § 316 StGB ausreichen würde und dort eine Einwilligung unstreitig nicht möglich sei.[304]

Obwohl die Untersuchung des § 315c StGB nicht die zunächst vermutete Parallelität erbracht hat, bleibt der Vergleich nicht ohne Ertrag. Denn es wird deutlich, dass der Gesetzgeber, wenn er zentral Rechtsgüter einzelner Personen schützen wollte, diese Tatbestände als Erfolgsdelikte zumindest in der Form von konkreten Gefährdungsdelikten ausgestaltet hat. Dies spricht letztendlich auch dafür, dass mit § 356 StGB zuvörderst der Schutz der Allgemeinheit – im Vertrauen auf die Redlichkeit der Rechtsanwälte – und nicht der Schutz von Rechtsgütern des konkreten Mandanten erreicht werden soll.[305] Der nach Ansicht der Mandanten fehlende Interessengegensatz im konkreten Fall kann dann immerhin bei der Strafzumessung als Milderungsgrund berücksichtigt werden.

*(4.) Abstrakte Gefährdungsdelikte und Beweisschwierigkeiten*

Durch die Regelung des § 356 StGB als abstraktes Gefährdungsdelikt wurden auch Beweisschwierigkeiten vermieden. Zwar ist bei der Einführung von

302 Zum Streitstand *Sternberg-Lieben/Hecker*, in: Schönke/Schröder, § 315c Rn. 41 m.w.N.

303 *Erb*, Parteiverrat, S. 210.

304 *Joecks*, Studienkommentar, § 315c Rn. 23.

305 BVerfG, NJW 2001, 3180 (3181), bestätigt die Rechtsprechung des Bundesgerichtshofs dahingehend, dass die Zuverlässigkeit und Integrität der Anwalts- und Rechtsbeistandschaft das geschützte Rechtsgut sei. Dass gerade in Strafverfahren die Interessen der Mandanten besonders schutzwürdig sind betont *Hartmann*, JR 2000, 51 (52).

abstrakten Gefährdungsdelikten Zurückhaltung geboten, da sie oft im Konflikt mit dem ultima ratio Grundsatz stehen. Der § 356 StGB soll jedoch das Justizsystem selbst schützen und ein solcher Systemschutz erscheint nicht anders möglich. Denn im konkreten Einzelfall einer pflichtwidrigen Doppelvertretung wird ein Schaden für das Justizsystem nicht nachweisbar sein.

So müsste sich aus den im Urteil zu treffenden Feststellungen ergeben, was gewesen wäre, wenn der Rechtsbeistand nur einer Partei gedient hätte. Eine Aufklärung erscheint hier in vielen Fällen nicht möglich, da die Zeugen, also die ehemaligen Mandanten, sich in dem – dem Mandat zugrunde liegenden – Sachverhalt strafbar gemacht haben können und daher wohl unter Berufung auf § 55 StPO nicht an der Aufklärung des Sachverhalts mitwirken werden.

Auch die Auswirkungen auf die Allgemeinheit mit dem Vertrauensverlust in das Rechtssystem sind nicht beweisbar. Schließlich könnte bei einem einmaligen Parteiverrat immer in dubio pro reo eingewandt werden, es sei durch diesen Einzelfall kein Schaden für das Gesamtsystem entstanden. Folglich ist es erforderlich mit § 356 StGB – ausgestaltet als abstraktes Gefährdungsdelikt – das Kriminaljustizsystem zu schützen.[306]

*(5.) Teleologische Reduktion*

Es bleibt zu prüfen, ob der Wille des Mandanten in Verbindung mit einer teleologischen Reduktion des Tatbestandes Relevanz entfalten kann. Das Rechtsinstitut der teleologischen Reduktion wird auch bei anderen abstrakten Gefährdungsdelikten, wie z.B. bei der schweren Brandstiftung gemäß § 306a StGB, genutzt. Bei § 306a StGB ist jedoch eine Reduktion nur möglich, wenn auf einen Blick zu erkennen ist, dass sich keine Personen in der geschützten Räumlichkeit, z.B. einem Gebäude, befinden und daher sogar eine abstrakte Gefahr ausgeschlossen ist.[307] Übertragen auf § 356 StGB könnte der Tatbestand verneint werden, wenn auf den ersten Blick eine Interessenkollision ausgeschlossen ist und damit schon keine abstrakte Gefahr besteht.[308] Eine solche Situation erscheint in Strafverfahren fast ausgeschlossen, weil sich ständig die Interessen der Parteien ändern und neue Beweise auftauchen können, so dass nicht auszuschließen ist, dass der

306 Wie später in Abschnitt 2 und 3 ausgeführt wird, stellt der § 356 StGB gleichzeitig auch noch ein Korrektiv zu den negativen Auswirkungen von Kronzeugenregelung und Verständigung dar.

307 *Heine/Bosch,* in: Schönke/Schröder, § 306a Rn. 2 m.w.N.

308 *Meinicke,* ZStW 2000, 834 (855 ff.), geht mit ihren Überlegungen zur Restriktion des Tatbestandes dagegen viel zu weit und deutet den Tatbestand in ein konkretes Gefährdungsdelikt bzw. Erfolgsdelikt um.

Rechtsbeistand den Beschuldigten bzw. den Zeugen „angreifen" muss. Zudem erfordert die Erkenntnis einer Interessenkollision eine Bewertung. Dies ist schon begrifflich nicht „auf einen Blick" möglich.

Schließlich zeigt der Gesetzgeber mit der Regelung in § 326 Abs. 6 StGB, dass er die Möglichkeit von fehlender Gefährdung bei abstrakten Gefährdungsdelikten gesehen hat. Gleichwohl hat er in Kenntnis der teilweise objektiven Auslegung durch die Rechtsprechung den Tatbestand des § 356 StGB nicht ähnlich eingeschränkt.

*(6.) Verfassungskonforme Auslegung*

Vereinzelt wird eine verfassungskonforme Auslegung gefordert. Es müsse beachtet werden, dass § 356 StGB die Berufsfreiheit gemäß Art. 12 GG einschränke.[309] Da das Bundesverfassungsgericht jedoch 2001 die aktuelle Auslegung des Bundesgerichtshofs als verfassungskonform bestätigt hat, wurde den entsprechenden Stimmen die Überzeugungskraft genommen.[310]

Weiter lassen sich auch die Argumente des Bundesverfassungsgerichts, mit denen es den § 146 StPO für verfassungskonform erklärt hat, auf die Verfassungskonformität des § 356 StGB übertragen. Denn auch die berufseinschränkende Wirkung des § 356 StGB wird durch das öffentliche Interesse an der Gewährleistung einer wirksamen Strafrechtspflege gerechtfertigt. Sachlich einleuchtend ging es dem Gesetzgeber darum, Interessenkollisionen zu vermeiden. Die Gefahr, dass es bei der Vertretung mehrerer Beschuldigter oder Zeugen durch einen Rechtsbeistand zu Interessenkollisionen kommt, lässt sich in keinem Fall ausschließen. Der gemeinschaftliche Rechtsbeistand kann seiner Beistandsfunktion gegenüber mehreren Beschuldigten oder Zeugen nicht gerecht werden, wenn der eine Beschuldigte, um sich zu entlasten oder eine Strafmilderung zu erreichen, den anderen belastet oder belasten müsste.

§ 356 StGB verhindert Interessenkonflikte bereits im Ansatz. Die Strafbarkeit des Parteiverrats enthält im Ergebnis eine den Status des Anwalts berührende Berufsausübungsregelung. Diese findet jedoch ihre Rechtfertigung in übergreifenden Belangen des Gemeinwohls. Die Sicherung der Beistandsfunktion des Verteidigers, auf die das Gesetz abzielt, ist keine Aufgabe, die allein ihn und seine Mandanten betrifft. Sie liegt vielmehr auch im öffentlichen Interesse. Als Verteidiger nimmt der Rechtsanwalt nicht nur ein durch privatrechtlichen Geschäftsbesorgungsvertrag erteiltes Mandat wahr; er fungiert zugleich als Prozessbeteiligter mit eigenen

---

309 *Deckenbrock,* Parteiverrat, S. 111.

310 BVerfG, NJW 2001, 3180 ff.

Rechten und Pflichten in einem öffentlich-rechtlich geordneten Verfahren, in dem über den Strafanspruch der staatlichen Gemeinschaft eine Entscheidung gefällt werden soll. Er ist damit nicht nur Beauftragter seines Mandanten, sondern – gerade in seiner Rolle als Beistand des Beschuldigten – Organ der Rechtspflege (§ 1 BRAO).

Auch das Verhältnismäßigkeitsprinzip ist gewahrt. § 356 StGB bietet bei objektiver Auslegung einen vollständigen Schutz gegen Interessenkollisionen. § 356 StGB könnte nach subjektiver Auslegung Interessenkonflikte nur beseitigen, wenn und soweit sie zu Tage treten: Gegenüber verdeckten Interessenkonflikten versagt die subjektive Theorie.[311]

### *b) Auseinandersetzung mit der objektiven Theorie*

Die objektive Theorie schützt wirksam vor (verdeckten) Interessenkollisionen, gewährt Rechtssicherheit, ermöglicht Vertrauen in die Zuverlässigkeit der Rechtsbeistände, erschwert abgesprochene Aussagen und garantiert Kostensicherheit.

#### **aa) Rechtssicherheit**

Die objektive Theorie garantiert Rechtssicherheit auch bei der Veränderung von Interessenlagen[312], Interessengegensätze werden zuverlässig vermieden. So kann verhindert werden, dass nach langer Hauptverhandlung sich plötzlich eine subjektive Interessenänderung ergibt und sich die Frage stellen würde, muss und kann der gesamte Prozess wiederholt werden?

Wie wichtig Rechtssicherheit für den Strafprozess ist, geht aus der Regelung des § 25 StPO für einen möglicherweise befangenen Richter hervor. Das Gesetz verlangt, dass die Ablehnungsgründe gegen den Richter sofort geltend gemacht werden. Dafür wird sogar eine „Verwirkung" der Rechte in Kauf genommen, bloß um das Verfahren zu stabilisieren. Und diese Rechtssicherheit ist nicht allein für die Durchführung eines Strafverfahrens von überragender Bedeutung. Sie ist auch für einen Strafverteidiger essentiell. Dieser ist beruflich verpflichtet, für seinen Mandanten zu kämpfen. Er wird dabei je nach Qualität, Beweislage und Glück auch „gewinnen" und bei seinen Gegnern, meist der Staatsanwaltschaft, manchmal auch dem Gericht, Wunden hinterlassen. Insoweit ist es wichtig, dass Rechte und Pflichten des Verteidigers klar bestimmt sind. Er muss sich

311 BVerfG, NJW 1975, 1013 (1014), zur Frage der Verfassungsmäßigkeit des § 146 StPO.

312 *Offermann-Burckart*, ZEV 2007, 151 (154).

auf die Legalität seines Handelns verlassen können, um, ohne Angst um die eigene Zukunft, für die Interessen seines Mandanten streiten zu können.

### bb) Vertrauenssicherung

Weiter ermöglicht und garantiert die objektive Theorie auch das Vertrauen in den nur den Interessen des Mandanten dienenden Verteidiger als eines unverzichtbaren Bestandteils des Rechtsstaates. Dieses Vertrauen wird durch die Verfassung geschützt, denn dass im Rechtsstaatsprinzip und dem allgemeinen Freiheitsrecht verankerte Recht auf ein faires Strafverfahren umfasst das Recht des Beschuldigten, sich von einem Anwalt seiner Wahl und seines Vertrauens verteidigen zu lassen.[313] Es verbiete sich im Strafprozess Verfahrensweisen vorzusehen, die – etwa auf Grund der Schaffung sachwidriger Anreize – erwarten ließen, dass dieses Vertrauen unterlaufen und damit das Recht auf eine effektive Verteidigung entwertet würde.[314] Es muss eine tiefe Vertrauensbeziehung zwischen zwei Menschen, die sich – in der Regel – zum ersten Mal sehen, möglich sein.[315]

Im Gegensatz zu der hier vertretenen Ansicht erscheint es *Dahs* bei einer Beschränkung des Rechtsanwalts auf einen Mandanten je Strafverfahren nicht zweifelsfrei, dass der Hilfs- und Vertrauensfunktion des Anwalts in Rechtssachen gegenüber dem Bürger und dem Beratungsbedürfnis miteinander verbundener Personen, die gemeinsam in ein Strafverfahren geraten sind, gerecht würde. Insoweit sei der Wunsch des Mandanten zu berücksichtigen, sich immer vom gleichen Anwalt vertreten zu lassen und auf ein gewachsenes Vertrauen zurückgreifen zu können. [316]

Dagegen ist jedoch einzuwenden, dass es eine ständig wachsende Anzahl von Rechtsanwälten und Strafverteidigern mit zunehmender Spezialisierung und Qualifikation gibt.[317] Weiter ist, wie bereits oben ausgeführt, zu berücksichtigen, dass der durch Anwendung der objektiven Theorie erzwungene Ausschluss weniger Rechtsbeistände gerade ein Garant dafür ist, dass alle noch zulässigen Verteidiger nicht durch sachwidrige Anreize beeinträchtigt werden und ihnen vertraut werden kann. Die objektive Theorie schließt zwar einige Rechtsbeistände – auch solche, denen der Mandant persönlich Vertrauen entgegenbringt – aus,

313 BVerfG, NJW 2013, 1058 (1061).

314 BVerfG, NJW 2013, 1058 (1061).

315 *Lam/Meyer-Mews,* NJW 2012, 177, sprechen von einer *„Insel des Vertrauens"*.

316 *Dahs,* NStZ 1995, 16 (18).

317 Zur Professionalisierung der Strafverteidigung *Hassemer,* StV 2010, 394 ff.; zur steigenden Zahl von Rechtsanwälten vgl. die Zahlen in Fn. 530.

schützt aber im Kern die Vertrauensbeziehung zwischen Mandanten und Rechtsbeistand.

Weiter ist allein schon die Formulierung, mit der ein Vertrauensverhältnis – beziehungsweise die besondere Verantwortung des Verteidigers – durch *Dahs* beschrieben wird, fraglich. Das *„gemeinsam in ein Strafverfahren geraten sein"* könnte auch eine Mitverantwortung des Verteidigers bedeuten oder ein Abhängigkeitsverhältnis. Aber gerade demjenigen, der in ein Strafverfahren geraten ist, wünscht man einen Verteidiger, der nur ihm dient und nicht jemanden, der auch noch eigene Interessen oder die Interessen weiterer Beteiligter zu berücksichtigen hat, oder – noch schlimmer – durch einen Beratungsfehler zur Strafbarkeit des Mandanten beigetragen hat.

### cc) Schutz vor abgesprochenen Aussagen

Naheliegender und realistisch in der praktischen Umsetzung erscheinen dagegen anders motivierende Vertrauensaspekte, die für eine Vertretung mehrerer Mandanten durch denselben Verteidiger in einem Strafverfahren sprechen. Es ist nicht unwahrscheinlich, dass die Mandanten mit Hilfe des Verteidigers eine abgesprochene Aussage beabsichtigen. Eine abgesprochene Aussage steht aber dem auf Wahrheitsermittlung angelegten Strafverfahren fundamental entgegen, dessen zentrales Anliegen die Ermittlung des wahren Sachverhalts ist, ohne den sich das materielle Schuldprinzip nicht verwirklichen lässt.[318]

Die Gefahr für die Wahrheitsermittlung soll an einer Konstellation von – nach der subjektiven Theorie zulässigen – Doppelvertretung veranschaulicht werden.

Man stelle sich vor, dass sowohl der Angeklagte als auch ein tatverdächtiger Zeuge nach umfassender Beratung durch einen Rechtsanwalt mit einer Vertretung sowohl als Verteidiger des einen als auch als Zeugenbeistand des anderen einverstanden sind. Dabei ist es naheliegend, dass schon jetzt die möglichen Aussagen aufeinander abgestimmt werden, denn bei der unmittelbaren Zeugenvernehmung in der Hauptverhandlung kann der Rechtsanwalt schon physisch nur neben einem Mandanten sitzen.[319] Allein deswegen müssen die beabsichtigten Aussagen und die Entwicklung der Hauptverhandlung im Vorfeld abgesprochen werden. Der Zeuge wird den Angeklagten entlasten, sich auf fehlende Erinnerung oder ein Auskunfts- oder Zeugnisverweigerungsrecht berufen, so dass aus Sicht des Angeklagten der Zeuge nicht angegriffen werden muss und

---

318 BVerfG, NJW 2013, 1058 (1060).

319 Die Schwierigkeiten einer Simultanvertretung erkennt auch *Erb*, Parteiverrat, S. 225 ff., ohne daraus die richtige Schlussfolgerung, nämlich den Abschied von der subjektiven Theorie, zu ziehen.

dieser daher auch keinen Schutz durch seinen Zeugenbeistand benötigt. Eine solche Absprache wird bei nur einem Rechtsbeistand – dem beide Mandanten vertrauen – leichter halten und besser einzufädeln sein als bei zwei involvierten Rechtsbeiständen. Diese Möglichkeit darf in einem auf die Wahrheitsermittlung ausgerichteten Rechtsstaat[320] nicht geboten und im Falle der Pflichtverteidigung (§ 68b Abs. 2 StPO für den Zeugenbeistand) auch noch finanziert werden.[321]

Begünstigt wird ein solcher Missbrauch auch durch eine – in der Praxis zu beobachtende – ausufernde Anerkennung eines Auskunftsverweigerungsrechts gemäß § 55 StPO durch die Gerichte. Auch hier scheint die Ursache für diese, der Aufklärungspflicht widersprechende, Auslegung die unübersehbare Justizüberlastung zu sein. Die Anerkennung eines umfassenden Auskunftsverweigerungsrechts ist weniger arbeitsintensiv als mühsam Fragen – deren Beantwortung keinen Tatverdacht begründen können – zu stellen und notfalls mit Zwangsmitteln durchzusetzen.[322]

In dieser Konstellation helfen auch die von den Vertretern der subjektiven Theorie vorgeschlagenen „Notlösungen" und „Ausnahmen" nicht weiter. Denn eine Überprüfung der Interessenlage ist den anderen Prozessbeteiligten nicht möglich, da sie nicht sicher wissen können, was der Zeuge sagen wird, wie er sich erinnert und vor allem auch, ob vor der Hauptverhandlung versucht wurde, auf ihn einzuwirken.[323] Außerdem sagt die Erkennbarkeit von Interessenkonflikten

320 Zum Gebot der Wahrheitsermittlung im Rechtsstaat vgl. *Hassemer,* in: FS Jescheck, S. 829 (831).

321 Ganz anders *Kretschmer,* Parteiverrat, S. 223 f.: *„Der gleichzeitige anwaltliche Beistand für den Beschuldigten und einen – verdächtigen – Zeugen kann interessengleich laufend geführt werden, indem der Beschuldigte keine den Zeugen belastende Angaben macht und der Zeuge gegebenenfalls von seinen Rechten des § 55 oder § 52 StPO Gebrauch macht."*

322 Bestätigung findet diese Vermutung bei *Erhard,* StV 2013, 655 (656), der vor Fehlentwicklungen aufgrund von zu hohen Anforderungsdruck an Tatrichter warnt. Es bestehe die Gefahr, dass ein Klima um sich greife, in dem sich Richter unbewusst immer stärker von der Frage leiten ließen: *„Was muss ich tun, um die Sache möglichst schnell zu erledigen?"* Leider sei das Fatale, das unbewusst Verführerische, am Beruf des Strafrichters, dass man Fälle am schnellsten dadurch erledige, dass man in schwierigen Fällen häufiger Bewährung gäbe, Einlassungen für nicht widerlegbar erachte oder Verfahren einstelle.

323 A.A. *Erb,* Parteiverrat, S. 232: *„In der Person der betroffenen Mandantschaft"* (steht) *„ein unmittelbar am Tatgeschehen beteiligter Zeuge als probates Beweismittel zur Verfügung, mit Hilfe dessen sich der Nachweis der anwaltlichen Verfehlung in aller Regel ohne weiteres führen lassen dürfte."*

nichts über ihre Schwere aus und gerade verdeckte Konflikte können die gefährlichsten sein.[324]

#### dd) Kostensicherheit

Weiter wird von *Dahs* angeführt, dass die objektive Theorie den Vorwurf der Gebührenschneiderei zur Folge haben könnte.[325] Diesen Anfeindungen kann der Verteidiger mit dem sachlichen Hinweis auf die Rechtslage begegnen. Außerdem wird mit der objektiven Theorie die Gefahr nachträglicher Veränderungen der Interessenlage verhindert und damit die Gefahr, dass mit der Verpflichtung zur Mandatsniederlegung[326] – neben all den anderen aufgeführten negativen Folgen – viel höhere Kosten entstehen. So erscheint gerade auf Grundlage der subjektiven Theorie eine beispiellose Gebührenschneiderei möglich. Dies wird deutlich, wenn man sich beispielsweise eine Doppelvertretung von Zeugen vorstellt:[327]

Rechtsanwalt R erscheint mit Zeuge A im Gerichtssaal. Dieser beruft sich nach Rücksprache mit R umfassend auf ein Auskunftsverweigerungsrecht gemäß § 55 StPO. Anschließend verabschiedet sich R für wenige Minuten und lässt seine Handakten und Unterlagen gleich auf dem Zeugentisch liegen. Wenig später erscheint R mit dem Zeugen B und auch dieser beruft sich auf § 55 StPO. Dies wiederholt R mit den Zeugen C, D, E und F. Insoweit sei in diesem Beispiel unterstellt, gegen die Zeugen bestehe jeweils ein gewisser Verdacht. Dass es Zeugen gibt, gegen die ein Verdacht besteht und die noch nicht als Beschuldigte bezeichnet werden, ergibt sich aus §§ 55 Abs. 2 und 60 Nr. 2 StPO. Nach der subjektiven Theorie könnte R alle Zeugen in der Hauptverhandlung als Beistand vertreten. Wenn dazu noch die großzügige Auslegung des § 55 StPO durch die Gerichte kommt, kann fast jedes Verfahren behindert werden.[328]

Ein solcher Zeugenbeistand arbeitet Masse ab und verdient damit viel Geld. Er ist kein strenger Interessenvertreter des einzelnen Mandanten. So liegt auch in den Konstellationen, in denen ein Beschuldigter und ein Zeuge oder mehrere

---

324 BT-Drs. 10/1313 S. 22.

325 *Dahs,* NStZ 1995, 16 (18).

326 Der Rechtsanwalt muss dann beide Mandate niederlegen vgl. *Deckenbrock,* Parteiverrat, S. 112 m.w.N.

327 Nach *Gillmeister,* in: LK/StGB, § 356 Rn. 25, ist der Rechtsanwalt in seiner Funktion als Zeugenbeistand ein geeigneter Täter. So grundsätzlich auch *Beulke/Ruhmannseder,* Strafbarkeit des Verteidigers, Rn. 203. Vertiefend unten Abschnitt 3.

328 § 68b StPO könnte dies nur bei einer objektiven Auslegung der Interessen verhindern.

Zeugen vertreten werden, ein Interessenkonflikt vor.[329] Dies auch in den Fällen, in denen die Aussagen abgesprochen werden, dadurch scheinbar ein Interessengleichklang besteht und sich der Zeuge auf § 55 StPO beruft. Denn es ist aus praktischer Sicht nicht wegzudiskutieren, dass sich ein Zeuge, der sich auf § 55 StPO beruft, verdächtig macht.[330] Allein in den möglichen Folgen der Auskunftsverweigerung liegt bereits ein Interessengegensatz. Das Berufen auf § 55 StPO kann als Indiz in Verbindung mit anderen Indizien zu Maßnahmen wie einer Verfahrenseinleitung, Hausdurchsuchung oder Beschlagnahme führen. Dies kann, auch wenn sich später der Verdacht auflöst, zu negativen Konsequenzen geführt haben.[331]

## 4. Ergebnis

Dem Mandanten eine subjektive Begrenzungsmacht bezüglich seiner Interessen zuzubilligen, scheint für den Rechtsanwalt auf den ersten Blick verlockend, weil er so die Möglichkeit erhält, ein eigentlich aufgrund von Sachidentität ausgeschlossenes Mandat zu bearbeiten.

Tatsächlich begibt sich der Rechtsanwalt in eine gefährliche Abhängigkeit von seinem Mandanten. Dieser hat es in der Hand, aufgrund einer tatsächlichen, nur eingebildeten oder vorgetäuschten Veränderung der Interessenlage jederzeit dem Rechtsanwalt das Mandat zu entziehen. Dies auch bei einer Beiordnung als Pflichtverteidiger, also in Situationen, in denen der Verteidiger das Mandat scheinbar sicher hatte und getrost viel Arbeit investieren konnte. Hier scheint die Anwaltschaft, die die meisten Vertreter der subjektiven Theorie stellt, darüber hinwegzusehen, dass eine klare und strenge Auslegung des § 356 StGB auch einen zuverlässigen Schutzmechanismus für den Verteidiger darstellt. Die subjektive Theorie macht den Verteidiger mithin potentiell erpressbar und setzt ihn unkalkulierbaren Strafbarkeitsrisiken aus.

Weiter ist Grundlage der subjektiven Ansicht eine Überschätzung der juristischen Erkenntnis- und Wertungsmöglichkeiten des Individuums. Es ist nicht auszuschließen, dass bei der Überschätzung bezüglich der freiverantwortlichen

---

329 *Dahs*, in: MK/StGB, § 356 Rn. 62: *„Rechtsbedenklich kann auch die Verteidigung des Beschuldigten und die spätere Übernahme des Mandats als Beistand eines Zeugen in derselben Sache sein, ebenso ein Mandat als Zeugenbeistand für mehrere Zeugen in derselben Strafsache."*

330 Damit soll nicht bestritten werden, dass er es darf. Allein der Eindruck auf die Prozessbeteiligten kann nicht ignoriert werden.

331 Allein die Tatsache eines Ermittlungsverfahrens kann den Ruf gefährden.

Entscheidung des Mandanten finanzielle Vorteile für den Rechtsanwalt eine Rolle spielen können. Diese finanziellen Vorteile stehen jedoch in keinem vertretbaren Verhältnis zu den Risiken.[332]

Die grundsätzliche dogmatische Fragwürdigkeit der subjektiven Theorie liegt darin, dass sie versucht, § 356 StGB in ein konkretes Gefährdungsdelikt oder sogar ein Erfolgsdelikt umzudeuten. Die subjektive Theorie hat sich nach Maßgabe praktischer und dogmatischer Erwägungen als untauglich für ein rechtsstaatliches Strafverfahren erwiesen. Darüber hinaus ermöglicht sie Absprachen unter Straftätern und verhindert die Aufklärung von Straftaten.

Der einzige prozesstaktische Vorteil der subjektiven Theorie ist die Möglichkeit, mit Hilfe des Verteidigers Aussagen für den Mandanten abzusprechen. Der Mandant gewinnt so die unredlichen Vorteile der geheimen Absprachen tendenziell auf Kosten des Zweitmandanten, was in einem auf die Wahrheitsermittlung ausgerichteten Strafverfahren jedoch nicht akzeptiert werden darf. Insgesamt ist daher der objektiven Theorie aufgrund der durch sie garantierten Rechtssicherheit und Rechtsklarheit zu folgen.

## V. Zusammenfassung zum ersten Abschnitt: § 356 StGB – Schutzintention in Bezug auf Justizsystem und Rechtsstaat

Das zentrale Problem bei der Anwendung und Auslegung des § 356 StGB ist die Frage, wie sich der Wille des Mandanten auswirkt. Hier werden eine objektive und ein subjektive Theorie vertreten. Der objektiven Theorie zu folgen ist aus rechtsstaatlichen Gründen vorzugswürdig. Beim Parteiverrat handelt es sich um ein abstraktes Gefährdungsdelikt.

Die Argumente der subjektiven Theorie überzeugen aus den dargelegten Gründen nicht. Durch eine einschränkende Auslegung des § 356 StGB würde sich für Rechtsbeistände die Möglichkeit eröffnen, weitere Mandate anzunehmen. Dies als positiv zu bewerten erscheint jedoch verfehlt, weil wegen finanzieller Vorteile Strafbarkeitsrisiken eingegangen werden und gleichzeitig das Ansehen des Berufsstandes der Rechtsanwälte aufs Spiel gesetzt wird. Weiter behindert die subjektive Auslegung auch ein rechtsstaatliches Strafverfahren, da sie abgesprochene Einlassungen begünstigt. Stellt man die Interessen auch in Strafverfahren zur Disposition der Beteiligten, wird sich der Stärkere durchsetzen.

---

332 *Offermann-Burckart*, ZEV 2007, 151 (155 f.). Auch *Erb*, Parteiverrat, S. 223, sieht das Kostenrisiko und hält es daher für geboten, dass bei der Erstaufklärung der Rechtsanwalt den Mandanten davon abrät, in eine Doppelvertretung einzuwilligen.

So könnten finanzstarke Hintermänner durch bezahlte Bauernopfer geschützt werden. Ein auf Wahrheitsermittlung und Gerechtigkeit ausgerichtetes Strafrecht bedarf deshalb aus der Sicht des Verfassers Schutz durch § 356 StGB unter der Prämisse einer objektiven Interessenbestimmung. Im Rechtsstaat bedarf es klarer objektiver Vorgaben, um das Vertrauen in den Berufsstand der Rechtsanwälte und die Funktion des Strafverteidigers zu schützen.

# Zweiter Abschnitt: Die Verständigung gemäß § 257c StPO

Am 04.08.2009 trat das Gesetz zur Regelung von Verständigungen im Strafverfahren in Kraft.[333] Mit einem neuen § 257c StPO intendiert der Gesetzgeber, zwischen den Verfahrensbeteiligten eine Verständigung über den weiteren Fortgang und das Ergebnis des Verfahrens zu erreichen. In diesem zweiten Bearbeitungsschritt soll nun untersucht werden, ob und – wenn ja – wie sich dieser fundamentale normative Struktureinschnitt auf den deutschen Strafprozess, insbesondere auf die materiell-rechtliche Strafnorm des § 356 StGB auswirkt.

Die Amtsaufklärungspflicht gemäß § 244 Abs. 2 StPO soll von § 257c StPO unberührt bleiben. Weiter soll Bestandteil jeder Verständigung ein Geständnis sein. Eine Verständigung kommt zustande, wenn Angeklagter und Staatsanwaltschaft dem Vorschlag des Gerichts zustimmen. Die Bindung des Gerichts an eine Verständigung kann jedoch entfallen, wenn rechtlich oder tatsächlich bedeutsame Umstände übersehen worden sind oder sich neu ergeben haben und das Gericht deswegen zu der Überzeugung gelangt, dass der in Aussicht gestellte Strafrahmen nicht mehr tat- oder schuldangemessen ist. Gleiches gilt, wenn das weitere Prozessverhalten des Angeklagten nicht dem Verhalten entspricht, das der Prognose des Gerichts zugrunde gelegt worden ist. Das Geständnis des Angeklagten darf in diesen Fällen nicht verwertet werden und das Gericht hat eine Abweichung unverzüglich mitzuteilen. Außerdem wurden mit den §§ 160b, 202a, 212, 257b StPO Vorschriften eingeführt, die es der Staatsanwaltschaft sowie dem Gericht ausdrücklich erlauben, auch im Ermittlungs- und Zwischenverfahren das Verfahren durch Erörterungen zu fördern.

Zunächst soll hier der Hintergrund der Verständigungsgesetze beleuchtet werden, auf die massive Kritik an der Regelung eingegangen und anhand der Entscheidung des Bundesverfassungsgerichts die Akzeptanz und Auslegung der Regelung durch die Rechtsprechung (Strafjustiz) untersucht werden. Anschließend sollen die konkreten Auswirkungen der Einführung des § 257c StPO auf die Strafbarkeit gemäß § 356 StGB dargestellt werden.

## I. Hintergrund und Kritik

Die aktuelle Regelung der Verständigung im Strafprozess soll vor dem Hintergrund ihrer geschichtlichen Entwicklung und der prozessualen Motivation,

---

333 BGBl. I 2009 S. 2353 f.

Verständigungen einzugehen, thematisiert werden. Nur mit dem Verständnis von Ursachen und Hintergrund der Verständigungen können die in Bezug auf § 356 StGB gefährlichen Situationen identifiziert werden. Dabei kann an vielen Stellen auf die umfangreiche Literatur und Rechtsprechung verwiesen und sich allein auf die Bezugspunkte zu § 356 StGB konzentriert werden.[334] Insbesondere die Entscheidung des Bundesverfassungsgerichts zur Überprüfung der Verfassungsmäßigkeit der Verständigungsgesetze bietet eine gute Grundlage für weitergehende Überlegungen.[335]

## 1. Motivation für Verständigungen

Absprachen in Gerichtsverfahren hat es wahrscheinlich immer schon gegeben.[336] Für den Angeklagten war es seit jeher wichtig zu erfahren, was ihn in der Hauptverhandlung erwartet, sich also nicht auf ein ungewisses Abenteuer einlassen zu müssen. Auf Seiten der Staatsanwaltschaft die Aussicht auf Arbeitserleichterung, die Sicherheit, eine Verurteilung zu erreichen und ebenfalls keine „bösen“ Überraschungen zu erleben, z.B. einen Freispruch oder Schadensersatzzahlungen für die erlittene Untersuchungshaft. Für die Gerichte dürfte schon immer die Arbeitsersparnis die größte Motivation gewesen sein. Denn die Hauptverhandlung mit der Leitungsfunktion und der Hauptverantwortung für die Beweiserhebung beansprucht den Richter von allen Beteiligten am meisten.

Das Interesse der Gerichte an Verständigungen hat sich wahrscheinlich im Laufe der Jahre noch gesteigert.[337] Denn eine schwächere Rolle des Richters, an den hohe Begründungsanforderungen für seine Entscheidungen gestellt werden, der darauf beruhenden Revisionsgefahr und immer professioneller ausgeübte Verteidigungsrechte machen Verständigungen attraktiver. Verstärkt wird dies auch durch die sich immer weiter steigernde Arbeitsbelastung.[338]

---

334 Grundlegend *Krey/Windgätter,* in: FS Achenbach, S. 233 m.w.N.

335 BVerfGE, NJW 2013, 1058 ff. m.w.N.

336 Vgl. zur Entwicklung der Verständigungspraxis *Meyer-Goßner,* Einleitung Rn. 119 ff.; Das BVerfGE 133, 168 ff. (Tz. 2), legt sich lediglich dahingehend fest, dass Verständigungen jedenfalls seit den 1970 Jahren feststellbar seien. Vgl. zu einem *„Deal ohne Urteil“* am 18.12.1970 *Hamm,* StV 2013, 652 (653).

337 Zur aktuellen Situation der Tatrichter *Erhard,* StV 2013, 655 ff.: *„Die Tatrichter sind Hamster in einem Laufrad mit stetig überhöhter Geschwindigkeit.“*

338 *Albrecht,* Sicherheitsgesellschaft, S. 596, bemerkt, dass die bekannte Überlastung der Justizressourcen teilweise schon zum *„Zustand der Rechtsverweigerung“* führt. Wohin die Überlastung führen kann, beschreibt *Albrecht,* Sicherheitsgesellschaft, S. 1003 ff., beispielhaft.

Ausgangspunkt der Probleme ist eine unzureichende Finanzierung. Der steigenden Belastung der Strafjustiz haben die Länder nicht durch eine entsprechende personelle und sachliche Ausstattung Rechnung getragen; vielmehr ist auch die Justiz immer wieder von Sparmaßnahmen betroffen.[339] Eine Verbesserung dieser Situation ist angesichts struktureller Defizite der Länderhaushalte und einer fehlenden wirksamen Lobby der Strafjustiz nicht zu erwarten. Daran ändert wohl auch der eindringliche Appell des Bundesverfassungsgerichts nichts, in dem es der Regierung in Erinnerung ruft, dass der Staat von Verfassungs wegen gehalten sei, eine funktionstüchtige Strafrechtspflege zu gewährleisten und die nunmehr unübersehbaren Missstände zu beseitigen. Der Schutz elementarer Rechtsgüter durch Strafrecht und seine Durchsetzung im Verfahren seien Verfassungsaufgaben. Das erfordere, dass Straftäter im Rahmen der geltenden Gesetze verfolgt, abgeurteilt und einer gerechten also schuldangemessenen Bestrafung zugeführt würden.[340]

## 2. Arbeitsüberlastung

Ausgelöst wird die Arbeitsüberlastung neben der Reduzierung von Mitteln durch Übertragung einer ganzen Reihe von neuen Aufgaben an das Strafjustizsystem.[341] So gibt es immer mehr Straftatbestände.[342] Weiter werden die Wirtschaftsverfahren komplizierter. Indem sich das Wirtschaftsleben rasend schnell verändert und vor allem im Finanzbereich nur schwer bis gar nicht durchschaubar ist, steigert sich auch die Komplexität und damit gleichzeitig der Nachweis in eben diesem

339 BVerfGE 133, 168 ff. (Tz. 3).

340 BVerfG, NJW 2013, 1058 (1060).

341 An der tatsächlichen Überlastung ändert auch die Feststellung von *Fischer*, in: FS Hamm, S. 63 (S. 73 Fn. 42), nichts, dass eine Zeit, in welcher die Strafjustiz nach ihrer Selbstbeschreibung *nicht* „am Rande ihrer Belastbarkeit" arbeitete und nur *gerade so eben noch* die Flut der Kriminalität im Zaume hielt, während der letzten 50 Jahre nicht ersichtlich sei.

342 BVerfG, NJW 2013, 1058 ff. (Tz. 119), vor allem die Regelungsdichte im Wirtschafts- und Nebenstrafrecht sei gestiegen. *Fischer*, Die Zeit vom 27.03.2013, 11: Es darf aber – auch unter Berücksichtigung der Justizüberlastung – nicht verkannt werden, dass viele der neuen Tatbestände wichtig und gerechtigkeitsfördernd sind. So begrüßt *Fischer* die Entwicklung seit den sechziger und siebziger Jahren, in der erstmals ernsthaft gefragt wurde, warum das Strafrecht nur die Dummen und Hoffnungslosen, Randständigen und Verlierer treffe und ob nicht Korruption und Subventionsbetrug, Umweltzerstörung und Insidergeschäfte gleichermaßen asozial und kriminell sei?

System begangener Straftaten.[343] Insoweit sah sich sogar der Bundesgerichtshof zu der Anmerkung veranlasst, dass bei einer Vielzahl von großen Wirtschaftsverfahren eine adäquate Bestrafung allein deswegen nicht erfolgen könne, weil für die gebotene Aufklärung derart komplexer Sachverhalte keine ausreichenden justiziellen Ressourcen zur Verfügung stünden.[344]

Dazu kommen auch die neuen Gelegenheiten, sich unter Nutzung des Internets strafbar zu machen. Das Internet bietet eine Reihe von Möglichkeiten mit potentiellen Opfern in Kontakt zu treten. So kann dieses zu betrügerischen Bestellungen von Waren und Dienstleistungen ausgenutzt werden. Dazu kommt natürlich auch die Anonymität des Internets.[345] Weiter können die Straftaten, die mit Hilfe des Internets begangen werden, einen ungeheuren Umfang erreichen. Insgesamt besteht zudem die Gefahr, dass die kleinen Täter bei überschaubarer Beweislage verurteilt werden und die großen tendenziell besser davonkommen.[346]

Es gibt nicht nur mehr Straftatbestände und Gelegenheiten Straftaten zu begehen, auch die Ermittlungsmöglichkeiten haben sich stark erweitert. Früher gab es die neuen Medien und viele der heute möglichen technischen Überwachungsmaßnahmen nicht.[347] Auch die Begutachtung der Beschuldigten auf eingeschränkte oder aufgehobene Schuldfähigkeit gemäß §§ 20, 21 StGB[348] nimmt zu und dies auch in den Strafvollstreckungsverfahren für die Frage einer andauernden Gefährlichkeit.[349]

Durch den Einsatz von Gutachtern aus fast jedem Forschungsgebiet wird versucht, einen immer höheren Standard der Beweisgewinnung zu erreichen. Dabei lässt sich neben dem Ausweichen auf Verständigungen in Strafverfahren noch ein weiteres Phänomen beobachten. Die hohen Ansprüche an ein rechtsstaatliches

---

343 BVerfG, NJW 2013, 1058 (1070) spricht *„von immer komplexer werdenden Lebenssachverhalten"*.

344 BGH, NJW 2006, 925 (929).

345 Man muss kein charmanter Betrüger sein um erfolgreich zu agieren. Außerdem kann man sich leicht als eine andere Person oder Institution ausgeben (*„Nigeria Connection"*).

346 Ähnlich die Stellungnahme des Richterbundes in BVerfGE 133, 168 ff. (Tz. 45).

347 Hier soll nur auf die Stichworte kleiner und großer Lauschangriff, IMSI-Catcher, Quellen TKÜ, Drohnen sowie den gesamten Bereich der Finanzermittlungen hingewiesen werden.

348 *Appl,* in: FS Rissing-van Saan, S. 35.

349 *Albrecht/Balzer/Krehl,* Der schwierige Weg der Dritten Gewalt, in Sicherheitsgesellschaft, S. 1009 ff. (1020 ff.), zum Wert der Gutachten für Prognoseentscheidungen.

Verfahren und entsprechende Anforderungen an den Tatnachweis führen gleichzeitig zur Beschneidung von Verteidigungsrechten und der Einführung von Beweisregeln, um eben doch eine Verurteilung unter scheinbarer Beachtung dieser hohen Anforderungen erreichen zu können. Diese Entwicklung hat in einer kurios bzw. skandalös anmutenden Entscheidung zur Folge, dass das Oberlandesgericht Nürnberg-Erlangen sich anmaßt, eine Beweisregel für die absolute Fahruntüchtigkeit motorisierter Krankenfahrstuhlfahrer – ohne wissenschaftliche Grundlage – annehmen zu können.[350]

Durch neue Beweismittel haben sich auch neue Einführungsnotwendigkeiten in der Hauptverhandlung ergeben. Dass dies ein nicht zu unterschätzendes Problem darstellt, zeigt die Stellungnahme des Deutschen Richterbundes. Für alle Verfahrensbeteiligten sei es verführerisch, sich die oft notwendige Erfassung, Auswertung und Beurteilung umfangreicher elektronisch gespeicherter Beweismittel durch eine Verständigung zu ersparen. Dabei würde in Kauf genommen, dass nur ein kleiner Teil des Beweisstoffes zur Kenntnis genommen würde.[351] Diese Äußerung ist besonders eindrücklich, weil sie von Richtern stammt und deren praktische Nöte als ausschlaggebend beschreibt.

Nicht zuletzt wird auch die Rechtsanwendung immer komplizierter. Dies gilt bereits für die klassischen Tatbestände und vor allem für das Beweisrecht. So hat das Bundesverfassungsgericht mit erfreulicher Offenheit bestätigt, die Rechtsprechung zu den Beweisverwertungsverboten für die tatrichterliche Praxis sei mittlerweile kaum noch überschaubar.[352]

Schließlich sehen sich die Tatgerichte durch das Beschleunigungsgebot in Haftsachen einem immer stärkeren Druck ausgesetzt, die Verfahrensdauer trotz aller prozessualen Schwierigkeiten zu verkürzen. Dass die Bewertung richterlicher Arbeit und die Festsetzung der Arbeitspensen nicht unwesentlich nach quantitativen Gesichtspunkten erfolgen, schafft zusätzliche Anreize für eine möglichst rasche Verfahrenserledigung auch unter Inkaufnahme inhaltlicher Defizite.[353]

Die auch vom Bundesverfassungsgericht erkannte Motivation wird jedoch teilweise als falsch kritisiert. *Fischer* führt insoweit aus, dass der Deal nicht eine Folge der Kompliziertheit des Rechts und der tatsächlichen Verhältnisse sei, sondern nichts anderes als das Resultat unentschiedener Machtfragen. Das Strafrecht des Derivatehandels im Jahr 2013 sei nicht schwieriger als das des

---

350 *Wegerich/Scheibenpflug*, NZV 2012, 414 ff. m.w.N.

351 BVerfGE 133, 168 ff. (Tz. 45).

352 BVerfGE 133, 168 ff. (Tz. 3).

353 BVerfGE 133, 168 ff. (Tz. 3).

Lokomotivenhandels im Jahr 1913. Die Zurechnung von Gremienentscheidungen über Kreditverträge im Jahr 2006 sei nicht schwieriger als die von Gremienentscheidungen der 1956 verbotenen KPD.[354] Die Geschichte der Absprache sei eine Schande der Justiz, sie ginge den Weg des geringsten Widerstands. Alle Prozessbeteiligten wüssten, dass die Strafe nicht wegen einer durchs bloße Zugeben gemilderten Schuld um ein Drittel gesenkt würde, sondern als Belohnung für eine erfreuliche Arbeitsersparnis.[355]

### 3. Gesetzesbegründung

Begründet wurden die Verständigungsgesetze mit einer wesentlich weniger umfangreichen Beweisaufnahme und einer Verbesserung des Opferschutzes, wenn ein Geständnis die Vernehmung von Opferzeugen in der Hauptverhandlung entbehrlich macht.[356]

Das Bundesverfassungsgericht fasst insoweit zusammen, dass der Gesetzgeber eine gesetzliche Regelung der Verständigung im Strafverfahren als notwendig erachtet habe, weil das in der Praxis entstandene und dort bedeutsame, aber stets umstritten gebliebene Institut der Verständigung zur Herstellung von Rechtssicherheit und der Gewährleistung einer gleichmäßigen Rechtsanwendung dringend klarer gesetzlicher Vorgaben bedürfe. Dabei sei dem Gesetzgeber bewusst gewesen, dass sich auf das Urteil bezogene Verständigungen des Gerichts mit den Verfahrensbeteiligten nicht ohne weiteres mit den verfassungsrechtlichen Vorgaben für das Strafverfahren, insbesondere hinsichtlich der Erforschung der materiellen Wahrheit, der Schuldangemessenheit der Strafe und der Verfahrensfairness, würden in Einklang bringen lassen. Dementsprechend sei es ausdrücklich sein zentrales Ziel, die Verständigung in einer den verfassungsrechtlichen Vorgaben gerecht werdenden Weise in das geltende Strafverfahrensrecht zu integrieren, ohne die den Strafprozess dominierenden Grundsätze der richterlichen Sachverhaltsaufklärung und Überzeugungsbildung anzutasten.[357]

---

354 *Fischer,* in: FS Kühne, S. 203 (209).

355 *Fischer,* Die Zeit vom 27.03.2013, 11.

356 Stellungnahme der Bundesregierung in: BVerfGE 133, 168 ff. (Tz. 35); die ausführliche Gesetzesbegründung findet sich unter BT-Dr 16/12310, S. 1 ff.

357 BVerfG, NJW 2013, 1058 (1062).

### 4. Kritik an Verständigungen

In der Literatur wird die Möglichkeit von Verständigungen dagegen heftig kritisiert.[358] So ist seit vielen Jahren umstritten, ob eine Verständigung im Strafprozess erwünscht beziehungsweise regelbar ist.[359]

Schon vor der Entscheidung des Verfassungsgerichts prangerte *Albrecht* an, durch die Verständigungsgesetze sei der Strafprozess aus der materiellen Rechtsstaatlichkeit verabschiedet worden. Das Rezept eines hilflosen Gesetzgebers für notwendige Justizentlastung sei nicht eine materielle Entkriminalisierung, bessere Personalausstattung und notwendige Ausbildungsreform, sondern „*Mauscheln und Dealen*".[360] Die deutsche Strafprozessordnung kenne zahlreiche Verfahrensweisen, die flexibel und vermeintlich effizient, dafür aber wenig gerecht seien. Hierzu zählten die zahlenmäßig schon überwiegende Einstellung aus Opportunitätsgründen sowie in Verfahren einfacherer und mittlerer Kriminalität die Regelungen zum Strafbefehlsverfahren. Diesen liege ein konsensuales Verfahrensmodell zu Grunde, welches als Legitimation nicht mehr die materielle Wahrheit, sondern den Konsens vorsehe. Hier kulminiere präventives Zweckstrafrecht mit US-amerikanischem Vertragsstrafrecht. Nicht mehr die formalisierte Suche nach der Wahrheit und die richterliche Aufklärungspflicht stünden im Vordergrund, sondern die Suche nach einem scheinbaren, in Wahrheit aber ökonomisch motivierten Konsens, weil schnelle Erledigung z.B. komplizierter Großverfahren möglich würden. Eine Verurteilung setze nicht mehr den positiven Nachweis der Schuld des Täters voraus, sondern lediglich dessen Einwilligung in die Rechtsfolge. Der unbefangene und unparteiliche Richter würde zur gesprächsleitenden Ausgleichsperson degradiert. Der öffentliche Strafanspruch verkomme zur Verhandlungsmasse der Beteiligten.[361]

Nach *Roxin/Schünemann* seien die Regelungen zur Absprache schon im Ansatz ungeeignet, die durch die Urteilsabsprachen zertrümmerte Verfahrensbalance des Prozessmodells der Strafprozessordnung wieder herzustellen, die das Zerrbild eines auf Wahrheit und Gerechtigkeit angelegten Verfahrens

---

358 *Hassemer,* in: FS Jescheck, S. 829 (851): „*Die Praxis der Absprachen ist eine systematische Verhinderung der Wahrheitssuche.*"; *ders.,* in: FS Hamm, S. 171ff. m.w.N.; *Fischer,* ZRP 2010, 249 ff.; *Hettinger,* JZ 2011, 292 ff.; *Theile,* NStZ 2012, 666; dagegen bezeichnen *Jahn/Müller,* NJW 2009, 2625, das Gesetz zur Regelung der Verständigung als einen großen Schritt in die richtige Richtung.

359 *Hassemer,* in: FS Hamm, S. 171 (181) m.w.N.

360 *Albrecht,* Sicherheitsgesellschaft, S. 675.

361 *Albrecht,* Sicherheitsgesellschaft, S. 800 f. m.w.N.

darstellten.[362] Der Angeklagte müsse sich dem Ergebnis des Ermittlungsverfahrens unterwerfen, ohne dieses ausreichend beeinflussen zu können[363], er sei nicht davor geschützt, Opfer einer nur vermeintlichen Strafmilderung zu werden, weil es bei Rabattverhandlungen üblich sei, die für ein Geständnis offerierte Ermäßigung vorher draufzuschlagen.[364] Indem das Gericht selbst Partner der Absprachеverhandlung sei, verliere es seine neutrale Stellung und sei nach einer gescheiterten Absprache strukturell voreingenommen.[365] Schließlich könne der Angeklagte ohne Verteidiger weder seine Absprachechancen adäquat wahrnehmen noch das *„Angebot"* des Gericht auch nur annähernd zuverlässig beurteilen.[366]

Trotz all dieser überzeugenden Argumente handelt es sich bei § 257c StPO um geltendes Recht, und die Mehrheit im Bundestag hat in Kenntnis der schon im Gesetzgebungsverfahren vorgebrachten Gegenargumente für eine Einführung des § 257c StPO gestimmt. Dass sich an der Einstellung der Bundesregierung nichts geändert hat, zeigt die Stellungnahme zu der Entscheidung des Bundesverfassungsgerichts.[367]

Nach dem Bundesverfassungsgericht sichere das Verständigungsgesetz die Einhaltung der verfassungsrechtlichen Vorgaben in ausreichender Weise und der in erheblichem Maße defizitäre Vollzug des Verständigungsgesetzes führe derzeit nicht zur Verfassungswidrigkeit der gesetzlichen Regelung. Mit den Vorschriften des Verständigungsgesetzes habe die Zulassung von Verständigungen im Strafverfahren eine abschließende Regelung erfahren, informelle Absprachen seien unzulässig.[368]

Auch nach der Entscheidung des Bundesverfassungsgerichts ist die Kritik an den Verständigungsgesetzen und parallel dazu an der Entscheidung nicht verstummt.[369] Das Bundesverfassungsgericht blende die Realitäten aus. Keine der im Urteil und in der Wissenschaft identifizierten Ursachen für die Absprachepraxis sei behoben oder widerlegt. Das Bundesverfassungsgericht mache die Nutzung der Verständigung als Druckablassventil sogar noch schwieriger, womit

362 *Roxin/Schünemann,* Strafverfahrensrecht, S. 101 m.w.N.
363 *Roxin/Schünemann,* Strafverfahrensrecht, S. 103 m.w.N.
364 *Roxin/Schünemann,* Strafverfahrensrecht, S. 103 m.w.N.
365 *Roxin/Schünemann,* Strafverfahrensrecht, S. 103 m.w.N.
366 *Roxin/Schünemann,* Strafverfahrensrecht, S. 104.
367 Stellungnahme der Bundesregierung in: BVerfGE 133, 168 ff. (Tz. 35).
368 BVerfG, NJW 2013, 1058 ff. Leitsatz.
369 *Knauer,* NStZ 2013, 433 ff. m.w.N.; *Fischer,* in: FS Kühne, S. 203 ff.; *Stuckenberg,* ZIS 2013, 212 ff.

aus Sicht der Praxis der Verlust fast jeglichen sinnvollen Anwendungsbereichs verbunden sein dürfte.[370]

Ein weiterer Aspekt wurde bei der Bewertung der Verständigungssituation noch nicht ausreichend beachtet. Hintergrund ist eine These, die *Albrecht* im Zusammenhang mit dem mangelnden Interesse der Politik/Strafjustiz an wissenschaftlichen Erkenntnissen aus kriminologischen Forschungen aufstellt: *„Zu viel differenziertes Wissen führt zu höherer Entscheidungssensibilität, die in der Rechtspraxis als kontraproduktiv angesehen wird. Der Strafjurist soll primär entscheiden, nicht zögern."*[371]

Überträgt man diese These auf die Absprachesituation, zeigt sich ein bislang noch nicht berücksichtigter „Vorteil". Fast alle Beteiligten haben die Zeugen noch nie gesehen und den Angeklagten noch nicht sprechen hören. Auch eine Inaugenscheinnahme der Beweismittel – diese befinden sich meistens noch in der Asservatenkammer der Staatsanwaltschaft – ist selten im Vorfeld erfolgt. So ist Grundlage der Verständigungen[372] der konkrete Anklagesatz und die jeweilige Erfahrung der Beteiligten mit vermeintlich ähnlichen Fällen. Es wird regelmäßig argumentiert, für Widerstand gegen Vollstreckungsbeamte gebe es nicht unter 50 Tagessätzen, für einen Handtaschendiebstahl mindestens sechs Monate auf Bewährung und für eine Schleusung bei geständigen Tätern ein Jahr auf Bewährung. Anschließend werden noch ein paar oberflächliche Argumente

370 *Meyer*, NJW 2013, 1850 (1852).

371 *Albrecht*, Sicherheitsgesellschaft, S. 12.

372 Dabei sind die in der Literatur z.B. von *Knauer*, NStZ 2013, 433 (434) m.w.N., kritisierten Verständigungen, wie sie praktisch vorkommen, gemeint. Dass dies noch aktuelle Verfahrensrealität ist, zeigt sich am Beschluss des Bundesgerichtshofs v. 24.09.2013 (Az.: 2 StR 267/13), mit dem er ein Urteil des Landgerichts Marburg v. 25.02.2013 aufhob. Dort war erfolglos versucht worden, nach einer Verständigung deren Rechtswirkungen zu umgehen, indem das Gericht sich nicht offiziell, sondern nur konkludent auf eine Verständigung eingelassen hatte. Auch das Urteil des OLG München v. 09.01.2014 (Az.: StRR 261/13) zeigt, dass sogar nach der Entscheidung des Bundesverfassungsgerichts v. 19.03.2013 weiter informelle Verständigungen getroffen wurden. Dass dies im konkreten Fall sogar zweimal rechtswidrig geschah (erste Feststellung einer informellen Absprache durch das OLG München (Az.: 1 Ws 469/13) bereits am 31.05.2013) erscheint sogar in Kenntnis der „Altenhainstudie" ungeheuerlich. So hat das Landgericht Traunstein einen Monat nachdem ein Rechtsmittelverzicht durch das OLG München für unwirksam erklärt wurde, erneut eine informelle Absprache mit der Verteidigung getroffen, nachdem eine offizielle Verständigung an der Weigerung der Staatsanwaltschaft scheiterte.

ausgetauscht und sich vor allem über eine Zahl verständigt. Insoweit fällt die Entscheidung sicher leichter, als wenn man sich tatsächlich in die persönliche Situation des Angeklagten hineinversetzen und die Umstände berücksichtigen soll, die ihn zum Taschendieb, Schleuser usw. gemacht haben. Gerade bei den ausländischen Tätern werden hier oftmals Lebensgeschichten hinter den Taten stehen, die das Herz berühren und ein Urteil über den Menschen, der aus derart schwierigen Verhältnissen stammt, erschweren.[373] Genauso hilft es allen Beteiligten bei einem gemeinsamen Durchringen zu einer unangemessen milden Strafe[374], das Opfer mit all seinem Leid nie gesehen zu haben.

## II. Strafbarkeitsrisiken bei Verständigungen

Ob sich ein Verteidiger bei Verständigungen in der Gefahr einer Strafbarkeit wegen Parteiverrats befindet, hängt erst einmal entscheidend von der Frage ab, ob die Staatsanwaltschaft als *Partei* im Sinne des § 356 StGB anzusehen ist. Dieser könnte er dann – sowohl durch aktives Tun oder auch Unterlassen – pflichtwidrig gedient haben.[375]

### 1. Ausgangssituation

Nachdem nunmehr der Gesetzgeber die Möglichkeit einer verfahrensbeendenden Verständigung geschaffen hat, drängt sich die Frage auf, ob dann Verteidiger, die von dieser Möglichkeit Gebrauch machen, wegen Parteiverrats strafbar sein können.

Dagegen spricht zunächst der naheliegende Gedanke, dass etwas, was strafprozessual erlaubt ist, nicht gleichzeitig durch das materielle Strafrecht verboten sein kann. Aber wie bereits oben anhand des § 146 StPO ausgeführt, gibt es eine solche Regel und ein derartiges Verhältnis zwischen Prozess- und materiellem Strafrecht nicht. Eine gemäß § 146 StPO zulässige Doppelvertretung stellt in den meisten denkbaren Konstellationen einen Parteiverrat gemäß § 356 StGB dar und genauso ist zu überprüfen, ob eine gemäß § 257c StPO zulässige Verständigung gemäß § 356 StGB strafbar sein kann.

---

373 Weiterführend *Albrecht*, Kriminologie, S. 36, mit der These: *„Unter bestimmten gesellschaftlichen Umständen – oder auch in bestimmten Lebensabschnitten – ist Delinquenz, auch Kriminalität, ein übliches, weit verbreitetes, folgerichtiges Handeln."*

374 Um sich mit Hilfe einer Verständigung Arbeit zu ersparen.

375 Zur möglichen Strafbarkeit der Justizorgane wegen Rechtsbeugung gemäß § 339 StGB *Fischer*, in: FS Kühne, S. 203 (212).

Die Literatur enthält zu dieser Problematik nur wenige und nicht eindeutige Stellungnahmen[376], so dass im Anschluss eine Subsumtion durchgeführt werden muss. Deren Berechtigung lässt sich zumindest der kurzen Warnung von *Eschelbach* (u.a.) entnehmen, der den Verteidiger im Absprachenverfahren auf ein Haftungsrisiko hinweist und darauf, dass die Mitwirkung an einer informellen Absprache sich zudem im Grenzbereich zum Parteiverrat bewege.[377]

Vor allem das Strafbarkeitsrisiko bei jetzt klar gesetzeswidrigen informellen Absprachen ist deutlich erhöht. Verstärkt wird dies durch eine Unsicherheit bei der Auslegung der Verständigungsgesetze. So wird von einigen Verfassern der wissenschaftlichen Literatur eine informelle Absprache weiter für zulässig gehalten. Dies mit dem Argument, dass § 257c StPO nur die *„förmliche"* Verständigung regele, weshalb für *„informelle"* Absprachen oder *„Gentlemen's Agreements"* außerhalb der Hauptverhandlung weder die gesetzlichen Protokollierungs- und Belehrungspflichten noch der Ausschluss eines Rechtsmittelverzichts gälten.[378] Dieser Ansicht ist zuzugeben, dass es völlig unklar ist, wann aus einem Gespräch zwischen Verfahrensbeteiligten eine informelle Absprache wird. Welche Mindestanforderungen hat diese? Eine überzeugende Antwort konnte auch vom Bundesverfassungsgericht nicht gegeben werden.

Auch nach Einführung der Verständigungsgesetze wurde unverändert eine Vielzahl von informellen Absprachen durchgeführt.[379] Das Bundesverfassungsgericht hatte zur Vorbereitung seiner Entscheidung über die Verfassungsmäßigkeit der Verständigungsgesetze den Sachverständigen *Altenhain* mit der Durchführung einer repräsentativen empirischen Untersuchung zur Praxis der Verständigung im Strafverfahren beauftragt. Nach Einschätzung der durch *Altenhain* befragten Richter wurden *„im Kalenderjahr 2011 17,9% der Strafverfahren an Amtsgerichten und 23% der Strafverfahren an Landgerichten durch Absprachen erledigt. 58,9% der befragten Richter gaben an, mehr als die Hälfte ihrer Absprachen*

376 Jetzt aber *Gillmeister*, in: LK/StGB, § 356 Rn. 43, anlässlich von Verständigungen könne der Verteidiger Parteiverrat begehen.

377 *Eschelbach*, Beck OK, StPO § 257c Rn. 59 (Stand: 30.09.2013); *Fischer*, § 356 StGB Rn. 6, der Verrat des Beschuldigten an die Staatsanwaltschaft kann auch im Rahmen rechtswidriger Absprachen § 356 StGB unterfallen; *Prinz*, Parteiverrat, S. 145; *Schünemann*, NJW 1989, 1895 (1900), für die Rechtslage vor Einführung des § 257c StPO. A.A. *Kuhlen*, in: NK/StGB; § 356 Rn. 27.

378 Nachweise finden sich bei BVerfGE 133, 168 ff. (Tz. 24).

379 Deutlichstes Beispiel sind die durch das OLG München, NJW 2013, 2371 ff., für nichtig erklärten Urteile des Landgerichts München II und des Amtsgerichts – Schöffengericht – Weilheim.

*„informell", also ohne Anwendung des § 257c StPO durchgeführt zu haben, 26,7% gaben an, immer so vorgegangen zu sein. 33% der befragten Richter gaben an, außerhalb der Hauptverhandlung Absprachen geführt zu haben, ohne dass dies in der Hauptverhandlung offengelegt wurde, während 41,8% der Staatsanwälte und 74,7% der Verteidiger angaben, dies schon erlebt zu haben."* Alarmierend ist der weitere Befund: Während *„61,7% der Richter angaben, die Glaubhaftigkeit von im Anschluss an eine Absprache abgelegten Geständnissen immer zu überprüfen, räumten 38,3% der Richter ein, die Glaubhaftigkeit des Geständnisses nicht immer, sondern nur häufig, manchmal, selten oder nie zu überprüfen."* Auch die Ergebnisse zum Rechtsmittelverzicht und einer angemessenen Strafe können nicht übergangen werden. Insoweit teilt die Studie mit, *„nach Auskunft von 27,4% der Richter wurde sogar bei Verständigungen gemäß § 257c StPO – entgegen § 302 Abs. 1 Satz 2 StPO – ausdrücklich auf Rechtsmittel verzichtet. Von den Richtern gaben 14,7% an, dass bei ihnen nach einer Absprache „immer" auf Rechtsmittel verzichtet werde; bei 56,6% geschah dies „häufig" (Staatsanwälte: 5,6% bzw. 64,8%; Verteidiger: 5,6% bzw. 76,1%). Nicht weniger als 16,4% der Richter und 30,9% der Staatsanwälte erklärten, sich im Rahmen einer Absprache schon auf eine ihrer Ansicht nach zu milden Strafe eingelassen zu haben. Demgegenüber haben sich von den Verteidigern 30,3% nach eigener Auskunft schon auf eine ihrer Ansicht nach zu hohe Strafe im Wege der Absprache eingelassen."*[380]

## 2. Die Staatsanwaltschaft als Partei

Bei der Beurteilung von Verständigungen kommt es entscheidend darauf an, ob es sich bei der Staatsanwaltschaft um eine Partei im Sinne des § 356 StGB handelt. Denn unproblematisch ist ein Verteidiger ein tauglicher Täter und verhandelt mit der Staatsanwaltschaft in *„derselben Rechtssache"*.

### *a) Anerkannte Parteien*

Die Rechtsprechung hat als Parteien derselben Rechtssache in einem Strafverfahren unter anderem den Angeklagten und den durch seine Tat Verletzten sowie den Beschuldigten und den ihn belastenden Zeugen anerkannt.[381] Auch Beschuldigte in einer Strafsache, gegen die jeweils der Verdacht besteht, gemeinsam mit dem anderen Beschuldigten als Mittäter, Anstifter oder Gehilfe Teilnehmer derselben Straftat gewesen zu sein, können Parteien im Sinne des

380 BVerfGE 133, 168 ff. (Tz. 48 ff.).

381 BGH, NJW 2008, 2723 (2724); *Matt*, in: M/R StGB, § 356 Rn. 27 m.w.N.

§ 356 StGB sein.[382] Die Rechtsprechung hat bislang noch keine Entscheidung zur Parteistellung der Staatsanwaltschaft getroffen und auch in der Literatur finden sich unterschiedliche Stellungnahmen.[383]

### *b) Der Wortlaut als Ausgangspunkt*

Durch eine Gesetzesauslegung ist zu ermitteln, ob es sich bei der Staatsanwaltschaft um eine Partei im Sinne des § 356 StGB handelt. Als Einstieg soll daher zunächst der Wortlaut bestimmt werden. Denn maßgebend für die Auslegung von Gesetzen ist der in der Norm zum Ausdruck kommende objektivierte Wille des Gesetzgebers, wie er sich aus dem Wortlaut der Vorschrift und dem Sinnzusammenhang ergibt, in den sie hineingestellt ist.[384] Zwar liefert das Wörterbuch nicht die für Art. 103 Abs. 2 GG entscheidende Wortlautgrenze. Es bietet aber einen Ausgangspunkt und die Möglichkeit, über die „richtige Auslegung" juristisch zu entscheiden.[385]

Bei § 356 StGB handelt es sich um einen „*alten*" Tatbestand, bei dem zu berücksichtigen ist, dass sich Rechtsbegriffe und Wortbedeutungen im Laufe der Jahre verändern.[386] Der Rechtszustand, für den § 356 StGB beziehungsweise die Vorgängervorschriften geschaffen wurden, existiert nicht mehr. Es gibt weder Advokaten noch Anwälte oder Rechtsbeistände im damaligen „Amtssinne". § 356 StGB wäre also unanwendbar, wenn er heute noch so verstanden werden würde wie bei seiner ursprünglichen gesetzlichen Normierung.[387]

Nach der vom Duden[388] vorgegebenen Bedeutung handelt es sich bei einer Partei entweder um eine politische Organisation mit einem bestimmten Programm, einem der beiden Gegner in einem Rechtsstreit, eine von zwei Vertragsparteien, der Kurzform für Mietpartei oder eine Gruppe. Bei der Anwendung des § 356 StGB ist die Bedeutung in einem rechtlichen Kontext nahe liegend und die Formulierung „*beide*" Parteien zugleich missverständlich, da in einem

---

382 BGH, NJW 2008, 2723 (2724); *Kudlich*, in: S/S/W, § 356 Rn. 22, bezeichnet dies bereits als h.M.

383 *Matt*, in: M/R StGB, § 356 Rn. 28: „*Die Staatsanwaltschaft ist ebenfalls Partei im Strafverfahren.*"; a.A. *Heine/Weißer*, in: Schönke/Schröder, § 356 Rn. 13 m.w.N.

384 BVerfG, NJW 2013, 1058 (1062).

385 Vertiefend zum Problem der Auslegung *Kudlich/Christensen*, JR 2011, 146 (150) m.w.N.

386 *Hübner* in der 10. Aufl. LK/StGB, § 356 Rn. 11.

387 *Hübner* in der 10. Aufl. LK/StGB, § 356 Rn. 11 m.w.N.

388 http://www.duden.de/rechtschreibung/Partei.

Strafverfahren eher mehr oder weniger[389] als zwei Parteien auftreten können, je nach Deutung. Klarer wäre es gewesen, von zwei Parteien zu sprechen. „Beide" suggeriert, es gäbe in einer Rechtssache nicht mehr als zwei Parteien. Dies ist vor allem heute nicht mehr richtig, da die Rechte von Zeugen durch die Möglichkeit von Nebenklage und Zeugenbeistandschaft erheblich erweitert wurden.[390] Trotz dieser Schwierigkeiten ist die Beschreibung eines Strafverfahrens mit den Worten, der Angeklagte ist die eine und die Staatsanwaltschaft die andere Partei, verständlich und daher vom Wortlaut gedeckt.

Auch die übliche Definition, dass Partei jede rechtlich beteiligte natürliche oder juristische Person sein kann[391], passt auf die Staatsanwaltschaft. Eine fehlerhafte Sachbearbeitung durch die Staatsanwaltschaft kann Schadensersatzansprüche nach § 398 BGB i.V.m. Art. 34 GG begründen.[392] Schließlich werden der Angeklagte und die Staatsanwaltschaft als Verfahrensgegner in den §§ 308 Abs. 1, 311a, 335 Abs. 2, 347 Abs. 1 StPO bezeichnet.

### *c) Neutralität und Parteistellung*

Dem wird entgegengehalten, der Begriff der Partei passe auf die Staatsanwaltschaft nicht so gut, da sie gemäß § 160 Abs. 2 StPO dazu verpflichtet sei, auch alle entlastenden Umstände zu ermitteln.[393] Dieser Ansicht folgend scheint die Staatsanwaltschaft eher eine neutrale Institution zu sein. Überzeugen als Argument gegen eine Parteistellung kann dies nicht, weil selbst bei einer neutralen Institution nicht ausgeschlossen ist, dass es sich um eine Partei handelt. Denn auch eine neutrale Institution kann eigene Interessen verfolgen und versuchen, diese

---

389 Die Ansicht (z.B. *Heine/Weißer*, in: Schönke/Schröder, § 356 Rn. 13) die die Staatsanwaltschaft im Verfahren nicht als Partei anerkennt, müsste in einer Hauptverhandlung, in der keine Zeugen gehört würden, davon ausgehen, dass nur der Angeklagte Partei ist. Sodann müsste sie sich die Frage gefallen lassen, ob es eine Partei ohne eine andere überhaupt geben kann.

390 Siehe Abschnitt 3.

391 *Kudlich*, in: S/S/W, § 356 Rn. 21; *Gillmeister*, in: LK/ StGB, § 356 Rn. 39 m.w.N.

392 BGH, StV 2004, 330; *Gillmeister*, in: LK/StGB, § 356 Rn. 43 m.w.N.

393 *Kuhlen*, in: NK/StGB: § 356 Rn. 27, die Staatsanwaltschaft würde kein partielles Interesse vertreten; a.A. *Bernsmann*, StraFo 1999, 226 (228), mit Anklageerhebung würde die Staatsanwaltschaft endgültig zumindest faktisch zum Gegner des Angeklagten und *Hübner* in der 10. Aufl. LK/StGB § 356 Rn. 57, mit dem Einwand, diese Ansicht könne nur vertreten, wer noch nie einen bis zuletzt leugnenden Angeklagten und den um seine Überführung bemühten Staatsanwalt erlebt habe.

durchzusetzen.[394] Insbesondere kann das Interesse auch darin liegen, dass eine Verfolgung des Beschuldigten, Verurteilung des Angeklagten und Vollstreckung der ausgeurteilten Strafe in einem rechtsstaatlichen Verfahren unter korrekter Anwendung des materiellen Rechts erfolgt.

Zur Stellung der Staatsanwaltschaft hat das Bundesverfassungsgericht im Zusammenhang mit den Verständigungsgesetzen ausgeführt, ihr sei die Aufgabe zugewiesen, an der Sicherung der Gesetzmäßigkeit des Verfahrensablaufs und -ergebnisses mitzuwirken. Mit ihrer Verpflichtung zur Objektivität sei sie Garantin für Rechtsstaatlichkeit und gesetzmäßige Verfahrensabläufe. So habe die Einbindung der Staatsanwaltschaft in die Verständigung damit vor allem den Zweck, deren Gesetzmäßigkeit zu sichern. Dem Verständigungsgesetz liege die Erwartung zu Grunde, dass die Staatsanwaltschaft – entsprechend ihrer Rolle als *„Wächter des Gesetzes“* – sich gesetzwidrigen Vorgehensweisen im Zusammenhang mit Verständigungen verweigere.[395]

Mit dieser Funktionsbeschreibung durch das Bundesverfassungsgericht haben sich die Argumente für eine Parteistellung der Staatsanwaltschaft bestätigt. Die Staatsanwaltschaft ist Partei und hat eine besondere Wächterfunktion und damit auch entsprechende Interessen.[396] Sie soll als Partei die Absprache überwachen und dies auch gegenüber dem Gericht, das eigentlich selbst den Inbegriff einer neutralen Instanz darstellt. Ähnlich hat sich bereits vor der Entscheidung des Bundesverfassungsgerichts *Heine* geäußert, nach dem § 160 Abs. 2 StPO kein Argument gegen die Parteistellung nach Einführung des § 257c StPO mehr sei.[397] Außerdem sei die Objektivität ein allgemeines rechtsstaatliches Gebot, das auch für andere Behörden gelte, die ohne weiteres als Parteien akzeptiert würden.[398] Es spricht viel dafür, alle Verfahrensbeteiligten potentiell als denkbare Parteien anzuerkennen.[399]

Ein weiteres Argument lautet, die Staatsanwaltschaft sei nicht als Partei im Strafverfahren beteiligt, weil ihre Beteiligung der Justizgewährung diene und nicht als rechtliche Beteiligung an der Sache im vorbezeichneten Sinne verstanden werden könne.[400] *Holz* weist darauf hin, dass es bei der Forderung nach einem

---

394 In diesem Sinne auch *Gillmeister,* in: LK/StGB, § 356 Rn. 43.

395 BVerfG, NJW 2013, 1058 (1066).

396 Für eine Parteistellung der Staatsanwaltschaft *Fischer,* § 356 StGB Rn. 6; *Gillmeister,* in: LK/StGB, § 356 Rn. 43; Dagegen *Kuhlen,* in: NK/StGB, § 356 Rn. 27.

397 *Heine,* in: Schönke/Schröder, 28. Aufl., § 356 StGB Rn. 13.

398 *Gillmeister,* in: LK/StGB, § 356 Rn. 43.

399 *Kudlich,* in: S/S/W, § 356 Rn. 22 m.w.N.

400 *Rogall,* in: SK/StGB, § 356 Rn. 24.

rechtlichen und nicht tatsächlichen Interesse bei dem Austausch von Argumenten bleibt und keine Definition für rechtliches Interesse geliefert wird.[401] Weiter müsse, da der Interessengegensatz nicht Element des Parteibegriffs sei, das rechtliche Interesse für die Parteistellung auch nicht unbedingt zwischen den zwei Beteiligten bestehen, sondern nur an der Rechtssache allgemein.[402]

Ein weiteres Gegenargument lautet, die Staatsanwaltschaft sei keine Partei, da sie nicht im Prozess vertreten würde.[403] Dagegen lässt sich einwenden, dass der Staatsanwalt gerade als der „Sitzungsvertreter" der Staatsanwaltschaft bezeichnet wird. Außerdem darf nicht der Fehler gemacht werden, sich zu sehr auf die prozessrechtliche Bezeichnung zu beziehen. Diese kann nicht ausschlaggebend sein, da der deutsche Strafprozess kein Parteiverfahren ist und gleichwohl unter § 356 StGB fällt.[404] Somit ist der materiell-rechtliche Parteibegriff des § 356 StGB kein prozessualer Begriff.[405] Dafür spricht auch der Wortlaut, der nicht das pflichtwidrige Dienen der Parteien eines Verfahrens, sondern weitergehend der „*Parteien*" einer „*Rechtssache*" kriminalisiert.[406]

### d) Die Indizwirkung der geschichtlichen Entwicklung

Indiziell kann hier auch eine Parallele bei der geschichtlichen Entwicklung der Parteistellung von Mitbeschuldigten berücksichtigt werden. Denn genauso, wie es bei Mitbeschuldigten lange gedauert hat, bis erkannt wurde, dass es sich bei diesen auch um Parteien mit schützenswerten Interessen im Strafprozess handelt, dauert es nun, die Parteistellung für die Staatsanwaltschaft anzuerkennen.

Bei einem Vergleich der jeweils vorgebrachten Argumente wird deutlich, dass diese sich ähneln. So wurde auch für Mitbeschuldigte behauptet, dass es sich nicht um Parteien handelt, weil diese kein rechtlich geschütztes Interesse an dem Strafverfahren hätten. Die deutliche Formulierung des Oberlandesgerichts Stuttgart aus dem Jahr 1990, damals zur Frage der Parteieigenschaft von Mitbeschuldigten, kann auf die Frage einer Parteieigenschaft der Staatsanwaltschaft übertragen werden: „*Dass diese entgegengesetzten, in das Verfahren eingebrachten Interessen nur tatsächlicher Art seien und die Beteiligung insoweit als eine*

---

401 *Holz*, Parteiverrat, S. 60.
402 *Holz*, Parteiverrat, S. 70.
403 *Kuhlen*, in: NK/StGB, § 356 Rn. 27 m.w.N.
404 So auch *Kretschmer*, Parteiverrat, S. 218.
405 *Kretschmer*, Parteiverrat, S. 243.
406 *Holz*, Parteiverrat, S. 36.

*rechtliche nicht angesprochen werden könne, ist eine Leerformel von akademischer Blässe, die sich, wo sie vertreten wird, nicht näher erläutert findet.*"[407]

*Prinz* hat sich dieser Leerformel angenommen und ausgeführt, die bisherigen Streitigkeiten seien Folge eines juristischen Fehlverständnisses des Reichsgerichts einer von *Binding* geprägten Definition aus dem Jahre 1905.[408] Tatsächlich habe *Binding* nur sagen wollen, dass eine Rechtssache nur dann vorliegen könne, wenn das Recht etwas zu diesem Sachverhalt zu sagen habe und es sich nicht um ein allein moralisches Problem handeln würde. Sei dies der Fall, bräuchte auch kein formeller Prozess zwischen den Beteiligten stattfinden, sie seien auch so Parteien. Mit dieser Interpretation von *Binding* kommt *Prinz* zu dem Ergebnis, dass die Parteistellung mehrerer Beteiligter einer Straftat völlig fraglos sei. [409] Bei diesem Verständnis von *Binding* hätte die Staatsanwaltschaft ebenfalls schon immer als Partei betrachtet werden müssen, denn auch bezüglich der Staatsanwaltschaft hat das Recht etwas zur Auseinandersetzung mit Angeklagtem und Zeugen zu sagen. Allein aus einem Anfangsverdacht bezüglich jedweder Straftat entstehen durch das Legalitätsprinzip für die Staatsanwaltschaft Rechte und Pflichten.[410]

### *e) Parteistellung aufgrund von strategischen Entscheidungen*

Eine Parteistellung wird auch durch möglicherweise strategische Entscheidungen der Staatsanwaltschaft begründet. Dies in Fällen, bei denen die auch unter Opportunitätsgesichtspunkten getroffenen Erledigungsentscheidungen des Gerichts keine Entlastung für die Staatsanwaltschaft bedeuten und insoweit kein gemeinsames Interesse an einer Arbeitsersparnis besteht. So kann die Staatsanwaltschaft in einem Verfahren, in dem das Gericht gerne aus Opportunitätsgründen während der laufenden Hauptverhandlung gemäß §§ 153 Abs. 2, 153a Abs. 2 StPO vorgehen würde, ein eindeutiges Ergebnis im Sinne eines Urteils bevorzugen. Dies möglicherweise, um den jeweiligen Angeklagten nach Rechtskraft des Urteils sofort als Zeuge in einem Verfahren gegen einen anderen Beschuldigten zur Verfügung zu haben.

Insbesondere bei Verfahren gegen Strohgeschäftsführer juristischer Personen ist ein solches Vorgehen erwägenswert, um mit deren Hilfe die Hintermänner überführen zu können. Bei einer Einstellung gemäß § 153a Abs. 2 StPO ist dies

---

407 OLG Stuttgart, NStZ 1990, 542 mit Anm. *Geppert*; zustimmend *Dahs*, in: MK/StGB, § 356 Rn. 41 und *Mühlbauer*, JR 2005, 54 (56).

408 Zum Parteibegriff *Prinz*, in: FS Mehle, S. 489 ff.

409 *Prinz*, in: FS Mehle, S. 489 (495).

410 *Kretschmer*, Parteiverrat, S. 244.

nicht in dem Maße möglich, weil, falls den regelmäßig mittellosen Strohgeschäftsführer Arbeitsstunden auferlegt werden, diese noch abgearbeitet werden müssten oder Geldauflagen in Ratenzahlungen geleistet werden. Dies nimmt in der Regel sechs Monate in Anspruch und erst dann erfolgt eine endgültige Einstellung.[411] Nach einer Einstellung gemäß § 153 Abs. 2 StPO droht ein Berufen der Zeugen auf das Auskunftsverweigerungsrecht gemäß § 55 StPO mit der Begründung, eine Wiederaufnahme der bereits eingestellten Verfahren sei bei einer Verbrechensbeteiligung ohne weiteres möglich.

### *f) Ergebnis*

Der Meinung, nach der es sich bei der Staatsanwaltschaft nicht um eine Partei handelt[412], verstellt möglicherweise ein oft anzutreffendes Missverständnis die Sicht. Es scheint so, als würden Beweisprobleme mit der Auslegung von Tatbestandsmerkmalen vermischt.

Tatsächlich ist die Staatsanwaltschaft aufgrund der oben ausgeführten Argumente Partei. Die Problematik wird regelmäßig darin liegen, ob dem Verteidiger ein vorsätzliches „Dienen" nachgewiesen werden kann. In einem Fall, in dem der Verteidiger offen zugibt, er habe bewusst eine für seinen Mandanten nachteilige Verständigung mit der Staatsanwaltschaft geschlossen, um dieser weiterzuhelfen und in anderen Verfahren mit anderen Mandanten Vorteile zu haben, wird sich das Rechtsgefühl nicht dagegen wehren, von einem Parteiverrat zu sprechen und dabei festzustellen, dass der Verteidiger hier einer anderen Partei, nämlich der Staatsanwaltschaft, gedient hat. Die angeführten Argumente zeigen deutlich, dass es sich bei der Staatsanwaltschaft um eine Partei handelt.[413]

## 3. Tathandlung „Dienen"

Weiter müsste in der Verständigung auch eine taugliche Tathandlung, ein pflichtwidriges Dienen im Sinne des § 356 StGB liegen.

### *a) Dienen durch Unterlassen*

Dabei ist zu beachten, dass ein Dienen auch durch Unterlassen erfolgen kann, da es für die Verletzung der Treuepflicht unerheblich ist, ob der Verteidiger seinen

411 Oftmals wird gemäß § 153a Abs. 1 S. 4 StPO die Frist auf neun Monate verlängert.

412 *Rogall,* in: SK/StGB, § 356 Rn. 24; *Dahs,* in: MK/StGB, § 356 Fn. 123; *Kuhlen,* in: NK/StGB, § 356 Rn. 27; *Heine/Weißer,* in: Schönke/Schröder, § 356 Rn. 13.

413 *Gillmeister,* in: LK/StGB, § 356 Rn. 43; *Beulke/Ruhmannseder,* Strafbarkeit des Verteidigers, Rn. 232; *Kretschmer,* Parteiverrat, S. 244; *Erb,* Parteiverrat, S. 244.

Mandanten aktiv zum Rechtsmittelverzicht überredet (drängt) oder ihn über die rechtliche Möglichkeit eines solchen erst gar nicht aufklärt.[414] Insoweit bemerkt *Hübner* zutreffend, dass durch Schweigen im rechten Augenblick, durch Untätig bleiben zur rechten Zeit schon mancher manchen guten Dienst erwiesen und erfahren habe.[415]

In den meisten Ausführungen zur Unterlassensstrafbarkeit werden nur Beispiele eines Unterlassens im Außenverhältnis gebracht. Tatsächlich liegt in der fehlenden Beratung, also einem Unterlassen im Innenverhältnis, das eigentliche Problem. So müsste der Verteidiger seinen Mandanten auch darüber aufklären, dass nach einer Verständigung, einem Geständnis und einem Urteil, das genau dem Abgesprochenen entspricht, trotzdem noch Rechtsmittel eingelegt werden können und, durch reformatio in peius geschützt, versucht werden kann, die Strafe weiter zu senken.[416]

### *b) Dienen durch Falschberatung*

Weiter besteht die Möglichkeit, dass der Verteidiger den Mandanten zum Verzicht auf Beweisanträge und zu einem Geständnis drängt.[417] Dies alles kann dem Interesse der Strafverfolgungsorgane an einer zügigen und endgültigen Verfahrensbeendigung dienen.[418] Entscheidend wird darauf abgestellt, ob der Verteidiger durch seine aktive Teilnahme an Verständigungen und seine faktische Bürgschaft für deren Einhaltung[419] auch die Interessen der Staatsanwaltschaft gezielt und nicht nur versehentlich fördert.[420] So ist im Begriff des „Dienens“ eine Finalität des Handelns oder Unterlassens enthalten. Allein eine mangelhafte Mandatsführung ist kein Dienen.[421]

---

414 *Kretschmer,* Parteiverrat, S. 182 und S. 242; *Schünemann,* NJW 1989, 1895 (1900); Vertiefend *Dahs,* in: MK/StGB, § 356 Rn. 38 m.w.N.; *Prinz,* Parteiverrat, S. 35 ff.

415 *Hübner,* in: LK/StGB, § 356 Rn. 39; *Rogall,* in: SK/StGB, § 356 Rn. 26, *„Wer eine erhebliche Tatsache nicht vorträgt, unterstützt dadurch die Gegenpartei ebenso wie derjenige, der aktiv vorträgt, für die Gegenpartei tätig wird.“*

416 Bereits *Schünemann,* NJW 1989, 1895 (1900) bemerkt, dass es eigentlich keinen rationalen Grund gebe, warum sich ein Beschuldigter mit einer risikolos anfechtbaren Verurteilung zufrieden geben sollte.

417 *Kretschmer,* Parteiverrat, S. 246.

418 *Kretschmer,* Parteiverrat, S. 246.

419 *Erb,* Parteiverrat, S. 245 und *Schünemann,* NJW 1989, 1895, 1901 ff.

420 *Kretschmer,* Parteiverrat, S. 246.

421 *Gillmeister,* in: LK/StGB, § 356 Rn. 33 und 43.

Als Beispiele für pflichtwidriges Dienen im Interesse der Staatsanwaltschaft wird der Fall angeführt, dass der Verteidiger dem Mandanten entgegen der Rechtsprechung erklärt, nach einem Deal sei das Urteil nicht mehr mit Rechtsmitteln angreifbar. Gleiches gelte, wenn der Verteidiger erkannt habe, dass für seinen Mandanten Strafverfolgungsverjährung eingetreten sei und er dieses Verfahrenshindernis nicht geltend mache, um die Versäumnisse des Staatsanwalts nicht aufzudecken[422] oder wenn er den uninformierten Mandanten zu einem Geständnis dränge.[423]

Dass die oben ausgeführten Möglichkeiten tatsächlich realistisch sind, geht auch aus der Äußerung *Beulkes* hervor, dass es in der Praxis leider keinen Einzelfall darstelle, wenn Anwälte den Mandanten wider besseren Wissens zu einem nachteiligen Deal überreden, um in der Zukunft der Staatsanwaltschaft oder den Gerichten als willfähriger Partner/Pflichtverteidiger zur Verfügung zu stehen.[424] So erscheint es möglich, dass der Verteidiger das Interesse an einer vertrauensvollen Zusammenarbeit mit Gericht und Staatsanwaltschaft über die Interessen eines möglicherweise nicht sehr zahlungswilligen oder -fähigen Mandanten stellt. Dies gilt besonders für die Fälle der Pflichtverteidigung, in denen der Verteidiger bei Beschuldigten, die selbst keinen Verteidiger vorschlagen, durch das Gericht ausgesucht und bestellt wird.[425] Gerade in diesen Fällen ist das finanzielle Interesse von Verteidigern offensichtlich.[426]

---

422 *Gillmeister*, in: LK/StGB, § 356 Rn. 43.

423 *Heine*, in: Schönke/Schröder, 28. Aufl. § 356 Rn. 18a; a.A. *Matt*, in: M/R StGB, § 356 Rn. 28, der ohne weitere Begründung ausführt, selbst in Fallkonstellationen, in denen ein Verteidiger seinen Mandanten gegenüber der Staatsanwaltschaft *„verrät"*, würde der Tatbestand des Parteiverrats regelmäßig nicht vorliegen, da der Verteidiger nicht zugleich der Staatsanwaltschaft als Rechtsanwalt oder Rechtsbeistand *in dieser Eigenschaft* diene. Dies überzeugt nicht, da der Verteidiger ausschließlich in seiner Funktion als Verteidiger und nicht etwa auch als Privatmann am Strafverfahren beteiligt ist.

424 Diese Aussage verbindet *Beulke* (GA 2008, 346 (349)) mit der Hoffnung, dass sich nun eine Strafbarkeit gemäß § 356 StGB herumspricht.

425 In diese Richtung können wohl auch die Ausführungen von *Lam/Meyer-Mews*, NJW 2012, 177 (178), verstanden werden, wenn sie *Rode* zitieren: *„Für die Wahl deines Verteidigers, nicht für deine Taten, wirst du bestraft werden"*. Dafür spricht auch, wenn sie weiter von Verteidigern berichten, die sich vorwiegend als Urteilsbegleiter und Geständnisvermittler verstehen würden und deren Tätigkeit sich in einer Pro-forma-Verteidigung erschöpfen würde.

426 Auch *Erb*, Parteiverrat, S. 220, erkennt, dass eine wirtschaftliche Motivation Anlass für Doppelvertretungen sein kann.

*Lam/Meyer-Mews* gehen davon aus, dass der durch den erkennenden Richter ausgesuchte Pflichtverteidiger, der so unverhofft an ein Mandat gelangt sei, kaum eine Besetzungsrüge erheben, ein Ablehnungsgesuch anbringen, den Ermittlungsrichter mit Haftbeschwerden auf die Nerven gehen oder dem Gericht Schwierigkeiten machen würde.[427] So kann es der Verteidiger im Hinblick auf zukünftige Pflichtverteidigerbestellungen für eine ungeschriebene Voraussetzung halten, dass er sich in den Augen des Gerichts ordnungsgemäß benimmt und sich bei einem Deal als angenehmer Verhandlungspartner zeigt. Diese Gefahr erscheint vor allem bei kleineren Gerichten realistisch, bei denen sich die Beteiligten oft täglich in unterschiedlichen Fällen begegnen und der Verteidiger sehr auf eine reibungslose Zusammenarbeit angewiesen ist.[428] Hier darf das Innenleben eines Gerichtsbezirks nicht unterschätzt werden. Denn auch das Justizsystem ist ein System, dass sich vielleicht anschaulich mit dem in einem Krankenhaus vergleichen lässt. Es geht um persönliche Beziehungen. Professionelle Strafverteidiger, Staatsanwälte und Richter stehen sich oft viele Jahre in den unterschiedlichsten Verfahren gegenüber. Dabei haben fast alle das gemeinsame Interesse, ihren Berufsalltag nicht „unnötig" kompliziert und anstrengend zu gestalten. Vor diesem Hintergrund erscheint auch das Verhalten der Verteidiger erklärbar – wenn auch nicht billigenswert –, wenn diese den Bedenken eines Angeklagten gegen eine Verständigung *„relativ harsch"* entgegengehalten haben, er habe andernfalls eine zu vollstreckende Freiheitsstrafe zu erwarten.[429]

Die jeweiligen Angeklagten und Beschuldigten dagegen sind meistens nur für einen geringen Zeitraum Teilnehmer in diesem System, so wie Patienten im Krankenhaus. Zwar dreht sich scheinbar alles um den Angeklagten, für andere am Prozess Beteiligte könnte jedoch das persönliche Arbeitsklima in den nächsten Jahren wichtiger sein als der aktuelle Fall. Anders als im Zivilrecht bestehen im Strafrecht in der Regel auch keine lukrativen und langjährigen Geschäftsbeziehungen zu den einzelnen Mandanten. Von Ausnahmen bei Serienstraftätern, Rauschgiftsüchtigen, Intensivtätern und Bereichen des Wirtschaftsstrafrechts abgesehen, lohnt es sich (möglicherweise) mehr auf eine gute Beziehung zur Justiz als zu einzelnen Mandanten zu achten.[430]

---

427 *Lam/Meyer-Mews,* NJW 2012, 177 (180).

428 So wohl auch *Kretschmer,* Parteiverrat, S. 246.

429 BGH NJW 2014, 872 f. mit Anm. *Norouzi.*

430 Vgl. auch *Erb,* Parteiverrat, S. 244: *„Da der Rechtsanwalt auf eine langfristige, gedeihliche Zusammenarbeit mit den Justizorganen angewiesen ist, besteht die Gefahr, dass die Interessen der Mandantschaft hinten angestellt werden, um das Verhältnis zu Richtern und Staatsanwälten nicht zu belasten."*; *Fischer,* Die Zeit vom 27.03.2013, 11,

Dabei darf nicht übersehen werden, dass sich aus § 356 Abs. 2 StGB ergibt, dass im § 356 Abs. 1 StGB noch nicht einmal im Einverständnis mit der Gegenpartei zum Nachteil der eigenen Partei gehandelt werden muss. Auch ist für einen Parteiverrat gemäß § 356 StGB nicht erforderlich, dass die Tätigkeit des Rechtsbeistandes von der Partei, der er zusätzlich dient, verlangt oder gebilligt worden ist.[431] Eine Bevollmächtigung beider Parteien ist dabei nicht erforderlich, der Rechtsanwalt kann auch als Geschäftsführer ohne Auftrag für die Staatsanwaltschaft tätig sein.[432] Die Staatsanwaltschaft muss das Dienen des Verteidigers also nicht veranlasst oder gewollt haben.

Gleichzeitig darf nicht verkannt werden, dass ein solcher Eindruck – eine für die Justiz fruchtbare Zusammenarbeit mit dem Verteidiger – in vielen Fällen bei Gericht und Staatsanwaltschaft bewusst durch den Verteidiger konterkariert wird, um seine Verhandlungspartner zu täuschen. Mangelndes Mandanteninteresse vorzuspiegeln und eigentlich nur im Interesse der Staatsanwaltschaft zu agieren, gehört zu den anerkannten Taktiken auf jedem Basar. So gibt es sicher viele Situationen, in denen der Verteidiger mit einer Verständigung das für seinen Mandanten „Beste" herausholt.[433]

Ein Beispiel für die schwierige Situation des Verteidigers bietet der Fall, der einer Entscheidung des OLG München im Jahr 2013 zugrunde liegt.[434] Hier hat der Verteidiger seinen Mandanten augenscheinlich zutreffend über den Ablauf der informellen Abspracheverhandlungen informiert und angesichts der durch der Vorsitzenden Richter angekündigten „Sanktionsschere", wonach der Angeklagte ohne Geständnis mit einer Vollzugsstrafe von 3 bis $3^1/_2$ Jahren, mit Geständnis mit einer Bewährungsstrafe von nicht mehr als 2 Jahren zu rechnen habe, an einer informellen Verständigung mitgewirkt. Dies wohl auch, weil der Vorsitzende anscheinend nicht mit dem Fall vertraut und für keine Sachargumente empfänglich war.

Im Ergebnis erklärte das OLG München das Urteil des Amtsgerichts – Schöffengericht – für unwirksam, da es: *„an derart schwerwiegenden Mängeln leidet,*

---

zum Deal: *„Diese persönlichen Interessen geraten in einen Konflikt mit dem verfassungsrechtlich garantierten Anspruch auf einen Verteidiger, der ausschließlich seine und nicht heimlich die Interessen der Justiz vertritt.“*

431 *Rogall,* in: SK/StGB, § 356 Rn. 16 m.w.N.

432 RGSt 71, 114 (115); *Rogall,* in: SK/StGB, § 356 Rn. 29 m.w.N.; *Kuhlen,* in: NK/StGB, § 356 Rn. 15 m.w.N.

433 Grundsätzlich *Albrecht,* Kriminologie, S. 234 m.w.N., wonach die Informalisierung des Strafverfahrens den Verteidiger in bestimmten Prozesslagen zur Informalität zwinge (konkret zu Absprachen auf S. 242 f.).

434 OLG München, NJW 2013, 2371 (2374 ff.).

*dass es nicht nur rechtlich fehlerhaft, sondern nichtig und damit unwirksam und unbeachtlich ist … Dieses Urteil beruht auf einer informellen Verständigung zwischen Gericht, Staatsanwaltschaft und Verteidigung, bei der bewusst sämtliche formellen und inhaltlichen Grundregeln einer zulässigen verfahrensbeendenden Verständigung im Strafverfahren nach dem Regelungskonzept des Verständigungsgesetzes vom 29.07.2009 missachtet wurden und die deshalb unzulässig ist … Zur Annahme der Nichtigkeit und damit gänzlichen Unwirksamkeit führt erst der zusätzliche Umstand, dass das Gericht im vorliegenden Fall erkennbar seiner für den Strafprozess grundlegenden Pflicht zur Aufklärung des wahren Sachverhalts und der Schuld des Angeklagten erkennbar bewusst nicht nachgekommen und sich hierzu tatsächlich keine eigene Überzeugung aus dem Inbegriff der Hauptverhandlung nach § 261 StPO, also kein „eigenes Urteil" gebildet hat, sondern lediglich die bereits im Zwischenverfahren getroffene „Verständigung" ohne jegliche Nachkontrolle ihrer inhaltlichen Richtigkeit in ein formales Urteil umgesetzt hat, wobei – wie ausgeführt – nicht einmal sicher ist, dass die beteiligten Schöffen über die tatsächlichen Hintergründe informiert worden sind.*"[435]

### c) Gescheiterte Verständigungen

Aber auch bei dem redlichen, mit allen Mitteln für seinen Mandanten kämpfenden Verteidiger besteht die Gefahr, in den Verdacht des pflichtwidrigen Dienens zu geraten, z.B. bei gescheiterten Verständigungen. In diesen Fällen trägt der Verteidiger oftmals keinerlei Verantwortung für das Scheitern der Verständigung und befindet sich trotzdem gemeinsam mit seinem Mandanten in einer sehr misslichen Situation. Er kann seinen Mandanten auf § 257c Abs. 4 S. 3 StPO hinweisen und diesen damit beruhigen, dass das Gericht sein Geständnis nicht verwerten dürfe. Falls ihm sein Mandant daraufhin entgegnet, dass er nicht glaube, dass das Gericht nicht sein zunächst zugesagtes Geständnis im Hinterkopf habe, bleibt dem Verteidiger nur die Möglichkeit zu antworten, der Gesetzgeber gehe aber nicht davon aus.

Gerade in solchen Situationen erscheint es möglich, dass der Mandant behauptet, dass die gescheiterten Verständigungsverhandlungen nicht in seinem Interesse gewesen seien und er als Unschuldiger nicht habe gestehen wollen. Falls sein Verteidiger einen anderen Eindruck erweckt habe, habe dieser pflichtwidrig gehandelt und einen Parteiverrat begangen.

Ähnliches könnte nach einem „Verständigungsurteil" geschehen, wenn der Mandant mit dem Urteil möglicherweise, auch erst nach Verstreichen der

---

435 OLG München, NJW 2013, 2371 ff.

Revisionsfristen, unzufrieden ist. Dann besteht die Gefahr, dass er den Verteidiger dafür verantwortlich macht und diesem – zu Unrecht – vorwirft, sich nicht genug für ihn eingesetzt zu haben. Gleichzeitig könnte damit der Vorwurf verbunden werden, der Verteidiger habe ihn zu einer Verständigung überredet, obwohl er doch unschuldig sei. Er habe nur aus Angst diesem zugestimmt, weil der Verteidiger ihm sonst eine weit höhere Strafe in Aussicht gestellt hätte. Gerade in Strafsachen ist die Gefahr von Falschbelastungen allgegenwärtig.

### *d) Dienen bei informellen Absprachen*

Dass entsprechende Anschuldigungen durch den Mandanten einen ernsten und berechtigten Hintergrund haben, zeigt eine aktuelle sehr anschauliche Entscheidung des Bundesgerichtshofs.[436] Thema der Veröffentlichung war die Frage der Wirksamkeit einer Rechtsmittelverzichtserklärung auf Druck des Verteidigers nach einer informellen Absprache. Doch beim Lesen der Entscheidung zeigt sich, wie wichtig und gleichzeitig unbekannt der in dieser Entscheidung noch nicht einmal erwähnte § 356 StGB ist. Der Bundesgerichtshof teilt den zu entscheidenden Sachverhalt in seinen für diese Untersuchung wesentlichen Teilen dahingehend mit:

> *„Nach der Urteilsverkündung wurde der Angeklagte vom Vorsitzenden der Strafkammer gemäß § 35a Satz 1 StPO belehrt. Nach dreiminütiger Unterbrechung erklärten der Angeklagte, sein Verteidiger, der Nebenklägervertreter namens und in Vollmacht des Nebenklägers und der Vertreter der Staatsanwaltschaft: ‚Rechtsmittelverzicht'. Eine neue Verteidigerin legte innerhalb der Frist des § 341 Abs. 1 StPO Revision ein. Sie trägt vor, der Rechtsmittelverzicht sei gemäß § 302 Abs. 1 Satz 2 StPO unwirksam. Denn dem Urteil sei eine Verständigung gemäß § 257c StPO vorausgegangen, weshalb auch gemäß § 35a Satz 3 StPO qualifiziert hätte belehrt werden müssen. Dieser Vortrag basiere auf den Angaben des Angeklagten sowie – jeweils mittels einer „eidesstattlichen Versicherung" untermauert – seiner Eltern, seiner Schwester, seines Schwagers und zweier Bekannter der Familie. Danach habe der frühere Verteidiger erklärt, der Angeklagte müsse ein Geständnis im Sinne der Anklage abgeben. Ob das Geständnis stimme oder nicht, sei egal. Nach einem Gespräch der Verfahrensbeteiligten – ohne den Angeklagten – am 19. Oktober 2011 habe der Verteidiger dem Angeklagten erklärt, es habe ein guter „Deal" über ein Strafmaß von zehn Jahren getroffen werden können. Den Eltern und der Schwester habe der Verteidiger bei einem Gespräch in seinen Kanzleiräumen am 25. Oktober 2011 erklärt, es sei sehr schwierig gewesen, bei zwei Mordmerkmalen zehn Jahre auszuhandeln, weil der Staatsanwalt zwölf bis dreizehn Jahre gewollt habe. Das Gespräch, das er am 19. Oktober 2011 mit dem Gericht und dem Staatsanwalt geführt habe, sei zwar nicht schriftlich dokumentiert, der „Deal" gelte aber. Der Angeklagte habe unter dem Druck, nicht eine noch höhere Strafe zu „kassieren", ein falsches Geständnis abgelegt.*

436 BGH, StV 2013, 199 f.

*Während der kurzen Unterbrechung nach der Urteilsverkündung und der Rechtsmittelbelehrung (am 27. Oktober 2011) habe der Verteidiger auf den Angeklagten eingeredet: „Du musst das Urteil jetzt annehmen, das ist so vereinbart, und auf Rechtsmittel verzichten. Tust du das nicht, kriegst Du zwölf Jahre, weil der Staatsanwalt dann auch keine Erklärung abgibt.“ Die Sitzungsniederschrift enthält entgegen § 273 Abs. 1a Satz 1 bzw. Satz 3 StPO weder einen Vermerk über den wesentlichen Ablauf und Inhalt sowie das Ergebnis einer Verständigung noch dazu, dass eine Verständigung nicht stattgefunden hat.“*

Dieser Sachverhalt liefert, unabhängig von der problematischen Wirksamkeit des Rechtsmittelverzichts, zumindest objektiv den Anfangsverdacht eines Parteiverrats gegen den Verteidiger. Dies hat aber anscheinend niemanden veranlasst, ein Verfahren einzuleiten. So dürfte zumindest die Ankündigung, ohne Rechtsmittelverzicht bekomme der Mandant zwölf Jahre, allein im Interesse der Justiz erfolgt sein. Denn eine solche Ankündigung impliziert, die Staatsanwaltschaft würde Rechtsmittel einlegen, das Urteil würde vom Bundesgerichtshof aufgehoben und die neue Hauptverhandlung würde eine Verurteilung zu zwölf Jahren ergeben. Solche hellseherischen Fähigkeiten erscheinen unwahrscheinlich. Es ist der Anschein nicht von der Hand zu weisen, dass der Verteidiger sein der Staatsanwaltschaft und dem Gericht gegebenes Wort innerhalb einer informellen Absprache auf Kosten seines Mandanten einzulösen sich verpflichtet sah.

### 4. Interessengegensatz bei Verständigungen

Das ungeschriebene Tatbestandsmerkmal des Interessengegensatzes liegt bei Verständigungen mithin unproblematisch vor, da der Mandant in der Regel einen Freispruch oder eine niedrige Strafe anstrebt. Gericht und Staatsanwaltschaft haben dagegen ein Interesse an einer schuldangemessenen Strafe. Der subjektive Tatbestand und damit ein vorsätzliches Handeln des Verteidigers ist stets schwer nachweisbar.[437] Zur Frage der Rechtswidrigkeit und Schuld ergeben sich keine Besonderheiten.[438]

## III. Zusammenfassung zum zweiten Abschnitt: § 257c StPO – Auflösung von Formstrenge im Strafprozess als Systemstörung für das materielle Strafrecht (§ 356 StGB)

Bei Verständigungen befindet sich der Verteidiger nach den Darlegungen also in der latenten Gefahr, sich gemäß § 356 StGB strafbar zu machen, so

437 Vertiefend zum Vorsatz *Kuhlen,* in: NK/StGB, § 356 Rn. 56 ff. m.w.N.
438 *Bosch,* JA 2008, 903 (904), die Annahme eines Verbotsirrtums ist bei der Verletzung berufsbezogener Pflichten so gut wie ausgeschlossen.

dass prognostiziert werden kann, dass dieser Tatbestand nicht weiter ein „*Mauerblümchendasein*"[439] fristen wird.[440] Zu befürchten ist freilich, dass der Gesetzgeber im Bemühen um den Schutz prozessualer Verständigungen den störenden Tatbestand des Parteiverrats beseitigt und/oder die höchstgerichtliche Rechtsprechung in Strafsachen – in der Intention um Entlastung des Justizsystems – sich explizit der subjektiven Interessenbestimmung der Parteien verschreibt.

---

439 *Beulke,* GA 2008, 346, bezeichnet so den aktuellen Zustand des § 356 StGB bei nur neun Verurteilungen im Jahr 2004.

440 A.A. *Hübner* in LK/StGB § 356 Rn. 164, der aufgrund der geringen rechtstatsächlichen Relevanz empfiehlt die Sanktionierung anwaltlichen „Parteiverrats" der vollen „Selbstjustiz" des anwaltlichen Standesrechts zu überlassen.

# Dritter Abschnitt: Die Kronzeugenregelung gemäß § 46b StGB und Compliance/ Internal Investigations

Mit Wirkung zum 01.09.2009 wurde mit § 46b StGB ein Strafmilderungsgrund für die Hilfe zur Aufklärung oder Verhinderung von schweren Straftaten, die sogenannte *„Kronzeugenregelung“*, eingeführt.[441] Nach § 46b StGB kann der Täter einer Straftat, die mit einer im Mindestmaß erhöhten Freiheitsstrafe oder mit lebenslanger Freiheitsstrafe bedroht ist die Milderung seiner eigenen Strafe gemäß § 49 Abs. 1 StGB erreichen. Dass ist der Fall, wenn er durch freiwilliges Offenbaren seines Wissens wesentlich dazu beigetragen hat, dass eine Tat nach § 100a Abs. 2 der Strafprozessordnung aufgedeckt werden konnte, oder freiwillig sein Wissen so rechtzeitig einer Dienststelle offenbart, dass eine Tat nach § 100a Abs. 2 der Strafprozessordnung, von deren Planung er weiß, noch verhindert werden kann. Sogar bei lebenslanger Freiheitsstrafe ist eine Milderung auf eine Freiheitsstrafe nicht unter 10 Jahren möglich. War der Täter an der Tat beteiligt, muss sich sein Beitrag zur Aufklärung über den eigenen Tatbeitrag hinaus erstrecken.

Anstelle einer Milderung kann das Gericht von Strafe absehen, wenn die Straftat ausschließlich mit zeitiger Freiheitsstrafe bedroht ist und der Täter keine Freiheitsstrafe von mehr als drei Jahren verwirkt hat. Bei der Entscheidung über eine Milderung hat das Gericht die Art und den Umfang der offenbarten Tatsachen und deren Bedeutung für die Aufklärung oder Verhinderung der Tat, den Zeitpunkt der Offenbarung, das Ausmaß der Unterstützung der Strafverfolgungsbehörden durch den Täter und die Schwere der Tat, auf die sich seine Angaben beziehen, sowie die Schwere der Straftat und Schuld des Täters zu berücksichtigen. Eine zeitliche Einschränkung enthält die Regelung dahingehend, dass eine Milderung sowie das Absehen von Strafe ausgeschlossen sind, wenn der Täter sein Wissen erst offenbart, nachdem die Eröffnung des Hauptverfahrens gegen ihn beschlossen worden ist.

Der ursprüngliche – viel weiter exkulpierende – § 46b StGB wurde bereits zum 01.08.2013 durch ein Begrenzungsgesetz eingeschränkt.[442] Insoweit wurde geregelt, dass nur noch solche Taten dem § 46b StGB unterfallen, die mit der durch den Kronzeugen selbst begangenen Straftat im Zusammenhang stehen. Damit wurde auf die Kritik an der Kronzeugenregelung reagiert, ohne eine empirische Studie

441 BGBl. I 2009, S. 2288.

442 BGBl. I 2013, S. 1497.

hinsichtlich der bisherigen Anwendung durchzuführen und die rechtstatsächliche Wirkung der Norm zu ermitteln.[443]

## I. Hintergrund und Kritik

Zweck der Regelung ist es, ein Instrument zur Verfügung zu stellen, um kooperationswilligen Tatbeteiligten einen Anreiz zur Aufklärungs- und Präventionshilfe zu bieten.[444] So sollte Beweisschwierigkeiten bei der Bekämpfung des Terrorismus und der organisierten Kriminalität, einschließlich der schweren Wirtschaftskriminalität, deren Strukturen durch ein hohes Maß an konspirativen Verhalten geprägt sind, entgegengewirkt werden. Nach der Gesetzesbegründung war ausschlaggebend, dass Ermittler auf die Hinweise von selbst ins kriminelle Milieu verstrickten Personen angewiesen seien, die über wertvolle Informationen zu Strukturen und Hintermännern verfügen.[445]

### 1. Kritik

Die Idee einer Kronzeugenregelung, mit Hilfe von Straftätern schlimmere/andere Straftäter zu überführen (bzw. zu verhindern[446]) und diesen dafür Vergünstigungen zu gewähren, ist alt und wurde seit jeher kontrovers diskutiert.[447] Auch die Vorgängervorschriften (z.B. § 31 BtMG sogenannte *„kleine Kronzeugenregelungen“*) waren umstritten und die aktuelle Regelung ist es noch.[448] Im Rahmen dieser Untersuchung ist es ausreichend, die Hauptkritikpunkte anzusprechen und anschließend die tatsächlichen Auswirkungen der Kronzeugenregelung auf § 356 StGB zu behandeln.

Einwände wurden bereits von *Albrecht* in seiner gutachterlichen Stellungnahme vor dem Deutschen Bundestag vorgebracht. Danach handelt es sich bei der

443 Dies kritisiert auch *Peglau,* NJW 2013, 1910 (1911) m.w.N.

444 *Fischer,* § 46b StGB Rn. 3.

445 BT-Drs 16/6268, 1, 9; *Hentschel-Heinegg,* Beck OK, § 46b StGB Rn 3.

446 Vertiefend zur Präventionshilfe *Schäfer/Sander/van Gemmeren,* Praxis der Strafzumessung, Rn. 1051 f. m.w.N.

447 Weiterführend zur Geschichte der Kronzeugenregelung *Albrecht,* Kriminologie, S. 283 f. m.w.N; *Middendorf,* ZStW 85, 1102 m.w.N.; *Häusler,* Der Kronzeuge, S. 259 ff. m.w.N.; *König,* NJW 2009, 2481 ff. m.w.N.; *Streng,* in K/N/P, § 46 b Rn. 1 ff. m.w.N.; kritisch zu früheren Kronzeugenregelungen *Sander,* Grenzen instrumenteller Vernunft im Strafrecht, S. 154 f. m.w.N.

448 Zur Kritik *Schäfer/Sander/van Gemmeren,* Praxis der Strafzumessung, Rn. 1039 f. m.w.N; *Streng,* in: K/N/P, § 46 b Rn. 4 ff. m.w.N.; *Salditt,* StV 2009, 375 ff.; *König,* StV 2012, 113 ff. m.w.N.

Kronzeugenregelung um ein rechtliches Instrument von Vertragsorientierung, das rechtsstaatsverzehrenden Konsensforderungen entspringe.[449] Diese Konsensanforderungen würden sich in eine Reihe von flexiblen und vermeintlich effizienten, dafür aber wenig gerechten Verfahrensweisen einfügen. Legitimationsgrundlage sei nicht mehr die materielle Wahrheit, sondern der Konsens. Hierzu zählten die Einstellung aus Opportunitätsgründen, das Strafbefehlsverfahren sowie die Absprachen.[450] So würde die Kronzeugenregelung dazu führen, dass insbesondere schwere Straftaten nicht mehr mit schuldangemessenen Strafen geahndet würden und damit das Vertrauen der Bevölkerung in den Rechtsstaat und vor allem von individuellen Opfern, zum Beispiel von Sexual- oder Gewalttaten, beeinträchtigt.[451]

Weiter werden auch Bedenken gegen die mittelbaren Folgen der Kronzeugenregelung geäußert. Der Schwerpunkt des Strafverfahrens würde in das (polizeiliche) Ermittlungsverfahren verlagert, wo die entscheidenden Weichen für Ob und Wie der Strafverfolgung gestellt würden.[452] Besondere Probleme werfe die Kombination von Kronzeugenregelung, Präklusion und Absprache auf. Der Beschuldigte, der eine Aufklärungs- oder Präventionshilfe erwäge, würde meist ein (legitimes) Interesse daran haben, die Anwendung des § 46b StGB in eine Verständigung mit dem Gericht nach Maßgabe des § 257c StPO einzubringen. Das könne ihm aber nur gelingen, wenn die entscheidenden Absprachen vor dem Zeitpunkt des § 204 StPO, möglichst schon im Ermittlungsverfahren, getroffen würden. Zu diesem Zeitpunkt seien aber die erkennenden Richter, soweit es sich um Laienrichter handele, noch nicht bestimmt; Zusagen können daher vom Gericht von Rechts wegen nicht gegeben werden.[453]

So begibt sich der Mandant durch seine Angaben als Kronzeuge zwangsläufig in eine weitgehende Abhängigkeit von den Ermittlungsbehörden. Für ihn werden sich die Angaben nur lohnen, wenn er sich darauf verlassen kann, dass die Staatsanwaltschaft die neu offenbarten Straftaten im Ergebnis gar nicht ahnden und auch den Ausgangssachverhalt geringer gewichten wird. Da hier jedoch zwangsläufig das Gericht noch nicht involviert ist, bleibt eine unbekannte Komponente. Der Verteidiger muss sich also entscheiden, ob er seinen Mandanten

449 *Albrecht,* Sicherheitsgesellschaft, S. 801.

450 *Albrecht,* Sicherheitsgesellschaft, S. 800.

451 *Albrecht,* Sicherheitsgesellschaft, S. 804.

452 *Fischer,* § 46b StGB Rn. 4b und *König,* NJW 2009, 2481 (2483).

453 *Fischer,* § 46b StGB Rn. 35; weiterführend *Fornauf,* Die Marginalisierung der Unabhängigkeit der Dritten Gewalt im System des Strafrechts, S. 291 ff.

im Rahmen des § 46b StGB der Staatsanwaltschaft oder im Zusammenhang mit § 257c StPO dem Gericht „ausliefert".

Diese Situation des Auslieferns an eine Billigkeitsentscheidung von Strafverfolgungsbehörden und Gericht ist sicherlich auch von persönlichem Vertrauen abhängig. So liegt es nahe, dass der Verteidiger ein „Gentlemans Agreement" zur Geschäftsgrundlage zu machen, also die Situation einer informellen Absprache in das Ermittlungsverfahren zu transformieren versucht. Ein entsprechendes Angebot kann selbstverständlich auch von Seiten der Staatsanwaltschaft ausgehen. Damit ist jedoch die Gefahr verbunden, dass sich – neben einem immer möglichen Verteidigerwechsel – die Zuständigkeiten auf Seiten der Justiz ändern. Gründe dafür sind die immer wieder vorkommenden Personalrotationen, Krankheiten, Schwangerschaften, Erziehungszeiten, Abordnungen, Beförderungen, Versetzungen oder der Wechsel von Vorgesetzten mit entsprechenden neuen Hausanweisungen. Genauso ist der Einfluss der Polizeibehörden nicht zu unterschätzen, bei denen neben entsprechenden Veränderungen auch noch Weisungen des Innenministeriums zu berücksichtigen sind, die der Verfolgung eines bestimmten Deliktsfeldes erhöhte Bedeutung zusprechen können. Gerade bei diesen personellen Wechseln zeigt sich einer der großen Nachteile des Vertrauens auf das Informelle im Strafprozess: Es fällt schwer, die alten Absprachen nachzuweisen und gegenüber den neuen Gesprächspartnern mit möglicherweise ganz anderen Vorstellungen durchzusetzen.

## 2. Entwicklung zu weniger Formstrenge

Die Argumente gegen die Einführung einer Kronzeugenregelung sind grundsätzlich richtig, jedoch erscheint die Gefahr für den Rechtsstaat eher in den Verständigungsgesetzen, Opportunitätsentscheidungen und in einer, natürlich auch mit diesen im Zusammenhang stehenden, grundsätzlichen Entwicklung hin zu weniger Formstrenge und mehr konsensualer Erledigungsabsicht zu liegen, und das zumeist aus Gründen der Justizökonomie.

Eine solche Entwicklung kritisiert auch der Generalbundesanwalt in seiner Stellungnahme zur Verfassungsmäßigkeit der Verständigungsgesetze. Die Anerkennung und Ausbreitung quasi-vertraglicher Erledigungsformen habe sich mit bislang ungebrochen expansiver Tendenz vollzogen. Rechtsprechung und Gesetzgebung hätten die normative Kraft des Faktischen nur nachholend bestätigen können, wobei gegenläufige, auf eine Kanalisierung der Verständigungspraxis gerichtete Bestrebungen bislang nicht in der Lage gewesen seien, die Dynamik der Entwicklung aufzuhalten.[454]

454 BVerfGE 133, 168 ff. (Tz. 41).

Der Deutsche Richterbund äußerte sich im selben Zusammenhang dahingehend, dass der schriftliche Inhalt der Akten an Bedeutung gewinne und die Justiz die gebotene Kontrolle über die polizeilichen Ermittlungsergebnisse zu verlieren drohe. Hinzu komme, dass es für alle Verfahrensbeteiligten verführerisch sei, sich die oft notwendige Erfassung, Auswertung und Beurteilung umfangreicher elektronisch gespeicherter Beweismittel durch eine Verständigung zu ersparen unter Inkaufnahme und im Bewusstsein des Umstandes, dadurch nur einen kleinen Teil des Beweisstoffes zur Kenntnis zu nehmen. Nicht zu unterschätzen sei zudem die Gefahr, dass sich Gerichte, Staatsanwaltschaften und Verteidiger dergestalt an Absprachen gewöhnten, dass die Beendigung des Verfahrens auf diese Weise zum Regelfall werde.[455]

Auch die tägliche Praxis zeigt die wesentlich bessere Ausstattung der Polizei im Verhältnis zur Strafjustiz. So gibt es erstaunliche Unterschiede in den Arbeitsbedingungen. Vor allem wird bemängelt, dass die Staatsanwaltschaft oftmals die Verfahrensherrschaft aufgrund eines strukturellen Ungleichgewichts nicht effektiv ausüben könne. So stehe der staatsanwaltschaftliche Berufsanfänger oft vielköpfigen Kommissariaten und deren Diensterfahrung gegenüber. Diese könnten Anzahl, Zeitpunkt und Größe von Ermittlungsverfahren fast beliebig steuern und so nicht nur die Tätigkeit, sondern auch die Ergebnisse staatsanwaltschaftlicher Tätigkeit beeinflussen.[456] Im Ergebnis ist insbesondere die Kritik der Verlagerung der Verfahrensherrschaft zur Polizei berechtigt.[457] Diese Sorgen bereitende Gesamtentwicklung müsste im Zusammenhang mit Verständigungen und Opportunitätsentscheidungen reformerisch angegangen werden.[458]

Gegenüber der Kronzeugenregelung liegt der entscheidende Unterschied zu den Verständigungen und Opportunitätsentscheidungen darin, dass diesen durch größere finanzielle Ressourcen und strukturelle Reformen im Hinblick auf die Justizüberlastung begegnet werden könnte. Das Problem des Kronzeugen ist jedoch anders gelagert.

---

455 BVerfGE 133, 168 ff. (Tz. 41).

456 *Fischer,* Die Zeit vom 27.02.2014, 11.

457 Sehr pointiert *Fischer,* Die Zeit vom 27.03.2013, 11, mit der Feststellung, ein großer Teil der Strafprozesse würde heute praktisch von der Polizei „geführt", bei den überlasteten Staatsanwaltschaften durchgewinkt und von unterbesetzten Gerichten in Schnellverfahren in die Statistik verbracht.

458 Zur Verfassungsmäßigkeit des § 46b StGB *Kasper/Wengenroth,* GA 2010, 453 ff.

Das Problem der schuldangemessenen Strafe bleibt evident und muss im Einzelfall gelöst werden.[459] Hier sind jedoch bislang – soweit ersichtlich – keine unangemessenen Entscheidungen bekannt geworden. Die zu § 46b StGB ergangenen Urteile des Bundesgerichtshofs zeigen aber überraschend deutliche Anwendungsfehler.[460] Dabei ist gleichzeitig erkennbar, dass fast alle Aufhebungsentscheidungen der Obergerichte ergingen, weil die mildernde Wirkung des § 46b StGB nicht ausreichend durch die Tatgerichte geprüft wurde.[461] Urteile mit zu starkem Strafnachlass finden sich kaum.[462]

Weiter wurde wichtigen Kritikpunkten durch die Gesetzesänderung hin zu einer Eingrenzung auf Zusammenhangstaten Rechnung getragen. Insgesamt ist die Kronzeugenregelung eine Konkretisierung eines Strafmilderungsgrundes des Nachtatverhaltens, der schon früher über § 46 StGB zu berücksichtigen war. Andererseits – und das ist bezüglich § 356 StGB festzuhalten – birgt die Einführung des § 46b StGB unabhängig von der grundsätzlichen Kritik ein erhebliches Strafbarkeitsrisiko für Rechtsbeistände.

## II. Strafbarkeitsrisiken bei Aufklärungshilfe

Im Folgenden sollen deshalb die Auswirkungen der Kronzeugenregelung auf eine Strafbarkeit des Verteidigers, Zeugenbeistandes oder Nebenklagevertreters gemäß § 356 StGB untersucht werden. Die Grundidee des § 46b StGB ist es, dass der Beschuldigte beziehungsweise der Angeschuldigte den Strafverfolgungsbehörden bei der Aufklärung von Straftaten hilft. Ist der Beschuldigte anwaltlich vertreten, und dies dürfte in den für den § 46b StGB vorausgesetzten Fällen der

459 BGH, StV 2013, 629 f. zeigt, dass der Bundesgerichtshof sorgfältig auf eine nachvollziehbare Darstellung der entsprechenden Erwägungen der Tatgerichte pocht. Vertrauen in die Gerichte hat auch *Peglau,* NJW 2013, 1910 (1911); kritisch *Fornauf,* Die Marginalisierung der Unabhängigkeit der Dritten Gewalt im System des Strafrechts, S. 237 ff.

460 Vgl. *Maier,* NStZ-RR 2011, 329 ff.

461 BGH, StrafFo 2013, 521; OLG Sachsen-Anhalt, Beschluss v. 04.06.2013 (Az.: 2 Ss 77/13) zitiert nach juris; BGH, StraFo 2013, 296 f.; BGH, NStZ-RR 2013, 203; BGH, NStZ-RR 2012, 201; BGH, StV 2012, 80 f.; BGH, StV 2011, 534; BGH, StV 2011, 534 f.; OLG Hamburg, NStZ-RR 2011, 201 f.; BGH, wistra 2011, 99; BGH, StV 2011, 74; BGHSt 55, 153 ff.

462 BGH, StV 2013, 629 f. mit einer Urteilsaufhebung, da in einer Gesamtabwägung nicht ausreichend auf die konkrete Schwere des Unrechts und das Verschulden des Angeklagten eingegangen wurde.

schweren oder mittelschweren Kriminalität regelmäßig der Fall sein, *dient* der Beschuldigte mit Hilfe seines Verteidigers den Strafverfolgungsbehörden.

Die Strafverteidiger werden – wie es *König* ausdrückt – in ihrer Rolle als Abwehrbollwerk gegen den staatlichen Strafanspruch irritiert und ihm werden staatliche Strafverfolgungsinteressen aufgezwungen. In fast jeder Strafmaßverteidigung stellt sich die Frage, ob es da nicht noch irgendjemand gibt, der sich anschwärzen lässt.[463] Gerade diese Rolle als Vermittler staatlicher Verfolgungsinteressen führt mit seiner Auswirkung auf § 356 StGB zu Strafbarkeitsrisiken für Rechtsbeistände.

Auch bei den – in den letzten Jahren stark zunehmenden – Fällen von privaten Mandatierungen von Rechtsbeiständen im Rahmen von internen Ermittlungen im Bereich wirtschaftlicher Unternehmen (Internal Investigations) lauert – weil strukturidentisch – ein weit unterschätztes Strafbarkeitsrisiko.[464]

## 1. Einzelvertretungen

Für den Verteidiger, der nur einen Mandanten vertritt, bietet die Regelung zunächst mehr Rechtssicherheit und größere Erfolgsmöglichkeiten bei einer Strafmaßverteidigung. Jedoch birgt die Kronzeugenregelung mit den sich daraus ergebenden Möglichkeiten bereits für den Nur-Verteidiger oder Nur-Zeugenbeistand ein schwer überschaubares Strafbarkeitsrisiko.

Besonders gefährlich wird es, wenn der Verteidiger unredlich arbeitet und Informationen an die Staatsanwaltschaft weitergibt, um sich mit dieser gut zu stellen. So können grundsätzlich die bereits im Zusammenhang mit Verständigungen beschriebenen Probleme auftreten. Anders als bei Verständigungen verzichtet der Beschuldigte bei den Kontakten im Zusammenhang mit der Aufklärungshilfe gemäß § 46b StGB jedoch nicht auf Verfahrensrechte. Weiter sind Vereinbarungen nach § 46b StGB sowohl für den Verteidiger als auch für die Ermittlungsbehörden sehr arbeitsintensiv, so dass nicht wie bei Verständigungen die Gefahr darin liegt, durch „einen kurzen Prozess" allen Beteiligten Arbeit zu ersparen.

Problematisch ist weiter, dass der Rechtsbeistand von seinem Mandanten auch zu Unrecht beschuldigt werden könnte, z.B. wenn der Mandant später erklärt, er habe den Verteidiger nie damit beauftragt, die entsprechenden Informationen an die Strafverfolgungsorgane weiterzugeben bzw. überhaupt anzudeuten, dass er solche Informationen habe. Eine solche Behauptung des Mandanten könnte

463 *König*, NJW 2009, 2481 (2483 f.).

464 Grundsätzlich *Kruse*, Compliance und Rechtsstaat, S. 67 ff.

z.B. nach einem Zerwürfnis mit dem Verteidiger und Mandatierung eines neuen Verteidigers erfolgen. Auf diese Weise könnte der Beschuldigte versuchen, eine einmal gegenüber den Strafverfolgungsorganen abgegebene Erklärung zurückzunehmen. Ein solches Verhalten könnte die unterschiedlichsten Ursachen haben und unabhängig vom Handeln des Verteidigers sein. So könnte dem Beschuldigte ein Schweigegeld versprochen oder er bedroht worden sein. Weiter könnte dies auch eine Möglichkeit sein, sich gegen eine hohe Honorarforderung des ersten Verteidigers zu wehren. Auf diese Weise könnte der Mandant den falschen Eindruck erwecken, dass damit der Verteidiger einer anderen Partei, der Staatsanwaltschaft, durch die Informationsweitergabe pflichtwidrig gedient habe.

Die Pflichtwidrigkeit ist jedoch zu verneinen, wenn die Einlassungsankündigung in Absprache mit dem Mandanten erfolgt ist. Denn dann ist das „Dienen" nur eine notwendige Folge des Dienens für den Mandanten, der auf diese Weise eine gesetzlich vorgeschriebene Strafmilderung erreichen kann, dadurch aber ein neues Delikt und neue Strafbarkeitsanknüpfungen offenbart. Für einen Verteidiger, der nur einen Mandanten vertritt, erscheint ein Strafbarkeitsrisiko vielleicht eher beherrschbar, da er auch ähnlich agieren konnte, als es nur die Anknüpfungsmerkmale der Strafzumessung gemäß § 46 StGB gab. Insgesamt ist die Gefahr, sich des Vorwurfs eines Parteiverrats auszusetzen, jedoch erheblich erhöht.

## 2. Doppelvertretungen

Die Auswirkungen auf einen Rechtsbeistand, der mehr als einen Mandanten vertritt, sind gravierender. So ist die Vertretung des Beschuldigten und eines Zeugen oder die Vertretung von zumindest zwei Zeugen eine gefährliche Situation.[465] Entsprechend auch bei der Vertretung nacheinander und in unterschiedlichen Ermittlungsverfahren, wenn es sich rein tatsächlich um dieselbe Rechtssache im Sinne des § 356 StGB handelt. Denn die größte Gefahr im Zusammenhang mit § 46b StGB ist nicht ein Parteiverrat gegenüber der Staatsanwaltschaft, sondern gegenüber den Mandanten, da deren aus § 46b StGB resultierende Interessen an einer Zusammenarbeit mit den Strafverfolgungsbehörden in einen unauflösbaren Konflikt geraten können. Diese Gefahr ist gerade deshalb so hoch, weil auf sie nicht hingewiesen und diesbezüglich nicht gewarnt wurde. Hier scheint es so, als habe der Gesetzgeber die Fernwirkungen seines Gesetzesvorhabens nicht antizipiert.

---

465 Zur grundsätzlichen Möglichkeit mehrere Zeugen zu vertreten LG Heilbronn, NStZ 2004, 100 und *Wessing/Ahlbrecht*, Der Zeugenbeistand, S. 44 f. m.w.N.

Der Verteidiger bewegt sich bei Doppelvertretungen auf einer gefährlichen Ebene und deren mögliche Gefahren sind nahezu unbekannt. So beschreibt z.B. *Malek*[466] mit dem scharfen Blick eines erfahrenen Strafverteidigers die Auswirkungen der Kronzeugenregelung auf die Praxis der Strafverteidigung, dies aber ohne den § 356 StGB auch nur zu erwähnen. Problematisch ist vor allem, dass die Auswirkungen auf die Vertretung als Zeugenbeistand – soweit ersichtlich – noch nicht analysiert wurden, obwohl gerade diese in der Praxis von höchster Relevanz ist.[467] Auf die gleichzeitige Vertretung von zwei Beschuldigten muss nicht weiter eingegangen werden, da diese durch § 146 StPO verboten ist und deswegen in der Praxis nur sehr selten vorkommt bzw. auch sofort unterbunden werden kann.[468]

Hohe Relevanz hat der § 356 StGB jedoch für die Vertretung von zwei Beschuldigten in aufeinanderfolgenden Verfahren. Hier sind die bereits bei gewöhnlichen sukzessiven Doppelvertretungen zu beachtenden Interessenskonflikte durch die aus § 46b StGB resultierenden Interessen um ein vielfaches potenziert.

### *a) Der Zeuge als Partei*

Unproblematisch handelt es sich bei einem Rechtsbeistand um einen tauglichen Täter, der in derselben Rechtssache, einem Strafverfahren, agiert. Dafür spricht, dass der Zeugenbeistand die Beratungen und anwaltlichen Empfehlungen, z.B. zu Auskunfts- und Zeugnisverweigerungsrechten, in anwaltlicher Unabhängigkeit wahrnimmt.[469]

Schwieriger ist die Prüfung der Parteistellung der Mandanten für die Konstellation Verteidiger und Zeugenbeistand sowie Zeugenbeistand und Zeugenbeistand. Da eine Parteistellung des Beschuldigten eindeutig vorliegt, kann sich auf die des Zeugen konzentriert werden.

---

466 *Malek,* StV 2010, 200 ff.

467 Beispielsweise in den täglich anzutreffenden Fällen, in denen Unternehmen einen Anwalt als Zeugenbeistand für alle mit dem möglichen Korruptionsfall in Kontakt geratenen Mitarbeitern beauftragt. Zu beachten ist nunmehr die Arbeit von *Wessing/Ahlbrecht,* Der Zeugenbeistand, 2013.

468 Ein Parteiverrat liegt grundsätzlich auch darin, dass ein Rechtsanwalt die Mandate von zwei Beschuldigten bearbeitet und nach außen einen Kollegen aus der Sozietät auftreten lässt. Ein in der Praxis wohl weit verbreitetes, aber fast nie nachweisbares Vorgehen.

469 *Gillmeister,* in: LK/StGB, § 356 Rn. 25.

Es ist streitig, ob ein Rechtsbeistand neben dem Beschuldigten gleichzeitig noch einen Zeugen vertreten darf.[470] Die Rechtsprechung hat dies im Jahre 2008[471] für den verletzten Zeugen verneint, ebenso für den Alternativtäterzeugen.[472] Ob ein *„gewöhnlicher"* Zeuge Partei ist, ist jedoch umstritten.[473] Bei der Beurteilung eines Zeugen wurde bislang noch nicht ausreichend auf das Problem eingegangen, wie überhaupt festzustellen ist, dass es sich um einen *„Opferzeugen"* oder *„Alternativtäterzeugen"* handelt. Dies wird oft erst nach der Vernehmung des Zeugen für die Strafverfolgungsbehörden erkennbar und der Anwalt des Beschuldigten wird ein Interesse daran haben, schon vor einer offiziellen Vernehmung auf den Zeugen einzuwirken. So vertritt *Kempf* die Ansicht, dass der Verteidiger in Kenntnis, dass dieser die Wahrheit sagen würde, einen Zeugen dazu bringen darf, von einer Aussage abzusehen.[474] Dies wird ihm als Verteidiger und Zeugenbeistand am besten gelingen.

Aber auch unabhängig von einer Beteiligung des Zeugen als *„Opfer"* oder *„Alternativtäter"* ist er Partei im Sinne des § 356 StGB. Denn Zeugen haben eigene schutzwürdige Rechte, die sie zu Parteien machen.[475] Zunächst spricht der Gesetzgeber im § 68b StPO von den Interessen des Zeugen, diese können daher nicht mehr ignoriert werden. So ist zu berücksichtigen, dass Zeugen fast immer unter irgendeinem Druck oder einem Interesse aussagen.[476] Ein Zeuge hat ein Interesse daran, dass das Gericht seiner Schilderung Glauben schenkt und sie in der Beweiswürdigung als vorzugswürdig beurteilt. Für den Zeugen ist dies im Hinblick auf sein Selbstwertgefühl, seine äußere Reputation sowie im Hinblick auf die Strafdrohungen wegen Falschaussage und falscher Anschuldigung,

---

470 *Dahs,* in: FS Puppe, S. 1545 (1552 ff.), zu den verschiedenen Aspekten unter denen ein Zeugenbeistand in die Gefahr geraten kann einen Parteiverrat zu begehen.

471 BGH, NJW 2008, 2723 ff. m.w.N.

472 OLG Zweibrücken, NStZ 1995, 35 f.

473 *Gillmeister,* in: LK/StGB, § 356 Rn. 43 m.w.N.; Für eine Parteistellung des Zeugen *Heine/Weißer,* in: Schönke/Schröder, § 356 Rn. 13, weil dieser den Verfahrensausgang für den Beschuldigten wesentlich beeinflussen könne.

474 *Kempf,* StraFo 2003, 79 (81).

475 Grundlegend zu den Rechten und geschützten Interessen eines Zeugen BVerfG, NJW 1975, 103 ff.

476 *Hassemer,* in: FS Jescheck, S. 829 (834). Vertiefend zu dem interessengeleiteten Zeugen *Wessing/Ahlbrecht,* Der Zeugenbeistand, S. 147 ff.; *Dahs,* in: FS Puppe, S. 1545 (1547), nach dem eigene Sachinteressen des Zeugen am Ausgang des Verfahrens bei praxisnaher Bewertung der speziellen Situation mancher Zeugen nicht zu leugnen seien.

vielleicht auch wegen sonst drohender Schadensersatzforderungen, wichtig.[477] Denkbar ist auch, dass der Zeuge bestochen wurde.

Aus all dem wird deutlich, dass die Rolle des Zeugen vom schlichten Beweismittel zur Prozess-Partei aufgewertet wurde. Ob dem Gesetzgeber in diesem Zusammenhang bewusst war, dass er dadurch auch den Anwendungsbereich des § 356 StGB um ein Vielfaches erweiterte, darf bezweifelt werden.

### *b) Strafmilderung als parteibegründendes Interesse*

Die Ansicht, idealiter solle ein Zeuge selbstverständlich kein Interesse am Ausgang des Straf- und Ermittlungsverfahrens haben, er dürfe sie jedenfalls nicht in das Verfahren einbringen, sei also auch nicht rechtlich geschützt, sondern unterliege gesonderten Pflichten[478], war schon in einer für viele Kriminalitätsbereiche nicht seltenen Konstellation schwach, nämlich wenn der Zeuge selbst in einem anderen Verfahren Beschuldigter ist.

Nach Einführung der Kronzeugenregelung ist diese Ansicht nicht mehr haltbar.[479] Denn eine solche Argumentation übersieht rechtliche und auch rechtlich geschützte Interessen, die den Zeugen zur Partei werden lassen. Der in dieser oder einer anderen Sache beschuldigte Mandant hat ein Interesse daran, von den §§ 46 und 46b StGB Gebrauch zu machen.[480] Die Beachtung der Rechte aus § 46b StGB ist revisionsrechtlich überprüfbar. Es handelt sich also nicht nur um ein tatsächliches Interesse des Zeugen.[481] § 46b StGB verstärkt das rechtliche Interesse des beschuldigten Zeugen am Verfahrensausgang. Das bereits aus § 46

---

477 *Dahs,* NStZ 1991, 561 (562).

478 *Müssig,* NStZ 2009, S. 421 (423 f.), gleichwohl hält *Müssig* den Zeugen auch ohne Blick auf die konkrete Interessenlage für eine Partei i.S.d. § 356 StGB.

479 So erkennt auch *Kretschmer,* Parteiverrat, S. 210, als Vertreter der subjektiven Theorie für die Konstellation der Kronzeugenregelung des § 31 BtMG an: „*Mit den genannten gesetzlich möglichen Vergünstigungen*“ (ist) „*das Interesse im Verhältnis zu den anderen Mitbeschuldigten kein bloß tatsächliches, sondern zwingend ein rechtliches. Mit Geltendmachung der Kronzeugenregelung wird der Interessengegensatz zwischen den Mitbeschuldigten als Parteien ausgetragen*“.

480 Zum zeitlichen Anwendungsbereich des § 46b StGB a.F. vgl. *Peglau,* NJW 2013, 1910 (1913).

481 *Fischer,* § 356 StGB Rn. 4 ist der Ansicht, dass unmittelbar widerstreitende materiell rechtliche Interessen bestehen müssten und allein verschiedene tatsächliche Interessen am Verfahrensausgang nicht ausreichend seien. Aber auch diese Anforderung ist erfüllt, da es sich bei den §§ 46 und 46b StGB um materiell rechtliche Normen handelt.

StGB bestehende Interesse, sich durch Angaben einen eigenen Vorteil bei der Strafzumessung zu verschaffen, wird erweitert und reglementiert.[482]

Die Aufklärungshilfe ist nicht mehr nur das Ergebnis einer freien Entscheidung des Zeugen, sondern auf ein zielgerichtetes staatliches Handeln zurückzuführen. Da nahezu jeder Zeuge und gleichzeitig Beschuldigter im selben oder in einem anderen Verfahren ein Interesse auf Strafmilderung oder dem Absehen von Strafe hat, muss er von seinem Rechtsbeistand auf diese Möglichkeit hingewiesen werden.[483]

Da dieser Strafmilderungsgrund als Voraussetzung eine Mitwirkung an der Überführung des Angeklagten beinhaltet, sind widerstreitende Interessen des Zeugen und des Angeklagten durch das staatliche Angebot auf Strafnachlass grundsätzlich gegeben.[484] Hier gilt für die Fälle, in denen § 46b StGB mangels einer im Mindestmaß erhöhten Strafe nicht greift, entsprechendes für die Schaffung eines Strafmilderungsgrundes gemäß § 46 StGB. Dieser könnte dann sehr realistisch eine Einstellung nach den §§ 153 ff. StPO ermöglichen.

Diese Verteidigungsoption hat auch *Dahs* schon für die frühere Rechtslage erkannt, als die Möglichkeit, einen Strafnachlass durch Aufdeckung anderer Straftaten zu erreichen, nur punktuell möglich war. Insoweit hat er ausgeführt, dass sich ein Tatbeteiligter durch Geständnis, Teilgeständnis oder auf andere Weise in die Rolle des *„faktischen Kronzeugen“* begeben kann, d. h. Tatgenossen kontradiktorisch belasten kann, um für sich selbst einen günstigeren Strafausspruch zu erreichen. Er weist in diesem Zusammenhang auf § 31 BtMG und den § 129a StGB a.F. hin, die damaligen bereits gesetzlichen Kronzeugenregelungen. Mit diesen Regelungen habe der Gesetzgeber der freien Würdigung des Tatrichters im Schuldspruch, insbesondere aber im Strafausspruch, gewisse rechtliche Wertungsmaßstäbe vorgegeben. Diese gesetzlichen Regelungen seien für die Erkenntnis der Parteistellung von Beteiligten im Strafprozess von besonderer Bedeutung. Bezugs- und Zielpunkt jeder Verteidigung sei die strafgerichtliche Entscheidung, die naturgemäß den Charakter einer Rechtsentscheidung habe.[485]

---

482 *Fischer,* § 46 StGB Rn. 65, soweit Aufklärungshilfe unterhalb der Schwelle des § 46b StGB oder § 31 BtMG geleistet wurde, ist dies im Rahmen des § 46 StGB bei der Strafzumessung zu berücksichtigen.

483 *Malek,* StV 2010, 200 (203) andernfalls könne er sich sogar wegen positiver Vertragsverletzung schadensersatzpflichtig machen.

484 *Sahan/Berndt,* BB 2010, 647 (651), mit Ausführungen dazu, warum gerade in Korruptionsverfahren nunmehr beschuldigte Mitarbeiter mit Blick auf § 46b StGB Anreize haben, andere Beschäftigte des Unternehmens zu belasten.

485 *Dahs,* NStZ 1991, 561 (563).

### c) *Beratungsverpflichtung des Rechtsbeistandes*

Durch die Kronzeugenregelung könnte sich die Situation ergeben, dass der Zeuge mit Hilfe seines Zeugenbeistandes den Angeklagten belasten müsste, um sich einen Strafmilderungsgrund zu verschaffen. Hat der beschuldigte Zeuge etwas für den Angeklagten Nachteiliges erfahren, müsste der Rechtsanwalt als Zeugenbeistand diesem empfehlen, sein Wissen zu offenbaren. Er hat sogar den Zeugen dahingehend zu beraten, dass es aus seiner Sicht helfen könnte, sich nach – für andere Personen belastenden – Informationen umzuhören.[486] Damit würde er den Interessen des Angeklagten schaden und müsste beide Mandate niederlegen.

Der Anwalt kann auch dem einen Mandanten dienen, indem er es unterlässt, den anderen richtig zu beraten. Die zunächst naheliegende Lösung, dem Mandanten einen anderen Anwalt als Zeugenbeistand oder als Verteidiger im anderen Ermittlungsverfahren zu empfehlen, ist auf den zweiten Blick keine überzeugende Lösung, da die Verfahren aufgrund der §§ 46, 46b StGB nicht mehr sauber zu trennen sind.

Eine Verteidigung, ohne die Option zu haben, die §§ 46, 46b StGB zu nutzen, erscheint unvollständig und nicht mehr dem herausgearbeiteten Rollenbild des Strafverteidigers zu entsprechen.[487] Es ist essentiell, jede rechtlich erlaubte Handlung zur Verteidigung vornehmen zu können.[488]

Das Interesse, dass einem als Zeugen geglaubt wird, ist auch nicht auf den Prozess bis zur Verurteilung des Zeugen in seinem Verfahren beschränkt, da er auch im Rahmen seiner Strafvollstreckung ein elementares Interesse an der Glaubhaftigkeit seiner Angaben hat. Hat er nämlich eine „Lebensbeichte" abgelegt und stellen sich seine Angaben als zutreffend heraus, wird dies wichtig für seine Beurteilung im Zusammenhang mit Hafterleichterungen, Halbstrafe, Zweidrittelentlassung oder der Gefährlichkeitsprognose bei der Endstrafe sein.

---

486 BGHR, StGB § 46b Abs. 1 Nr. 1 Aufdeckung 1, nach dem die Voraussetzungen des § 46b Abs. 1 Nr. 1 StGB auch bei der Offenbarung von Wissen vorliegen können, das lediglich auf Hinweisen vom Hörensagen beruht. Ähnlich *Sahan/Berndt*, BB 2010, 647 (649).

487 Vgl. S. 28 ff.

488 *Widmaier*, Festgabe aus der Wissenschaft, S. 1043 (1044) setzt voraus, dass der Strafverteidiger alle für den Beschuldigten sprechenden rechtlichen und tatsächlichen Umstände geltend macht und ihre Beachtung durchsetzt. Der Verteidiger sei zur strikten Einseitigkeit zugunsten des Beschuldigten verpflichtet.

## d) *Gefährliche Situationen*

Unterschiedliche Verfahrenssituationen beinhalten ein Strafbarkeitsrisiko für den Rechtsbeistand.

Zunächst könnte der Angeklagte gelogen haben, um einen Freispruch zu erreichen. Dafür hat er Alibizeugen benannt, die durch seinen Verteidiger im Vorfeld über ihre Rechte im Verfahren als Zeugen beraten wurden. Im Laufe der Hauptverhandlung merken der Angeklagte und/oder der Rechtsbeistand jedoch, dass nur durch ein Geständnis eine lange Haftstrafe vermieden werden kann beziehungsweise eine Bewährungsstrafe möglich ist. Soll der Rechtsbeistand nun zu einem Geständnis raten[489], um den Preis, dass die Zeugen der Falschaussage überführt werden? Spiegelbildlich ist auch ein Konflikt zum Nachteil des Angeklagten gegeben, wenn er diesen zur Treue bezüglich der Ersteinlassung anhält, um die Zeugen zu schützen.

Der Rechtsbeistand könnte in die missliche Lage kommen, dass der Angeklagte ihm ein hohes Honorar zahlt und stillschweigend nahe legt, dass er den Zeugen nicht zu sehr in Richtung § 46b StGB beraten soll. Dabei wird es dem Rechtsbeistand leicht fallen, bei seiner Beratung keinen Hinweis auf den, auch unter Juristen – noch – weitgehend unbekannten, § 46b StGB zu geben. Da der Rechtsbeistand jedoch Garant für seine Mandanten ist, würde er sich wegen eines Parteiverrats durch Unterlassen gemäß §§ 356, 13 StGB strafbar machen.[490]

Weitere Gefahr entsteht bei Doppelvertretungen, wenn für beide über den § 46b StGB ein Dritter belastet werden könnte. In diesen Fällen liegt der Interessenwiderstreit neben der konkreten Verteilung der Tatbeiträge auch in der Frage, welchem der Mandanten er raten soll schnell und ohne Absprache mit dem anderen Mandanten auszusagen, um sich die Vergünstigungen exklusiv zu sichern.[491]

---

489 Beziehungsweise ist der Rechtsanwalt sogar dazu verpflichtet.

490 *Fischer*, § 356 StGB Rn. 10; *Gillmeister*, in: LK/StGB, § 356 Rn. 33 m.w.N.; *Kuhlen*, in: NK/StGB, § 356 Rn. 22 m.w.N.

491 BGH, StV 2012, 80 f.: „*Die Vergünstigung des § 46b StGB kommt in der Regel zunächst demjenigen Mittäter zugute, der als erster einen über seinen Tatbeitrag hinausgehenden Aufklärungsbeitrag leistet und damit die Möglichkeit der Strafverfolgung im Hinblick auf begangene Taten nachhaltig verbessert.*" Vgl. auch *Kempf*, StV 1999, 67, unter anderem mit dem Zitat von *Stephan Baier* (in: Kommune 1988, 49): „*Du darfst auf keinen Fall zu lange warten und niemals der letzte sein, der aussagt. Der erste, der auspackt, bringt das Kronzeugen-Karussell in Schwung. Wer darüber hinaus noch etwas zu liefern vermag, kann noch aufspringen; sein Strafrabatt wird aber bereits spürbar kleiner sein. Als letzter bist du kein Kronzeuge mehr, wie sieht das denn auch aus, eine Anklagebank mit lauter Kronzeugen!*".

## III. Vertretung juristischer Personen – Compliance/ Internal Investigations

Als potentiell einer großen Sorgfalt und Transparenz bedürftig einzustufen sind auch die Tätigkeiten im Rahmen von privaten *„internen Ermittlungen"* innerhalb von Wirtschaftsunternehmen.[492] Interne Ermittlung erfahren rein tatsächlich eine große Ausweitung im Zusammenhang mit der rasant um sich greifenden „Compliance-Bewegung".[493] Bei internen Ermittlungen werden – neben weiteren Ermittlungsschritten – Mitarbeiter durch beauftragte Rechtsanwälte zu eventuellem Fehlverhalten oder zu Missständen im Unternehmen befragt.[494] Dabei werden Protokolle geführt und Erkenntnisse in einem Bericht an den Auftraggeber (die Unternehmensleitung) zusammengefasst und gutachterlich bewertet.[495]

Interne Ermittlungen können in den unterschiedlichsten Situationen angestrengt werden. Anlass können Ermittlungen der Staatsanwaltschaft oder auch bislang nur intern bekannte Vorfälle geben, insbesondere Mitteilungen des Compliance-Beauftragten. Im Regelfall werden die internen Ermittlungen durch den Vorstand einer juristischen Person in Auftrag gegeben, um einen Sachverhalt aufzuklären. Ermittlungen durch eine Anwaltskanzlei haben gegenüber den Ermittlungen von Staatsorganen für das Unternehmen unter anderem den Vorteil, weniger Aufsehen zu verursachen und den normalen Geschäftsbetrieb nicht erheblich zu behindern. Weiter kann so auch die Geschwindigkeit der Ermittlungen gesteuert werden.[496] Steht ein Fehlverhalten des Vorstandes selbst im Raum, werden die Ermittlungen gemäß § 112 AktG durch den Aufsichtsrat beauftragt.

---

492 *Kudlich,* in: S/S/W, § 356 StGB Rn. 24; Vertiefend zur Rolle des Zeugenbeistands bei internen Untersuchungen *Wessing/Ahlbrecht,* Der Zeugenbeistand, S. 161 ff.; Die wachsende Bedeutung von internen Ermittlungen betonen *Zimmer,* ZRFC 2011, 259 und *Tully/Kirch-Heim,* NStZ 2012, 657 ff.; Das interne Ermittlungen inzwischen als Bestandteil einer guten Compliance-Organisation bezeichnet werden stellt *Fritz,* CCZ 2011, 155 ff., fest; kritisch zur *„Privatisierung staatsanwaltschaftlicher Ermittlungen"* *Wastl,* ZRP 2011, 57 f.

493 Ausführlich zu Organisation und Motiven der Corporate Compliance *Kruse*, Compliance und Rechtsstaat, S. 43 ff.

494 Vertiefend zu den Interessen von Unternehmen und deren Mitarbeitern bei internen Ermittlungen *Gerst,* CCZ 2012, 1 ff.

495 *Fritz,* CCZ 2011, 155 (156).

496 Auf die Nachteile kann hier nicht eingegangen werden, jedoch werden die von *Wastl,* ZRP 2011, 57 f., geäußerten Bedenken geteilt. Weiterführend zu den mit den internen Ermittlungen einhergehenden Gefahren für den Rechtsstaat *Kruse*, Compliance und Rechtsstaat, 2014.

Dieser ist für die Geltendmachung von Schadensersatzansprüchen gegenüber dem Vorstand zuständig und damit auch für die zunächst erforderliche Aufklärung des Sachverhalts.[497]

Zwar handelt ist sich bei internen Ermittlungen oftmals um Konstellationen außerhalb des Anwendungsbereichs des § 46b StGB, da diese regelmäßig von Organen in Auftrag gegeben werden, die selbst an möglichen Straftaten unbeteiligt waren und daher nicht agieren, um für eine schon begangene Straftat eine Strafmilderung zu verdienen.[498] Doch sind diese internen Ermittlungen grundsätzlich auf eine Aufklärungshilfe von Straftaten gerichtet und somit bereits nach der Begrifflichkeit mit dem Anwendungsbereich des § 46b StGB und dessen amtlicher Überschrift, die *„Hilfe zur Aufklärung oder Verhinderung von schweren Straftaten“* lautet, verbunden. Weiter versuchen Unternehmen oftmals durch Kooperation mit den Ermittlungsbehörden eine mögliche Unternehmensgeldbuße zu vermeiden bzw. zu senken und damit auch eine Art „Strafmilderung“ zu erreichen.[499]

Bei internen Ermittlungen sind Interessenkonflikte von juristischen Personen und von der Untersuchung betroffenen Mitarbeitern strukturell angelegt.[500] So können das Interesse der Vertreter von juristischen Personen und das Interesse der vertretenden juristischen Person sich einerseits entsprechen – gerade in den aus strafrechtlicher Sicht interessanten Fällen, in denen Straftaten zu Lasten der Gesellschaft im Raum stehen –, andererseits jedoch auch diametral entgegenstehen.[501] Das Interesse der juristischen Person liegt regelmäßig darin, das Unternehmensansehen in der Außendarstellung zu schützen und etwaige finanzielle Sanktionen für das Unternehmen so gering wie möglich zu halten.[502]

---

497 *Harfcke*, CCZ 2014, 39 m.w.N.

498 Vgl. LG Mannheim, NStZ 2012, 713 ff., zur Problematik von Beschlagnahmen in Ermittlungsverfahren bei den von den Unternehmen beauftragten Rechtsbeiständen. Weiter mit dem Hinweis, dass juristische Personen niemals Beschuldigte eines Strafverfahrens werden können und allein eine Betroffenenstellung eines Einziehungs-/Verfalls- bzw. Ordnungswidrigkeiten-Verfahrens möglich ist.

499 Vgl. *Kruse*, Compliance und Rechtsstaat, S. 56 m.w.N.

500 Ausführlich *Gerst*, CCZ 2012, 1 ff. m.w.N.; Ein anschauliches Beispiel liefert der einer Entscheidung des LG Hamburg, NJW 2011, 942 ff., zugrunde liegende Sachverhalt. Hier hatte der Aufsichtsrat der HSH Nordbank AG eine Anwaltssozietät mit einer internen Untersuchung (sog. Internal Investigations) zur Frage möglicher Pflichtverletzung durch Mitglieder des Vorstands der HSH Nordbank AG im Rahmen riskanter Geschäfte beauftragt.

501 BVerfG, NStZ-RR 2004, 83 (84).

502 *Gerst*, CCZ 2012, 1 (2) mit Hinweis auf die §§ 130, 30 OWiG; Vgl. *Kruse*, Compliance und Rechtsstaat, S. 57 m.w.N.

Die an den zu überprüfenden Sachverhalten beteiligten natürlichen Personen haben grundsätzlich kein Interesse daran, Vorgänge aufzuklären, bei denen sie sich möglicherweise strafbar gemacht haben.[503] Weiter könnten so zumindest Verstöße gegen Verpflichtungen aus dem Arbeitsvertrag oder mangelhafte Arbeitsleistungen ans Licht kommen.

### 1. Probleme der Einzelvertretung von juristischen Personen

Bereits eine Einzelvertretung juristischer Personen ist unter dem Aspekt von Interessenkollisionen kompliziert. Schwierig ist dies, da der Rechtsbeistand mit natürlichen Personen kommuniziert, die ihm die Interessen der juristischen Person (als dessen Organe) mitteilen, gleichzeitig – wie jeder Mensch – aber eigene Interessen haben. Hier könnten Konstellationen entstehen, in denen diese Interessen nicht ausschließlich parallel verlaufen und gleichzeitig auch noch schwer voneinander abzugrenzen sind.[504]

Dies zeigt sich deutlich an den unterschiedlichen Ansichten zu der Frage, wer einen Rechtsbeistand der juristischen Person gemäß § 53 StPO von seiner Verschwiegenheitspflicht entbinden kann. Es wird vertreten, dies könne allein die juristische Person, allein das Organ der juristischen Person und nach der wohl herrschenden Ansicht nur die juristische Person gemeinsam mit dem Organ.[505] Hintergrund der streitigen Auseinandersetzung sind die unterschiedlichen Auffassungen zum Schutzbereich des § 53 StPO und konkret, ob auch das Organ selbst bzw. die dahinterstehende natürliche Person geschützt werden soll. Ist dies der Fall, drängt sich unweigerlich die Frage auf, ob dem Rechtsbeistand dann nicht auch gleichzeitig die Vertretung unterschiedlicher Interessen anvertraut wurde. Dass zwischen Organ und Gesellschaft unterschiedliche Interessen bestehen, ist vor allem bei einem Verdacht von Fehlverhalten – sei es auch durch Unterlassen – gegenüber den Organen deutlich. Diese könnten dann mit ihrem

---

503 *Gerst*, CCZ 2012, 1 (2).

504 Weiterführend *Krause*, NStZ 2012, 663 (664), mit den Fragen: „*Wer ist eigentlich bei der juristischen Person Beteiligter des Kommunikationsverhältnisses zum Berufsgeheimnisträger, wenn auf Seiten der juristischen Person ausschließlich das Mandatsverhältnis bzw. die Stellung als Organ für maßgeblich erachtet werden, nicht aber die das Organ verkörpernde natürliche Person? Wie soll sich eine juristische Person rückhaltlos offenbaren, wenn nicht durch die sie vertretenden Organe als natürliche Personen? Ist nicht tatsächlich die Sorge der natürlichen Person vor Preisgabe von Informationen das entscheidende Kommunikationshindernis auch dann, wenn die natürliche Person als Vertreter einer juristischen Person handelt?*".

505 *Tully/Kirch-Heim*, NStZ 2012, 657 ff. m.w.N; *Krause*, NStZ 2012, 663 ff. m.w.N.

Privatvermögen Schadenersatzansprüchen der juristischen Person ausgesetzt sein.

Allein dieser Streit und die dabei vertretenen Positionen zeigen, wie lax in der Praxis bei internen Ermittlungen mit der Frage von Interessenkollisionen umgegangen wird. Dabei erfordert die enge Verknüpfung zwischen Organ und juristischer Person, dass schon bei der Einzelvertretung einer juristischen Person höchste Konzentration auf die Vermeidung von Fehlverständnissen gerichtet sein muss. Hier ist der Rechtsbeistand aufgefordert, immer wieder deutlich zu machen, dass er allein im Interesse der juristischen Person mandatiert ist und die Berührungspunkte zum Interessenbereich des Organs nicht über das unvermeidliche Maß hinausgehen dürfen.

So hat er das Organ darauf hinzuweisen, bei Fragestellungen in denen ein Interessenkonflikt zwischen Organ und juristischer Person entstehen kann, tunlichst einen eigenen Rechtsbeistand zu mandatieren. Genauso haben Rechtsbeistände bei internen Untersuchungen streng darauf zu achten, dass im Rahmen ihrer Aufklärungsinterviews nicht ein *„mandatsähnliches Vertrauensverhältnis“* zu den von ihm befragten Mitarbeitern entsteht.[506]

## 2. Doppelvertretung juristischer und natürlicher Personen

Verfehlt erscheint der Versuch, die eben beschriebenen Interessenskonflikte durch eine Mandatierung sowohl durch die juristische Person als auch durch den Vorstand als natürliche Person zu umgehen.[507] Eine solche Doppelmandatierung löst die Interessenkonflikte nicht auf. Bei Doppelmandaten liegt eine Strafbarkeit wegen Parteiverrats sehr nahe.[508]

Vermutlich würden selbst die Vertreter der subjektiven Theorie hier keine wirksame Interessenbestimmung für die juristische Person durch den Vorstand erkennen. Insoweit müsste der Vorstand wirksam für die juristische Person erklären, dass diese keine Interessenkonflikte zu eben diesem Vorstand erkenne bzw. trotzdem in eine Doppelmandatierung einwillige. Eine solche Entscheidung

---

506 Vgl. LG Hamburg, NJW 2011, 942 (944) und die Besprechung von *Fritz*, CCZ, 2011, 155 ff.

507 So rät *Bittmann*, wistra 2012, 173 ff., dazu die rechtlichen Gestaltungsspielräume auszunutzen und ein Vertragsverhältnis sowohl zur juristischen als auch zur natürlichen Person einzugehen. Indem er jedoch betont, der Berufsgeheimnisträger müsse den ihm auferlegten legalen Rahmen einhalten und dürfe nur gleichlaufende Interessen vertreten, scheint seinem Vorschlag in strafrechtlich relevanten Sachverhalten kein Anwendungsbereich eröffnet.

508 *Tully/Kirch-Heim*, NStZ 2012, 657 (663).

könnte – wenn man sie denn im Strafrecht anerkennen wollte – nur der Aufsichtsrat treffen.

### 3. Doppelvertretungen natürlicher Personen

Bei internen Ermittlungen besteht auch eine Strafbarkeitsgefahr durch eine pflichtwidrige Doppelvertretung natürlicher Personen. In die aufzuklärenden Vorgänge sind oftmals eine ganze Reihe von Personen involviert, bei denen zunächst unklar ist, ob es sich später nicht sogar um unterschiedliche Beschuldigte oder Opferzeugen in Strafverfahren handeln wird.[509]

Problematisch ist dies vor allem für den vom Unternehmen bezahlten Zeugenbeistand, bei dessen Mandatierung die Erwartung deutlich wird, dass er für ein *„einheitliches Aussagebild des Zeugenkollektivs“* zu sorgen habe.[510] Im Gegensatz zu diesen Interessen seines (zahlenden) Auftraggebers muss der Rechtsbeistand gerade darauf achten, dass die Beschäftigten größerer Unternehmen (nunmehr auch seine Mandanten) nicht der organisatorischen und finanziellen Überlegenheit ihres Arbeitgebers ausgeliefert werden, der sie allein wenig entgegenzusetzen haben.[511]

Vorzugswürdig ist es in diesen Konstellationen, dass die jeweiligen Zeugenbeistände individuell von den Mitarbeitern mandatiert werden. Diese Rechtsbeistände dürfen selbstverständlich an den bisherigen Ermittlungen nicht beteiligt gewesen sein und vertreten ausschließlich die Interessen des jeweiligen Mandanten. Handelt es sich auch bei diesen Rechtsbeiständen um Rechtsanwälte der mit den internen Ermittlungen betrauten Kanzlei, muss eine organisatorische bzw. räumliche Trennung (sog. *„chinese walls“*) erfolgen.[512]

### 4. Doppelvertretung juristischer Personen

Neben dieser allein schon unter dem Gesichtspunkt einer Doppelvertretung von natürlichen Personen kritischen Situation, potenziert sich die Gefahr möglicher

---

509 In dem der Entscheidung des LG Hamburg, NJW 2011, 942 ff., zugrundeliegenden Sachverhalt wurden beispielsweise Mitarbeiter im Rahmen von internen Ermittlungen befragt und später durch die Staatsanwaltschaft als Beschuldigte verfolgt. Vgl. zu den Tücken bei der Verknüpfung strafrechtlicher und gesellschaftsrechtlicher Mandate *Baier*, wistra 2001, 401 ff. und *Matt*, in: M/R StGB, § 356 Rn. 26 m.w.N.

510 *Dahs*, in: FS Puppe, S. 1545 (1551); *Wessing/Ahlbrecht*, Der Zeugenbeistand, S. 31.

511 Diese Gefahr beschreibt das LG Mannheim, NStZ 2012, 713 (715), im Zusammenhang mit einem Fall in dem interne Untersuchungen durchgeführt wurden.

512 Ausführlich *Gerst*, CCZ 2012, 1 (4).

Interessenskonflikte, wenn die Mandatierung des Rechtsbeistands nicht nur auf die Vertretung einer juristischen Person beschränkt ist.

Besonders praxisrelevant sind dabei die Konstellationen von „Global Investigations", in denen Rechtsbeistände von einem Mutterkonzern mandatiert werden, um vermutete Missstände (Korruptionsabsprachen, Untreue usw.) (auch) bei Tochtergesellschaften aufzuklären.[513] Zwischen diesen selbständigen juristischen Personen können erhebliche Interessenkonflikte bestehen. So gibt der Mutterkonzern in der Regel einen möglicherweise auch sehr kostenintensiven Auftrag mit der Motivation, den eigenen Ruf und Glaubwürdigkeit bewahren zu können[514], unter Umständen auch auf Kosten des Tochterunternehmens. Weiter wird durch interne Untersuchungen versucht, mögliche Einziehungs- bzw. Verfallsentscheidungen oder die Auferlegung einer Verbandsgeldbuße nach § 30 OWiG zu verhindern bzw. abzumildern.[515]

Das Tochterunternehmen hat natürlich nicht immer ein Interesse daran, alles Fehlverhalten offenzulegen. Dies allein schon deshalb, weil die Ermittlungen Sachverhalte aufdecken können, die Schadensansprüche Dritter (oder auch des Mutterkonzerns) gegen das Tochterunternehmen begründen können. Die Führungsorgane des Mutterkonzerns könnten dann gleichzeitig aufgrund gesellschaftsrechtlicher Vorgaben verpflichtet sein, diese Ansprüche gegen das Tochterunternehmen geltend zu machen. Dabei stehen selbstverständlich auch die beruflichen Karrieren der jeweiligen Mitarbeiter der Tochtergesellschaft auf dem Spiel. Hier sind regelmäßig nicht nur die unmittelbar Beteiligten betroffen, sondern gegebenenfalls auch die Führungskräfte und der oder die Compliance Beauftragten.

---

513 Ein aktuelles Beispiel findet sich mit dem Kartellrechtsverfahren, dass der Entscheidung des LG Bonn, NZWiSt 2013, 21 ff., zugrunde liegt.

514 *Hamm*, NJW 2010, 1332: „*Die betroffenen Unternehmen verhalten sich unter dem Eindruck der beschriebenen Strafverfahren so, als gelte es nunmehr, in eilfertig vorauseilendem Gehorsam gegenüber den Strafverfolgungsbehörden ihren Rückstand an Kriminalitätsvorsorge durch eine geradezu aufgedrängte Hilfe bei der Ermittlung der eigentlichen Gesetzesverstöße aufzuholen, um auf diese Weise den Schaden mit Blick auf das Renommee und alle drohenden Nebenfolgen langwieriger und von den Medien lautstark begleiteter Strafverfahren zu begrenzen.*"; *Jahn/Kirsch* bemerken in ihrer Kommentierung der Entscheidung des LG Bonn, NZWiSt 2013, 28 (30), es gebe durch das allgegenwärtige Compliance-Klima einen Druck zu internen Erhebungen; *Zimmer*, ZRFC 2011, 259 (260), sieht die internen Ermittlungen als Demonstration der Kooperationsbereitschaft mit den Ermittlungsbehörden.

515 Vgl. *Jahn/Kirsch*, NZWiSt 2013, 28 (30).

Damit hat der Rechtsbeistand darauf zu achten, dass er – was ohnehin allein rechtlich zulässig sein dürfte – ausschließlich für den Mutterkonzern mandatiert wird und diese einseitige Mandatierung gegenüber der von seinen Ermittlungen betroffenen Tochterunternehmen auch deutlich kommuniziert. Hält sich der Rechtsbeistand an diese – einen Interessenkonflikt vermeidende – Vorgabe, wird es für die Tochterunternehmen nahe liegen, sich ebenfalls eines Rechtsbeistands zu bedienen. Ob so die gewünschten privaten Ermittlungen noch schnell und unkompliziert im Sinne des Mutterunternehmens ablaufen werden, erscheint fraglich. Doch der durch das amerikanische Börsenaufsichtsrecht[516] erweckte Wunsch, private Ermittlungen durchführen und steuern zu können, darf keine Auswirkungen auf das deutsche Strafrecht, speziell auf den Anwendungsbereich des § 356 StGB, haben und kann keine pflichtwidrige Vertretung wiederstreitender Interessen rechtfertigen.

### 5. Loyalitätskonflikte bei Personalwechsel

Problematisch für den Rechtsbeistand sind weiterhin die Konstellationen, in denen die Personen, die aktuell zur Vertretung der juristischen Person berechtigt sind, nicht identisch sind mit denen, die gegenüber dem Rechtsbeistand in der Vergangenheit kommuniziert haben.[517] Wechselt der Vorstand, kann der Rechtsbeistand das Unternehmen – notfalls auch gegen den ehemaligen Vorstand – nur dann vertreten, wenn der Rechtsbeistand darauf geachtet hat, dass kein persönliches Mandatsverhältnis oder mandatsähnliches Verhältnis zum nunmehr ausgeschiedenen Vorstand entstanden ist. Ein mit internen Ermittlungen beauftragter Rechtsbeistand kann regelmäßig kein Verteidigungsmandat im zugrunde liegenden Sachverhalt mehr übernehmen.[518]

## IV. Zusammenfassung zum dritten Abschnitt: Niemand kann zwei Herren dienen

Im Ergebnis schafft der § 46b StGB vor allem für den Rechtsbeistand, der mehr als einen Mandanten hat, Strafbarkeitsrisiken. Die durch § 46b StGB für den Beschuldigten erweiterten Möglichkeiten einer eigenen Strafmilderung bedeutet

---

516 Vgl. *Gerst,* CCZ 2012, 1 f. zum üblichen Vorgehen der SEC (Securities Exchange Commission).

517 Vgl. zu dieser Problematik unter dem Gesichtspunkt der Entbindung von Rechtsbeiständen juristischer Personen von der Verschwiegenheitspflicht gemäß § 53 Abs. 2 Satz 1 StPO *Tully/Kirch-Hein,* NStZ 2012, 657 ff.

518 LG Mannheim, NStZ 2012, 713 (715).

gleichzeitig auch eine Veränderung der Interessenlage. Widerstreitende Interessen können so im Verhältnis zu anderen Verfahrensbeteiligten jederzeit auftreten und sind bei einem bereits in anderer Sache beschuldigten Zeugen grundsätzlich gegeben.

Zwischen zwei beschuldigten Zeugen besteht aufgrund des § 46b StGB immer ein Interessengegensatz, nämlich die eigene Strafe durch Belasten des Mittäters zu senken. Auch zwischen „gewöhnlichen Zeugen“ können unterschiedliche Interessen bestehen.[519] Sie sind Parteien im Sinne des § 356 StPO.[520] Damit ist eine strenge Beschränkung des Verteidigers auf nur einen Mandanten unumgänglich, um den nunmehr gesteigerten Strafbarkeitsrisiko zu begegnen.[521]

Vor allem bei internen Ermittlungen und der Beratung mehrerer juristischer Personen sollte der Rechtsbeistand zunächst die Vereinbarkeit jeder einzelnen Mandatierung mit § 356 StGB gründlich prüfen. Das Strafverfahren wird durch § 46b StGB und die tatsächliche Ausbreitung von weiteren prozessualen Aufklärungshilfen (Compliance/Internal Investigations) strukturell verändert. Es wurde ein Element der Zusammenarbeit von Beschuldigten und Strafverfolgungsbehörden eingeführt. Dadurch wurde sowohl der Schwerpunkt des Strafverfahrens in das Ermittlungsverfahren verlagert als auch die Rolle des Verteidigers verändert. Dieser ist nunmehr auch Kooperationspartner der Strafverfolgungsbehörden und damit neuen Strafbarkeitsrisiken ausgesetzt. Es besteht dadurch die Gefahr, dass er zu Recht oder zu Unrecht dem Vorwurf des Parteiverrats durch seinen enttäuschten Mandanten ausgesetzt ist.

---

519 Zur Erläuterung ein Beispiel: Ein Beschuldigter erlangt betrügerisch Autos und verkauft sie an den Zeugen B, zusätzlich auch an den Zeugen C. Weiter verpfändet er die Autos an D. Alle Zeugen halten sich für die Eigentümer der Autos. Ob sie das Eigentum gutgläubig erwerben konnten, ist umstritten. Alle Zeugen haben ein großes Interesse an der Verurteilung und jeweils unterschiedliche bezüglich der Feststellungen. Je nachdem, ob Betrug oder Unterschlagung vorliegt wird sich dies zivilrechtlich auswirken.

520 *Beulke/Ruhmannseder*, Strafbarkeit des Verteidigers, Rn. 230; *Dahs*, in: FS Puppe, S. 1545 (1556), nach dem Zeugen als objektive Beweismittel im Strafprozess aufgrund der heutigen Gegebenheiten des Rechtslebens Parteien i.S.d. § 356 StGB sein könnten und damit für den „*Mehrfach-Zeugenbeistand*“ ein strafrechtlich „*heißes Eisen*“ sein könnten.

521 Matthäus 6, 24 „*Niemand kann zwei Herren dienen.*“

# Vierter Abschnitt: Gesamtbetrachtung

## I. Die normativen Positionen

Ausgangspunkt der Gesamtbetrachtung sind die in den ersten Abschnitten herausgearbeiteten normativen Positionen des Parteiverrats (§ 356 StGB), der Verständigung (§ 257c StPO), der Kronzeugenregelung (§ 46b StGB) und der Compliance/Internal Investigations in Wirtschaftsunternehmen. Die Vorschrift des Parteiverrats kriminalisiert nach Maßgabe der Ergebnisse dieser Untersuchung aus der Sicht des Verfassers zu Recht die Verwerfungen potentieller Doppelvertretungen in Strafverfahren.

### 1. Parteiverrat

Jeder Rechtsbeistand darf nur einen Mandanten im Strafverfahren vertreten. Die Aufweichungen durch eine subjektive Bestimmung der Interessen im Sinne der subjektiven Theorie sind abzulehnen. Weiter sind Zeugenbeistände und Nebenklagevertreter den Verteidigern bezüglich einer Strafbarkeit gemäß § 356 StGB gleichzustellen.

Die Motivation der – zumeist anwaltlichen – Befürworter der subjektiven Auslegung läuft vermutlich letztlich auf wirtschaftliche Erwägungen hinaus, gerade dies erscheint jedoch kurzsichtig. Sie setzen das Ansehen der Anwaltschaft aufs Spiel und führen die Rechtsbeistände in hohe Strafbarkeitsrisiken.

### 2. Verständigungen

Eine Verständigung ist tendenziell ein Fall eines normativ und strukturell angelegten „Parteiverrats“.[522] Es besteht grundsätzlich die Gefahr, neben dem Angeklagten zusätzlich auch noch der Strafjustiz zu dienen, denn durch eine Verkürzung des Prozesses wird immer den verfahrensökonomischen Interesse des Staates gedient. Daher erscheint eine enge Beschränkung auf nur einen Mandanten unumgänglich, um nicht noch auf weitere Abhängigkeiten Rücksicht nehmen zu müssen.

522 Bereits *Schünemann*, NJW 1989, 1895 (1903), bemerkt, dass ein Verteidiger, der sich auf Absprachen einlasse, das Risiko einzugehen bereit sein müsse, sich dem Vorwurf eines Parteiverrats auszusetzen.

Insoweit zwingt § 356 StGB zur Zurückhaltung bei Verständigungen. Damit hilft die Strafandrohung des Parteiverrats Forderungen des Bundesverfassungsgerichts umzusetzen und diesen Nachdruck zu verleihen.[523] Indem der Verteidiger seinen Mandanten über jeden Schritt informiert und mit diesem abspricht, verhindert er die Besorgnis des Verdachts wegen Parteiverrat. Auch die Öffentlichkeit ist sein Schutz, denn je mehr die Verhandlung über eine Verständigung öffentlich erfolgt, desto einfacher ist der Nachweis für den Verteidiger, dass er im alleinigen Interesse des Mandanten gehandelt hat.

Weiter verlieren informelle Absprachen für Rechtsbeistände (Verteidiger) an Attraktivität, da sie ein höheres Risiko bedeuten, einen Tatverdacht wegen Parteiverrats auszulösen. Ein informelles Vorgehen ist für den Verteidiger riskant. Die Strafvorschrift des Parteiverrats ist geeignet, die Normen der Rechtsbeugung (§ 339 StGB) und der Strafvereitelung im Amt (§ 258a StGB) zu flankieren, die bislang als Begrenzungsmöglichkeiten der informellen Absprachen gesehen werden.[524] So kommt die in dieser Untersuchung empfohlene normative Aufwertung von § 356 StGB auch der Forderung von *Fischer* entgegen, den Missständen im Zusammenhang mit Absprachen mit den Mitteln des Rechts – disziplinarisch und strafrechtlich – mit Nachdruck entgegenzutreten.[525]

Eine konsequente Anwendung des § 356 StGB könnte in Zukunft verhindern, dass Verteidiger im Interesse des „Betriebsklimas" den Staatsanwaltschaften und Gerichten gefällig sind.

## 3. Kronzeugenregelung

Auch die aktuelle Kronzeugenregelung fördert die notwendige Beschränkung der Rechtsbeistände auf einen Mandanten. Dies vor allem in der umstrittenen Frage, ob ein Verteidiger neben einem Beschuldigten auch einen Mitbeschuldigten bzw. einen Zeugen vertreten darf, und ferner in den bislang noch nicht ausreichend untersuchten Fällen, in denen der Rechtsbeistand zwei oder mehr Zeugen vertritt. Die moderne Kriminalpolitik hat die Rolle des Zeugen verändert und ihn vom Beweismittel zu einer Partei aufgewertet, ohne dabei auf die Auswirkungen auf die materielle Strafnorm des Parteiverrats zu achten.

Nunmehr haben Mitbeschuldigte und Zeugen, die sich in anderen Verfahren verantworten müssen, ein rechtliches Interesse am jeweiligen Verfahren als

---

523 BVerfG, NJW 2013, 1558 (1063): *„Transparenzanliegen des Verständigungsgesetzes"*.

524 *Fischer*, in: FS Kühne, S. 203 (212) und ausführlich auch unter Hinweis auf § 356 StGB, *Dießner*, StV 2011, 43 ff.

525 *Fischer*, Die Zeit vom 27.03.2013, 11 und *Fischer*, in: FS Kühne, S. 203 (212).

rechtlich garantierte Grundlage einer eigenen Strafmilderung. Die diesbezüglich widerstreitenden Interessen können nach Einführung des § 46b StGB nicht mehr ignoriert werden. Abgeschwächt gilt dies auch für den Anwendungsbereich des § 46 StGB.

§ 46b StGB stellt eine weitreichende Strukturverschiebung im Strafverfahren und insbesondere auch für die Rolle und Funktion der Verteidiger dar. Indem § 356 StGB eine strenge Rollenkonformität erzwingt, kann die aus § 46b StGB entstehende Unsicherheit eingegrenzt werden.

### 4. Compliance

Die modernen Compliance-Kooperationen fördern Parteiverrat. In Compliance-Verfahren ist das strukturell angelegt. Neben der komplizierten Rolle als privater Aufklärer und gleichzeitig als Verdecker von strafbarem Verhalten im Unternehmen muss der Rechtsbeistand eine Vielzahl von weiteren Interessen berücksichtigen. Insbesondere die Interessen seines Mandanten und mit diesem verbundener weiterer juristischer Personen, die der Mitarbeiter und zuletzt der Strafverfolgungsbehörden. Um hier Interessenkollisionen zu vermeiden, wäre deutliche Zurückhaltung erforderlich. Dann aber würde der Rechtsbeistand dem der Mandatierung zugrunde gelegtem Aufklärungs- bzw. Verdeckungsinteresse kaum mehr genügen können. Effektive interne Ermittlungen durch mandatierte Rechtsanwaltskanzleien drohen damit strukturell mit der Strafnorm des § 356 (Parteiverrat) zu kollidieren.

## II. Strukturverschiebungen im Strafrecht

Abschließend sollen Strukturveränderungen im Strafrecht sowie die Gründe für diese Entwicklung kursorisch angerissen werden. Gesonderte rechtswissenschaftliche und empirische Erhebungen und Analysen wären hierzu dringend erforderlich. Die Einführung von § 257c StPO und § 46b StGB und anderer Struktureingriffe in das Strafverfahren hat – wie nachgewiesen werden konnte – eine Reduzierung von Prinzipien- und Formstrenge im Strafverfahren zur Folge. Es besteht die Gefahr, dass sich Gerichte, Staatsanwaltschaften und Verteidiger an Verfahrensbeendigungen durch Absprachen gewöhnen.[526]

Tendenziell in die gleiche Richtung geht die Ausbreitung der subjektiven Theorie bei der Auslegung des § 356 StGB. Auch diese argumentiert gegen einen

526 BVerfGE 133, 168 ff. (Tz. 45) so die Stellungnahme des Deutschen Richterbundes.

strengen und eindeutigen Ausschluss von Rechtsbeiständen und für eine Interessenbestimmung im Einzelfall anhand des Mandanteninteresses.

Möglicherweise hat diese teilweise parallele Entwicklung insgesamt ökonomische Gründe. So hat die Ökonomie eine die Gesellschaft fesselnde Rolle übernommen.[527] In fast allen Bereichen werden Entscheidungen unter ökonomischen Gesichtspunkten getroffen. Insbesondere bei der aktuellen Kriminalpolitik besteht Anlass zur Vermutung, dass sie durch die Entformalisierung zu Gunsten einer vermuteten Effizienzsteigerung einen Entlastungseffekt erwartet, der den Strafverfolgungsorganen durch die Lockerung gesetzlicher Bindungen größere Handlungsfreiheit und Flexibilität einräumt und durch die Abkehr von zeitintensiver Förmlichkeit aufgrund von Prinzipiengebundenheit Ermittlungen erleichtert, der Fallumsatz gesteigert und auf diese Weise Rechtsprechungsressourcen eingespart werden sollen.[528] Es kann festgestellt werden, dass auch das Justizsystem sich in weiten Teilen ökonomischen Zwängen untergeordnet hat beziehungsweise vom Gesetzgeber dahin geführt wird.[529]

Dabei betrifft diese Unterordnung alle im Strafjustizsystem beteiligten Akteure und verursacht parallele Motivationslagen. Das Strafjustizsystem muss immer mehr Verfahren bewältigen und hat immer weniger Personal zur Verfügung. Parallel dazu wächst die Anwaltschaft ständig, so dass die Konkurrenz unter den Rechtsanwälten steigt[530] und diese auffordert, ökonomisch optimiert zu arbeiten. Gleichzeitig werden die Anforderungen an Rechtsbeistände aufgrund neuer Straftatbestände, zu beachtender Rechtsprechung und neuen Ermittlungsmethoden der Strafverfolgungsbehörden komplexer und damit auch der Anspruch der Mandanten an die anwaltschaftliche Vertretung.[531] Die Flucht vieler Juristen

---

527 *Albrecht,* Sicherheitsgesellschaft, S. 667 f. m.w.N.

528 *Albrecht,* Sicherheitsgesellschaft, S. 663 f.

529 Dazu auch *Meyer,* NJW 2013, 1850 (1852): *„Dem BVerfG gelingt zwar eine klare Abgrenzung gegen das Konsensprinzip, es hat aber kein Rezept für den Umgang mit der schleichenden Ökonomisierung der Strafrechtspflege, welcher Gesetzgeber, Justiz und Justizverwaltung den Boden bereitet haben.“*

530 *Erb,* Parteiverrat, S. 105, mit dem Hinweis, dass es in den sechziger Jahren knapp 19.000 und zu Beginn des Jahres 2004 127.000 Rechtsanwälte gab. Jährlich kämen ca. 5.000 Jungjuristen hinzu. Die Bundesrechtsanwaltskammer, BRAK-Mitteilungen 3/2013, 126 f. teilt mit, dass zum 01.01.2013 160.880 Rechtsanwälte zugelassen waren und verzeichnet auch bei der Fachanwaltschaft für Strafrecht einen starken Zuwachs.

531 *Budras,* FAZ vom 05.06.1013, stellt einen steigenden Wettbewerbsdruck und immer anspruchsvollere Mandanten fest, dabei stützt sie ihre Erkenntnisse auf eine Zukunftsstudie des Deutschen Anwaltsvereins „Rechtsdienstleistungsmarkt 2030“. *Buchhorn,* Spiegel-online vom 22.07.2013, schildert die Lage aufgrund der Studie

in den Anwaltsberuf und die damit verbundenen hohen Zulassungszahlen lassen den Kampf um die Mandate härter werden. Die Besorgnis ist nicht von der Hand zu weisen, dass vermehrt Anwälte bereit sind, sich aufgrund wirtschaftlicher Interessen über Berufspflichten hinwegzusetzen.[532] Die hohen Zulassungszahlen führen im Rahmen der immer härter werdenden Konkurrenzsituation jedenfalls zu einem gegenseitigen Unterbieten mit „*Dumpingpreisen*".[533]

Daher liegen auch finanzielle Interessen der Anwaltschaft als Motivation für eine restriktive Auslegung des § 356 StGB nahe. Dies wird auch von Vertretern der subjektiven Theorie nicht verheimlicht: „*Vor diesem Hintergrund sollte der vorsichtige Verteidiger, der ein Strafbarkeitsrisiko gänzlich vermeiden will, in der Praxis nicht auf die Anwendung der (hier vertretenen) subjektiven Interessenbestimmung in Strafsachen durch die Gerichte vertrauen und im Zweifelsfall ein Mandat besser nicht annehmen oder niederlegen, mag dies unter wirtschaftlichen Gesichtspunkten auch noch so schwer fallen.*"[534] Dass wirtschaftliche Interessen der Anwälte sich grundsätzlich zu Lasten der Mandanten auswirken können, beschreibt *Ignor*, indem er die Unsitte des „*body shopping*" (Aufblähen des Zeitaufwandes durch unnötigen Personalaufwand) und des „*learning by earning*" geißelt.[535] So würden sogar Strafprozesse unnötig hinausgezögert, um zusätzliche Hauptverhandlungstage abrechnen zu können.[536]

Der Vergleich der Motivation von Justiz und Anwaltschaft, jeweils aufgrund von ökonomischen Erwägungen Formstrenge zu umgehen, aber im Ergebnis dem eigenen Ansehen zu schaden, zeigt eine überraschende Übereinstimmung.

---

mit noch drastischeren Worten. So könnten etliche der niedergelassenen Anwälte von ihrer Kunst kaum noch leben und in Zukunft seien fallende Preise und Kanzleiinsolvenzen zu erwarten.

532 *Schulz*, JA 2009, 206. Fehlendes Vertrauen in die Integrität der Anwaltschaft zeigt auch das Urteil BGH, NJW 2008, 1307 (1308), in dem der Bundesgerichtshof einen Hinweis bei Mandatierung für erforderlich hält, wenn die Anwaltssozietät durch den Gegner des neuen Mandanten häufig beauftragt wird. Da es aus Sicht des Mandanten fraglich sein könne, ob seine Interessen mit gleichem Nachdruck vertreten würden, wie gegenüber einem dem Anwalt völlig gleichgültigen Gegner. Ob der Anwalt sich selbst in der Lage sehe, die ihm aus einem Anwaltsvertrag obliegenden Pflichten trotz der Mandatsbeziehung zum Gegner uneingeschränkt zu erfüllen, sei dabei nicht von ausschlaggebender Bedeutung. Diese Entscheidung kritisierend *Hennssler/Deckenbrock*, NJW 2008, 1275 ff.

533 *Schulz*, JA 2009, 206 (209).

534 *Beulke/Ruhmannseder*, Strafbarkeit des Verteidigers, Rn. 240.

535 *Ignor*, NJW 2011, 1537 (1541).

536 *Ignor*, NJW 2011, 1537 (1540).

Letztendlich sind es auch – neben den persönlichen Interessen der Beteiligten an weniger Arbeitsaufwand – finanzielle Aspekte (vor allem für den Landeshaushalt), die sowohl die Justiz und die Anwaltschaft[537] über die negativen Folgen des Deals hinweggehen lassen.[538] Gleichzeitig scheinen es auch finanzielle Überlegungen zu sein, die die Anwaltschaft zu einer subjektiven Auslegung des § 356 StGB verleiten.

Und noch eine Parallele wird erkennbar. Um diese ökonomischen Ziele zu erreichen, wählen beide Institutionen einen ähnlichen Weg. Sie übertragen Verantwortung auf den Beschuldigten bzw. Mandanten. Dieser soll bei Verständigungen über den Gang der Hauptverhandlung disponieren können und auch über seine Interessen im Rahmen des § 356 StGB frei entscheiden. Mit der modern erscheinenden Argumentation, den Menschen und dessen – scheinbaren – Willen zu akzeptieren, übertragen sie diesem eine Entscheidungsgewalt für einen Bereich, den er nicht überblicken kann.

Eine weitere Gemeinsamkeit: In beiden Fällen legt die praktische Umsetzung die Untauglichkeit der jeweiligen Programme offen. Sowohl bei Verständigungen als auch im Zeitpunkt, in dem eine subjektive Interessenbestimmung durch den Mandanten möglich sein soll, z.B. bei dem Erstgespräch zur Mandatsannahme, müssen die Betroffenen aus einer uninformierten Position heraus entscheiden.

Denn bei den praktisch üblichen Verständigungen[539] werden die Beteiligten gezwungen, ein „Urteil" zu fällen, ohne eine Hauptverhandlung durchgeführt zu haben. Zeugen werden nicht gehört, die Überführungsstücke nicht in Augenschein genommen, es ist noch nicht einmal garantiert, dass der Angeklagte

---

537 BVerfGE 133, 168 ff. (Tz. 40 ff.) nach der Einschätzung des Generalbundesanwalts haben Verständigungen positive ökonomische Folgen für die Verteidiger; *Albrecht,* Sicherheitsgesellschaft, S. 675, warnt, dass durch die Absprachemöglichkeiten die ökonomischen Interessen und der Status des Verteidigers aufgrund der mangelnden Transparenz des Verteidigereinsatzes aufgewertet würden. *Albrecht,* Kriminologie, S. 244: *„Das Interesse der Politik an der Flexibilisierung des Strafverfahrens und das Interesse der Strafverteidiger an einer Optimierung ihrer Ökonomie stehen im Rahmen der Sicherheitsgesellschaft in fataler Übereinstimmung."*

538 Nach *Schünemann,* NJW 1989, 1895 (1900), bestehe eine frappierend parallele Interessenlage aller professionell im Strafprozess Beteiligten, weil der Verteidiger nicht anders als der Richter und der Staatsanwalt seinen Erledigungs-Output durch die Absprachepraxis entscheidend zu steigern vermag, was für ihn mit unmittelbaren ökonomischen Verteilen verbunden sei, die dem bürokratischen Nutzen, den die Justiz aus den Absprachen zöge, an Gewicht keinesfalls nachstehe.

539 Vgl. die Studie von *Altenhaim/Dietmeier/May,* Die Praxis der Absprachen in Strafsachen, 2013.

persönlich gesehen oder zumindest dessen Stimme gehört wurde. Dies ist vor allem bei den üblichen Erörterungsterminen bei großen Strafkammern vor Terminierung der Hauptverhandlung der Fall. Hier erscheinen nur die professionell am Strafverfahren Beteiligten, also keine Schöffen. Auf Seiten der Staatsanwaltschaft kommt noch hinzu, dass der jeweilige Sitzungsvertreter regelmäßig nicht der Dezernent ist.[540]

Und auch bei der subjektiven Theorie muss in einem sehr frühen Stadium – bereits bei der Mandatierung – eine Prognose zur Entwicklung des Verfahrens abgegeben werden und aufgrund dieser Einschätzung auch die Erklärung, ob auf Interessen (z.B. § 46b StGB bzw. auf einen entsprechenden Milderungsgrund aus § 46 StGB) verzichtet wird. In diesem frühen Stadium können aber sowohl Rechtsanwalt als auch Mandant noch nicht einschätzen, wie die genauen Interessen der Beteiligten sind beziehungsweise sein werden.

## III. Ausblick

Die kurze Analyse der Strukturverschiebungen bestätigt die getroffenen Feststellungen. Der Mandant braucht einen nur seinen objektiven Interessen verpflichteten Rechtsbeistand. Diese zwingende Notwendigkeit hat sich durch die Einführung der § 257c StPO und § 46b StGB noch verstärkt. Die *„freiverantwortliche"* Entscheidung des Beschuldigten/Mandanten wird sowohl bei Verständigungen als auch von den Vertretern der subjektiven Theorie überbewertet – genauer: sie ist keineswegs frei verantwortlich.

Aufgrund der neuen Gefahr für den Verteidiger, allein aufgrund der Beteiligung an einer Verständigung einen Parteiverrat zu begehen, ist eine strenge und objektive Auslegung des § 356 StGB mit der Beschränkung auf nur einen Mandanten umso wichtiger. Die durch die objektive Theorie klar definierte Rollenerwartung an den Anwalt stabilisiert das Vertrauen der Rechtsunterworfenen in den Anwaltsstand. Dieses Vertrauen kommt dem Rechtsbeistand selbst zugute.

Die subjektive Theorie dagegen ermöglicht es dem Verteidiger, seine streng einseitige Rolle, in der er nur einem Mandanten verpflichtet ist, zu verlassen. Der Rechtsbeistand darf jedoch nicht in einen Konflikt von eigenen ökonomischen Interessen und den Interessen seines Mandanten geraten. Die Auflösung formaler Prozeduren des Strafverfahrens durch Verständigung und Kronzeugenregelung zum Zweck der ressourcensparenden Zielerreichung erfordert gerade eine

540 Gleichzeitig ist die Situation des Staatsanwalts, der auch der ermittelnde Dezernent war, die beste. Nur er hatte die tatsächliche Möglichkeit den Fall so führen, wie er es für erforderlich hielt.

strenge Formalisierung der Parteirollen. Eine Kombination von Verständigungen und subjektiver Auslegung des § 356 StGB muss das Vertrauen in das Rechtssystem empfindlich beschädigen.

Auch bei internen Ermittlungen durch Rechtsanwälte muss Rollenkonstanz gewahrt werden. Es muss klar sein, auf welcher Seite der Rechtsanwalt steht. Andernfalls drohen aufgrund von unaufgelösten Interessenkonflikten und Machtasymmetrien in Unternehmen rechtsstaatswidrige Ergebnisse.

Ohne ausgleichende Formstrenge droht das Strafverfahren aus dem Gleichgewicht zu geraten und bedroht den Rechtsstaat. Es muss wieder in das Bewusstsein der Beteiligten kommen, dass staatliches Strafen nur objektiv, formenstreng, transparent und öffentlich legitimiert erfolgen darf. Um diese Aufgabe zu erfüllen, ist ein verlässliches Rechtssystem erforderlich, in dem die Rollenkonstanz jedes Beteiligten gewahrt ist. Dies garantiert die strafrechtliche Norm des Parteiverrats gemäß § 356 StGB für den Rechtsbeistand bei objektiver Auslegung und ist damit rechtsstaatliches *„Gütesiegel“*[541].

---

541 *Höfle*, ZfS 2002, 413 (415); *Dahs*, Handbuch, Rn. 81 *„Privileg“*.

# Literaturverzeichnis

*Albrecht, Peter-Alexis,* Der Weg in die Sicherheitsgesellschaft – Auf der Suche nach staatskritischen Absolutheitsregeln, Berlin 2010.

*Albrecht, Peter-Alexis,* Kriminologie – Eine Grundlegung zum Strafrecht, 4. Aufl., München 2010.

*Albrecht, Peter-Alexis,* Die Kriminalisierung der Dritten Gewalt – Ein verfehlter Beitrag der Exekutive zur Steigerung der Funktionstüchtigkeit des Kriminaljustizsystems, ZRP 2004, S. 259.

*Albrecht, Peter-Alexis/Balzer, Ulrich/Krehl, Christoph,* Der schwierige Weg der Dritten Gewalt zwischen Freiheit und Sicherheit – Lockerungen und unbefristeter Freiheitsentzug –, S. 1009, erneut abgedruckt in: Der Weg in die Sicherheitsgesellschaft – Auf der Suche nach staatskritischen Absolutheitsregeln, Berlin 2010.

*Altenhain, Karsten/Dietmeier, Frank/May, Markus,* Die Praxis der Absprachen in Strafverfahren, Baden-Baden 2013.

*Appl, Ekkehard,* Über die „Kunst des Urteilschreibens", S. 35, in: Bernsmann, Klaus/Fischer, Thomas, Festschrift für Rissing-van Saan zum 65. Geburtstag am 25. Januar 2011, Berlin 2011.

*Baier, Helmut,* Parteiverrat (§ 356 StGB) bei Verknüpfung strafrechtlicher und gesellschaftsrechtlicher Mandate, wistra 2001, 401.

*Barton, Stephan,* Die Reform der Nebenklage: Opferschutz als Herausforderung für das Strafrecht, JA 2009, 753.

*Barton, Stephan,* Nebenklagevertretung im Strafverfahren – Empirische Fakten und praktische Konsequenzen, StraFo 2011, 161.

*Baumann, Jürgen/Pfohl, Michael,* § 356 StGB, Sicherheit des Mandanten oder Kostentreibung? – BayObLG, NJW 1981, 832.

*Bernsmann, Klaus,* Zur Stellung des Strafverteidigers im deutschen Strafverfahren, StraFo 1999, 226.

*Beulke, Werner,* Besprechung von Kretschmer, Der strafrechtliche Parteiverrat, GA 2008, 346.

*Beulke, Werner/Ruhmannseder, Felix,* Die Strafbarkeit des Verteidigers, 2. Aufl., Heidelberg 2010.

*Beulke, Werner/Ruhmannseder, Felix,* Strafverteidigung und Parteiverrat – Ein Plädoyer für die subjektive Bestimmung des Interessengegensatzes, S. 259, in:

Festschrift zum 25-jährigen Bestehen der Arbeitsgemeinschaft Strafrecht des Deutschen Anwaltvereins, Baden-Baden 2009.

*Bittmann, Folker,* Zur Befreiung eines für eine Juristische Person tätigen Berufsgeheimnisträgers von der Schweigepflicht – Neue Bewegung im „Befreiungsstreit“ durch die Rechtsprechung in Zivilsachen? –, wistra 2012, 173.

*Borgmann, Brigitte,* Die Rechtsprechung des BGH zum Anwaltshaftungsrecht bis April 2010, NJW 2010, 1924.

*Bosch, Nikolaus,* Reichweite des Parteiverrats, JA 2008, 903.

*Buchhorn, Eva,* Anwälte als Zeitarbeiter, Spiegel Online vom 22.07.2013.

*Budras, Corinna,* Vielen Kanzleien droht das Ende, FAZ vom 05.06.2013.

*Campos Nave, Susana,* Rechtsstaatliche Regeltreue: Corporate Compliance als zwingende Antwort des freiheitsliebenden Unternehmens im Wirtschaftsrecht, Diss. Frankfurt am Main 2012.

*Cüppers, Josef,* Parteiverrat (§ 356 StGB), NJW 1947/48, 4.

*Dahs, Hans,* Zeugenbeistand zwischen Strafvereitelung und Parteiverrat, S. 1545, in: Paeffgen, Hans-Ulrich u.a. (Hrsg.), Strafrechtswissenschaft als Analyse und Konstruktion: Festschrift für Ingeborg Puppe zum 70. Geburtstag, Berlin 2011.

*Dahs, Hans,* Handbuch des Strafverteidigers, 7. Aufl., Köln 2005.

*Dahs, Hans,* Angeklagter und „verdächtiger Zeuge“ – Parteien im Strafprozeß (§ 356 StGB), NStZ 1995, 16.

*Dahs, Hans,* Parteiverrat im Strafprozeß, NStZ 1991, 561.

*Deckenbrock, Christian,* Strafrechtlicher Parteiverrat und berufsrechtliches Verbot der Vertretung widerstreitender Interessen, Diss. Bonn 2009.

*Deckenbrock, Christian,* Interessenkonflikte bei Wirtschaftsprüfern und Rechtsanwälten unter dem besonderen Aspekt der beruflichen Verschwiegenheitspflicht, BB 2002, 2453.

*Dießner, Annika,* Der „Deal“ nach „alter Schule“ im Lichte des Verständigungsgesetzes – eine strafrechtliche Risikoanalyse, StV 2011, 43.

*Duden,* Die deutsche Rechtschreibung, 26. Aufl., Berlin, 2013, abrufbar im Internet: http://www.duden.de.

*Erb, Hilmar,* Parteiverrat Rechtsgut und Einwilligung im Tatbestand des § 356 StGB, Diss. München 2005.

*Erb, Hilmar,* Tendenz zur Entkriminalisierung: Parteiverrat und anwaltliche Beratung bei „einverständlichen“ Ehescheidungen, NJW 2003, 730.

*Erhard, Christopher,* Sind aus Sicht der Praxis nach dem Verständigungsurteil des BVerfG Reformen des Strafprozesses erforderlich? – Anmerkungen eines Tatrichters, StV 2013, 655.

*Fischer, Thomas,* Die Deal-Entscheidung – Polemik über die rasselnden Federn der Justiz –, S. 203, in: Esser, Robert u.a. (Hrsg.), Festschrift für Hans-Heiner Kühne, Heidelberg 2014.

*Fischer, Thomas,* Ein Jahr Absprache-Regelung Praktische Erfahrungen und gesetzlicher Ergänzungsbedarf, ZRP 2010, 249.

*Fischer, Thomas,* Strafgesetzbuch mit Nebengesetzen, 61. Aufl., München 2014.

*Fischer, Thomas,* Strafrechtswissenschaft und strafrechtliche Rechtsprechung – Fremde seltsame Welten, S. 61, in: Michalke, Regina (Hrsg.), Festschrift für Rainer Hamm, Berlin 2008.

*Fischer, Thomas,* Der Deal zerstört das Recht, Die Zeit vom 27.03.2013, 11.

*Fischer, Thomas,* Bitte entschuldigen Sie, Herr Edathy, Die Zeit vom 27.02.2014.

*Fornauf, Marc,* Die Marginalisierung der Unabhängigkeit der Dritten Gewalt im System des Strafrechts, Diss. Frankfurt am Main 2010.

*Fritz, Hans-Joachim,* LG Hamburg: Beschlagnahmefähigkeit von im Rahmen von unternehmensinternen Untersuchungen durch beauftragte Rechtsanwälte angefertigten Befragungsprotokollen – faktische Einschränkung der Auskunftspflichten von Mitarbeitern – „nemo tenetur" – Grundsatz im Arbeitsrecht, CCZ 2011, 155.

*Geppert, Otto,* Strafverteidigung und Parteiverrat, NJW 1958, 1959.

*Geppert, Otto,* Der Strafrechtliche Parteiverrat, Darmstadt 1961.

*Gerst, Hans-Joachim,* Unternehmensinteresse und Beschuldigtenrechte bei Internal Investigations – Problemskizze und praktische Lösungswege, CCZ 2012, 1.

*Graf,* Beck'scher Online-Kommentar StPO Stand: 30.09.2013.

*Grunewald, Barbara,* Die Vertretung mehrerer Miterben durch einen Rechtsanwalt bzw. eine Sozietät, ZEV 2006, 386.

*Haefcke, Maren,* Beschlagnahmefähigkeit der Interviewprotokolle einer Internal Investigation, CCZ 2014, 39.

*Hamm, Rainer,* Compliance vor Recht? Anwälte bei der Bewältigung eines „Datenskandals", NJW 2010, 1332.

*Hamm, Rainer,* Die Revision in Strafsachen, 7. Aufl., Berlin/New York 2010.

*Hamm, Rainer,* Wie kann das Strafverfahren jenseits der Verständigung künftig praxisgerechter gestaltet werden – sind Reformen des Strafprozesses erforderlich? – Vorgeschichte und Folgen der BVerfG-Entscheidung zu § 257c StPO, StV 2013, 652.

*Hannich, Rolf,* Karlsruher Kommentar zur Strafprozessordnung mit GVG, EGGVG und EMRK, 7. Aufl., München 2013 (zitiert: *Bearbeiter* in KK/StPO § Rn.).

*Hartmann, Tanja,* Die Problematik des Parteiverrats im Zusammenhang mit überörtlichen Anwaltssozietäten unter besonderer Betrachtung von Strafverfahren, JR 2000, 51.

*Hassemer, Winfried,* Parteiverrat trotz Beibehaltens des Rechtsstandpunktes, JuS 1987, 412.

*Hassemer, Winfried,* Strafverteidigung unter dem Grundgesetz, StV 2010, 394.

*Hassemer, Winfried,* Symbolisches Strafrecht und Rechtsgüterschutz, NStZ 1989, 553.

*Hassemer, Winfried,* Konsens im Strafprozess, S. 171, in: Michalke, Regina (Hrsg.), Festschrift für Rainer Hamm, Berlin 2008.

*Hassemer, Winfried,* Grenzen des Wissens im Strafprozess, Neuvermessung durch die empirischen Wissenschaften vom Menschen?, ZStW 2009, 829.

*Häusler, Bernd,* Der Kronzeuge in der Geschichte der deutschen Strafrechtspflege, in: 30 Jahre Strafverteidigertag, Berlin 2007.

*Hefendehl, Roland (Hrsg.),* Münchener Kommentar zum Strafgesetzbuch, 2. Aufl., München 2014 (zitiert: *Bearbeiter* in MK/StGB § Rn.).

*Heintschel-Heinegg,* Beck'scher Online-Kommentar StGB Stand: 22.07.2013 (zitiert: *Bearbeiter* in BeckOK § Rn.).

*Henssler, Martin,* Das Verbot der Vertretung widerstreitender Interessen, NJW 2001, 1521.

*Henssler, Martin/Deckenbrock, Christian,* Neue anwaltliche Betätigungsverbote bei Interessenkonflikten, NJW 2008, 1275.

*Henssler, Martin/Deckenbrock, Christian,* Renaissance der objektiven Interessenbestimmung beim Verbot der Vertretung widerstreitender Interessen?, NJW 2012, 3265.

*Hettinger, Michael,* Die Absprache im Strafverfahren als rechtsstaatliches Problem, JZ 2011, 292.

*Höfle, Eckhard,* Die Interessenkollision im Verkehrsrecht und Versicherungsrecht, ZfS 2002, 413.

*Holz, Mario,* Parteiverrat in Strafsachen, Diss. Tübingen 1996.

*Ignor, Alexander,* Die Ethikdiskussion in der Anwaltschaft, NJW 2011, 1537.

*Jaeger, Renate,* Rechtsanwälte als Organ der Rechtspflege – Notwendig oder überflüssig? Bürde oder Schutz?, NJW 2004, 1.

*Jahn, Matthias/Müller, Martin,* Das Gesetz zur Regelung der Verständigung im Strafverfahren – Legitimation und Reglementierung der Absprachepraxis, NJW 2009, 2625.

*Jescheck, Hans-Heinrich/Ruß, Wolfgang/Willms, Günther,* Leipziger Kommentar zum StGB, 10. Aufl., Berlin 1988 (zitiert: *Bearbeiter* in 10. Aufl. LK/StGB § Rn.).

*Jescheck, Hans-Heinrich/Ruß, Wolfgang/Willms, Günther,* Leipziger Kommentar zum StGB, 12. Aufl., Berlin 2009 (zitiert: *Bearbeiter* in LK/StGB § Rn.).

*Joecks, Wolfgang,* Studienkommentar StGB, 10. Aufl., München 2012.

*Joecks, Wolfgang/Miebach, Klaus,* Münchner Kommentar zum Strafgesetzbuch, 2. Aufl., München 2014 (zitiert: *Bearbeiter* in MK/StGB § Rn.).

*Kaspar, Johannes/Wengenroth, Lenard,* Die neue „Kronzeugenregelung“ in § 46b StGB: Voraussetzungen, Kritikpunkte und straftheoretische Bedeutung, GA 2010, 453.

*Kempf, Eberhard,* Der geliebt/gehaßte Kronzeuge und sein Verteidiger, StV 2009, 67.

*Kempf, Eberhard,* „Wahr-Nehmungen des Rechts“: Einflussnahme auf Zeugen, StraFo 2003, 79.

*Kilian, Matthias,* Die Globalisierung der Rechtsberatung – Interessenkonflikte und Chinese Walls –, WM 2000, 1366.

*Kindhäuser, Urs,* Strafgesetzbuch Lehr- und Praxiskommentar, 5. Aufl., Baden-Baden 2013 (zitiert: *Kindhäuser,* Strafgesetzbuch § Rn.).

*Kindhäuser, Urs/Neumann, Ulfrid/Paeffgen, Hans-Ullrich,* Nomos-Kommentar Strafgesetzbuch, 4. Aufl., Baden-Baden 2013. (zitiert: *Bearbeiter* in NK/StGB § Rn.).

*Knauer, Christoph,* Die Entscheidung des BVerfG zur strafprozessualen Verständigung (Urteil vom 19.03.2013 – 2 BvR 2628/10 – 2 BvR 2883/10, 2 BvR 2155/11, NStZ 2013, 295) – Paukenschlag oder Papiertiger?, NStZ 2013, 433.

*König, Stefan,* Wieder da: Die „große“ Kronzeugenregelung, NJW 2009, 2481.

*König, Stefan,* Kronzeuge – abschaffen oder regulieren?, StV 2012, 113.

*Krause, Daniel*, Befugnisse zur Entbindung von der Schweigepflicht bei juristischen Personen nach personellen Wechseln in den Organen – „Gegen“ Thesen zum Beitrag von VorsRiLG Tully, NStZ 2012, 663.

*Kretschmer, Joachim*, Der strafrechtliche Parteiverrat (§ 356 StGB), Habil. Baden-Baden 2005.

*Krey, Volker/Windgätter, Oliver*, Vom unhaltbaren Zustand des Strafrechts – Wider die Überlastung, Überforderung und Überdehnung der Strafrechtspflege, S. 233, in: Hellmann, Uwe/Schröder, Christian (Hrsg.), Festschrift für Hans Achenbach, Heidelberg 2011.

*Kruse Björn*, Compliance und Rechtsstaat – Zur Freiheit von Selbstbelastung bei Internal Investigations, Diss. Frankfurt am Main 2014.

*Kudlich, Hans/Christensen, Ralph*, Wortlaut, Wörterbuch und Wikipedia – wo findet man die Wortlautgrenze?, JR 2011, 146.

*Kuhlen, Lothar*, Zum Vertrauensschutz bei belastenden Rechtsprechungsänderungen Anmerkung zum Beschluss des Bundesverfassungsgerichts vom 16.05.2011, HRRS 2012, 114.

*Lackner/Kühl*, StGB Strafgesetzbuch Kommentar, 27. Aufl., München 2011 (zitiert: *Bearbeiter* in Lackner/Kühl § Rn.).

*Lam, Jan/Meyer-Mews, Hans*, Die gestörte Verteidigung – Möglichkeiten und Grenzen des Widerrufs der Pflichtverteidigerbestellung, NJW 2012, 177.

*Löwe/Rosenberg*, Die Strafprozessordnung und das Gerichtsverfassungsgesetz, 26. Aufl., (zitiert *Bearbeiter* in L/R/StPO § Rn.).

*Maier, Stefan*, Aus der Rechtsprechung des BGH zu § 46b StGB, NStZ-RR 2011, 329.

*Malek, Klaus*, Die neue Kronzeugenregelung und ihre Auswirkungen auf die Praxis der Strafverteidigung, StV 2010, 200 ff.

*Matt, Holger/Renzikowski, Joachim*, StGB Strafgesetzbuch, München 2013 (zitiert: *Bearbeiter* in M/R StGB § Rn.).

*Mellinghoff, Rudolf*, Strafgleichheit, S. 503, in: Herzog, Felix/Neumann, Ulfrid (Hrsg.) Festschrift für Winfried Hassemer, Heidelberg 2010.

*Mennicke, Petra*, Überlegungen zum Rechtsgut des § 356 StGB und einer rechtsgutsbezogenen Auslegung des „ungeschriebenen“ Tatbestandsmerkmals des Interessengegensatzes zwischen den Parteien, ZStW 2000, 834.

*Meyer, Frank*, Die faktische Kraft des Normativen – Das BVerfG und die Verständigung im Strafverfahren, NJW 2013, 1850.

*Meyer-Goßner, Lutz/Schmitt, Bertram,* Strafprozessordnung mit GVG und Nebengesetzen, 57. Aufl., München 2014.

*Middendorf, Wolf,* Der Kronzeuge – historisch-kriminologisches Gutachten, ZStW 85 (1973), 1102.

*Mühlbauer, Tilo,* Die anwaltliche Vertretung mehrerer Studienplatzbewerber im Hochschulzulassungsverfahren als Wahrnehmung widerstreitender Interessen, JR 2005, 54.

*Müller, Eckhart/Gussmann, Klaus,* Berufsrisiken des Strafverteidigers, München 2007.

*Müssig, Bernd,* Tatbeteiligte und Verfahrensbeteiligte als „Partei" i.S.d. § 356 StGB? – (Neue?) strafrechtliche Grenzziehungen Anmerkung zu BGH vom 25.06.2008 – 5 StR 109/07 (NStZ 2008, 627 ff.), NStZ 2009, 421.

*Offermann-Burckart, Susanne,* Interessenlage und Interessenwiderstreit in erbrechtlichen Mandanten, ZEV 2007, 151.

*Offermann-Burckart, Susanne,* Interessenkollision, NJW 2010, 2489.

*Peglau, Jens,* Neues zur „Kronzeugenregelung" – Beschränkung auf Zusammenhangstaten, NJW 2013, 1910.

*Prinz, Gerald,* Der Bundesgerichtshof ändert seine Rechtsprechung zum Partei- und Rechtssachbegriff des § 356 StGB im Hinblick auf mehrere Beteiligte einer Straftat, S. 489, in: Hiebl, Stefan/Kassebahm, Nils/Lilie, Hans (Hrsg.) Festschrift für Volkmar Mehle, Baden-Baden 2009.

*Prinz, Gerald,* Der Parteiverrat des Strafverteidigers, Diss. Neuwied/Kriftel 1999.

*Pues, Anni,* Gruppenvertretung der Nebenklage im Strafprozess? Eine rechtsvergleichende Studie zum prozessualen Umgang mit einer besonderen Verfahrenssituation, StV 2014, 304.

*Rode, Walther,* Knöpfe und Vögel, 1931 (Neuaufl. 2000) Hürth bei Köln, Wien.

*Roxin, Claus/Schünemann, Bernd,* Strafverfahrensrecht, 27. Aufl., München 2012.

*Rudolphi, Hans-Joachim/Horn, Eckard/Samson, Erich,* Systematischer Kommentar zum Strafgesetzbuch, 128 Lfg. (September 2011), Köln (zitiert: *Bearbeiter* in SK/StGB § Rn.).

*Rüthers, Bernd,* Die Unsicherheit des Rechts, S. 77, in: Eyrich, Heinz/Odersky, Walter/Säcker, Franz Jürgen, Festschrift für Kurt Rebmann, München 1989.

*Saenger, Ingo,* Zivilprozessordnung, Handkommentar, 5. Aufl., Baden-Baden 2013.

*Sahan, Oliver,* Anwälte einer Sozietät als Vertreter widerstreitender Interessen, AnwBl 10/2008, 698.

*Sahan, Oliver/Berndt, Thomas*, Neue Kronzeugenregelung – aktive Beendigung von Korruptionssystemen durch effiziente Compliance-Strukturen alternativlos, BB 2010, 647.

*Salditt, Franz,* Allgemeine Honorierung besonderer Aufklärungshilfe – Anmerkung zum Entwurf einer dritten Säule des Strafzumessungsrechts (§ 46b E.StGB) – StV 2009, 375.

*Sander, Lisa Kathrin,* Grenzen instrumenteller Vernunft im Strafrecht. Eine Kritik der Präventionsdoktrin aus strafrechtsgeschichtlicher und empirischer Perspektive, Diss. Frankfurt am Main 2007.

*Satzger, Helmut/Schluckebier, Wilhelm/Widmaier, Gunter*, Strafgesetzbuch Kommentar, 2. Aufl., Köln 2014. (zitiert: *Bearbeiter* in S/S/W/StGB § Rn.).

*Schäfer, Gerhard/Sander, Günther M./van Gemmeren, Gerhard,* Praxis der Strafzumessung 5. Aufl., München 2012.

*Schlosser, Peter*, Anwaltsrechtliches Verbot der Vertretung widerstreitender Interessen, NJW 2002, 1376.

*Schönke, Adolf/Schröder, Horst,* Strafgesetzbuch, 28. Aufl., München 2010 (zitiert: *Bearbeiter* in Schönke/Schröder 28. Aufl. § Rn.).

*Schönke, Adolf/Schröder, Horst,* Strafgesetzbuch, 29. Aufl., München 2014 (zitiert: *Bearbeiter* in Schönke/Schröder § Rn.).

*Schramm, Wibke*, Das Verbot der Vertretung widerstreitender Interessen, Diss. Köln 2004.

*Schulz, Uwe*, Berufsrechtliche Pflichtverletzungen des Rechtsanwalts – Materiellrechtliche und verfahrensrechtliche Grundlagen, JA 2009, 206.

*Schünemann, Bernd*, Die Verständigung im Strafprozeß – Wunderwaffe oder Bankrotterklärung der Verteidigung?, NJW 1989, 1895.

*Sinner, Stefan,* Der Vertragsgedanke im Strafprozeßrecht, Diss. Frankfurt am Main 1999.

*Theile, Hans,* Wahrheit, Konsens und § 257c StPO, NStZ 2012, 666.

*Thomas, Heinz/Putzo, Hans,* Zivilprozessordnung, 34. Aufl., München 2013.

*Tully, Marc/Kirch-Heim, Claudio,* Zur Entbindung von Rechtsbeiständen juristischer Personen von der Verschwiegenheitspflicht gemäß § 53 Abs. 2 Satz 1 StPO, NStZ 2012, 657.

*Wastl, Ulrich,* Zwischenruf Privatisierung staatsanwaltschaftlicher Ermittlungen, ZRP 2011, 57.

*Wegerich, Daniel/Scheibenpflug, Philipp*, Trunkenheit im Verkehr durch Führen eines motorisierten Krankenfahrstuhls, NZV 2012, 414.

*Welzel, Hans*, Der Parteiverrat und die Irrtumsprobleme (Tatbestands-, Verbots- und Subsumtionsirrtum), JZ 1954, 276.

*Wessing, Jürgen/Ahlbrecht, Heiko*, Der Zeugenbeistand, München 2013.

*Widmaier, Gunter*, Strafverteidigung im strafrechtlichen Risiko, S. 1043, in: Canaris, Claus-Wilhelm u.a. (Hrsg.), Festgabe aus der Wissenschaft – Band IV. Strafrecht, Strafprozessrecht, München 2000.

*Zimmer, Mark*, Rolle der Mitarbeiter bei unternehmensinternen Ermittlungen – Arbeitsrechtliche Fragen bei der Aufklärung von Compliance-Verstößen, ZRFC 2011, 259.

## FRANKFURTER KRIMINALWISSENSCHAFTLICHE STUDIEN

Band 1 Peter Böning: Die Lehre vom Unrechtsbewußtsein in der Rechtsphilosophie Hegels 100 S., 1978.

Band 2 Wolfgang Schneider: Kriminelle Straßenverkehrsgefährdung (§ 315c Abs. 1 Ziff. 2, Abs. 3 StGB). Eine kriminologische und strafrechtliche Untersuchung zur Problematik dieser Verkehrsstraftaten unter Berücksichtigung ausländischer Rechte. 342 S., 1978.

Band 3 Lothar Kuhlen: Die Objektivität von Rechtsnormen. Zur Kritik des radikalen labeling approach in der Kriminalsoziologie. 178 S., 1978.

Band 4 Günther Grewe: Straßenverkehrsdelinquenz und Marginalität. Untersuchungen zur institutionellen Regelung von Verhalten. 148 S., 1978.

Band 5 Dieter Haberstroh: Strafverfahren und Resozialisierung. Eine Studie über Verstehen und Nicht-Verstehen, über Verstanden-Werden und Nicht-Verstanden-Werden und deren Bedingungen in der Hauptverhandlung. 202 S., 1979.

Band 6 Thomas Vogt: Die Forderungen der psychoanalytischen Schulrichtungen für die Interpretation der Merkmale der Schuldunfähigkeit und der verminderten Schuldfähigkeit (§§ 51 a.F., 20, 21 StGB). 182 S., 1979.

Band 7 Andreas Michael: Der Grundsatz in dubio pro reo im Strafverfahrensrecht. Zugleich ein Beitrag über das Verhältnis von materiellem Recht und Prozeßrecht. 214 S., 1981.

Band 8 Ilias G. Anagnostopoulos: Haftgründe der Tatschwere und der Wiederholungsgefahr (§§ 112 Abs. 3, 112 a StPO). Kriminalpolitische und rechtssystematische Aspekte der Ausweitung des Haftrechts. 1984.

Band 9 Helga Müller: Der Begriff der Generalprävention im 19. Jahrhundert. Von P.J.A. Feuerbach bis Franz v. Liszt. 1984.

Band 10 Frowin Jörg Kurth: Das Mitverschulden des Opfers beim Betrug. 1984.

Band 11 Martin J. Worms: Die Bekenntnisbeschimpfung im Sinne des § 166 Abs. 1 StGB und die Lehre vom Rechtsgut. 1984.

Band 12 Jong-Dae Bae: Der Grundsatz der Verhältnismäßigkeit im Maßregelrecht des StGB. 1985.

Band 13 Helmut Fünfsinn: Der Aufbau des fahrlässigen Verletzungsdelikts durch Unterlassen im Strafrecht. 1985.

Band 14 Christoph Krehl: Die Ermittlung der Tatsachengrundlage zur Bemessung der Tagessatzhöhe bei der Geldstrafe. 1985.

Band 15 Walter-Hermann Kiehl: Strafrechtliche Toleranz wechselseitiger Ehrverletzungen - Zur ratio legis der §§ 199, 233 Strafgesetzbuch -. 1986.

Band 16 Matthias Krahl: Die Rechtsprechung des Bundesverfassungsgerichts und des Bundesgerichtshof zum Bestimmtheitsgrundsatz im Strafrecht (Art. 103 Abs. 2 GG). 1986.

Band 17 Patrick Carroll Campbell: § 220a StGB. Der richtige Weg zur Verhütung und Bestrafung von Genozid? 1986.

Band 18 Winfried Hassemer (Hrsg.): Strafrechtspolitik. Bedingungen der Strafrechtsreform. 1987.

Band 19 Felix Herzog: Prävention des Unrechts oder Manifestation des Rechts. Bausteine zur Überwindung des heteronom-präventiven Denkens in der Strafrechtstheorie der Moderne. 1987.

Band 20 Astrid Michalke-Detmering: Die Mindestanforderungen an die rechtliche Begründung des erstinstanzlichen Strafurteils. Zur Auslegung des § 267 StPO. 1987.

Band 21 Lothar Kuhlen: Die Unterscheidung von vorsatzausschließendem und nichtvorsatzausschließendem Irrtum. 1987.

Band 22 Michael Buttel: Kritik der Figur des Aufklärungsgehilfen im Betäubungsmittelstrafrecht (§ 31 BtMG). 1988.

Band 23 Matthias Kögler: Die zeitliche Unbestimmtheit freiheitsentziehender Sanktionen des Strafrechts. Eine vergleichende Untersuchung zur Rechtslage und Strafvollstreckungspraxis in der Bundesrepublik Deutschland und den USA. 1988.

Band 24 Klaus Lüderssen / Cornelius Nestler-Tremel / E wa Weigend(Hrsg.): Modernes Strafrecht und ultima-ratio-Prinzip. 1990.

Band 25 Jürgen Taschke: Die behördliche Zurückhaltung von Beweismitteln im Strafprozeß. 1989.

Band 26 Daniela Westphalen: Karl Binding (1841-1920). Materialien zur Biographie eines Strafrechtsgelehrten. 1989.

Band 27 Sigrid Jans: Die Aushöhlung des Klageerzwingungsverfahrens. 1990.

Band 28 Dimitris Spirakos: Folter als Problem des Strafrechts. Kriminologische, kriminalsoziologische und (straf-)rechtsdogmatische Aspekte unter besonderer Berücksichtigung der Folterschutzkonvention und der Pönalisierung der Folter in Griechenland. 1990.

Band 29 Stephan Moll: Strafrechtliche Aspekte der Behandlung Opiatabhängiger mit Methadon und Codein. 1990.

Band 30 Stefan Werner: Wirtschaftsordnung und Wirtschaftsstrafrecht im Nationalsozialismus. 1991.

Band 31 Xanthi Bassakou: Beiträge zur Analyse und Reform des Absehens von Strafe nach § 60 StGB. 1991.

Band 32 Rainer Runte: Die Veränderung von Rechtfertigungsgründen durch Rechtsprechung und Lehre. Moderne Strafrechtsdogmatik zwischen Rechtsstaatsprinzip und Kriminalpolitik. 1991.

Band 33 Olaf Hohmann: Das Rechtsgut der Umweltdelikte. Grenzen des strafrechtlichen Umweltschutzes. 1991.

Band 34 Klaus Jochen Müller: Das Strafbefehlsverfahren (§§ 407 ff. StPO). Eine dogmatisch-kriminalpolitische Studie zu dieser Form des schriftlichen Verfahrens unter besonderer Berücksichtigung der geschichtlichen Entwicklung – zugleich ein Beitrag zum StVÄG 1987. 1993.

Band 35 Sang-Don Yi: Wortlautgrenze, Intersubjektivität und Kontexteinbettung. Das strafrechtliche Analogieverbot. 1991.

Band 36 Birgit Malsack: Die Stellung der Verteidigung im reformierten Strafprozeß. Eine rechtshistorische Studie anhand der Schriften von C. J. A. Mittermaier. 1992.

Band 37 Rüdiger Schäfer: Die Privilegierung des "freiwillig-positiven" Verhaltens des Delinquenten nach formell vollendeter Straftat. Zugleich ein Beitrag zum Grundgedanken des Rücktritts vom Versuch und zu den Straftheorien. 1992.

Band 38 Cornelius Nestler-Tremel: AIDS und Strafzumessung. 1992.

Band 39 Christine Gutmann: Freiwilligkeit und (Sozio-)Therapie – notwendige Verknüpfung oder Widerspruch? 1993.

Band 40 Walter Kargl: Der strafrechtliche Vorsatz auf der Basis der kognitiven Handlungstheorie. 1993.

Band 41 Jürgen Rath: Zur strafrechtlichen Behandlung der aberratio ictus und des error in objecto des Täters. 1993.

Band 42 Martin Fischer: Wille und Wirksamkeit. Eine Untersuchung zum Problem des *dolus alternativus*. 1993.

Band 43 Regina Harzer: Der Naturzustand als Denkfigur moderner praktischer Vernunft. Zugleich ein Beitrag zur Staats- und Rechtsphilosophie von Hobbes und Kant. 1994.

Band 44 Helmut Pollähne: Lockerungen im Maßregelvollzug. Eine Untersuchung am Beispiel der Anwendung des nordrhein-westfälischen Maßregelvollzugsgesetzes im Westfälischen Zentrum für Forensische Psychiatrie (Lippstadt). 1994.

Band 45 Hans-Joachim Leonhardt: Rechtsmittelermessen der Staatsanwaltschaft. Eine Gegenüberstellung von § 296 StPO mit Nummern 147 und 148 Richtlinien für das Strafverfahren und das Bußgeldverfahren (RiStBV). 1994.

Band 46 Rolf Grünebaum: Zur Strafbarkeit des Therapeuten im Maßregelvollzug bei fehlgeschlagenen Lockerungen. 1996.

Band 47 Barbara Bialas: Promille-Grenzen, Vorsatz und Fahrlässigkeit. 1996.

Band 48 Christine Pott: Die Außerkraftsetzung der Legalität durch das Opportunitätsdenken in den Vorschriften der §§ 154, 154a StPO. Zugleich ein Beitrag zu einer kritischen Strafverfahrensrechtstheorie. 1996.

Band 49 Wolfgang Köberer: *Iudex non calculat*. Über die Unmöglichkeit, Strafzumessung sozialwissenschaftlich-mathematisch zu rationalisieren. 1996.

Band 50 Institut für Kriminalwissenschaften Frankfurt a.M. (Hrsg.): Vom unmöglichen Zustand des Strafrechts. 1995.

Band 51 Petra Kamberger: Treu und Glauben (§ 242 BGB) als Garantenstellung im Strafrecht? 1996.

Band 52 Anastassios Triantafyllou: Das Delikt der gefährlichen Körperverletzung (§ 223a StGB) als Gefährdungsdelikt. (Zugleich ein Beitrag zur Dogmatik der Gefährdungsdelikte). 1996.

Band 53 Norbert Kissel: Aufrufe zum Ungehorsam und § 111 StGB. Grundrechtlicher Einfluß bei der Feststellung strafbaren Unrechts. 1996.

Band 54 Susanne Ehret: Franz von Liszt und das Gesetzlichkeitsprinzip. Zugleich ein Beitrag wider die Gleichsetzung von Magna-charta-Formel und Nullum-crimen-Grundsatz. 1996.

Band 55 Stefan Braum: Geschichte der Revision im Strafverfahren von 1877 bis zur Gegenwart. Zugleich eine Kritik der Kontinuität politischer Macht im Recht. 1996.

Band 56 Katja Diel: Das Regreßverbot als allgemeine Tatbestandsgrenze im Strafrecht. 1997.

Band 57 Christoph Koller: Die Staatsanwaltschaft – Organ der Judikative oder Exekutivbehörde? Die Stellung der Anklagebehörde und die Gewaltenteilung des Grundgesetzes. 1997.

Band 58 Frank Schößler: Anerkennung und Beleidigung. Rechtsgut und Strafzweck des § 185 StGB. 1997.

Band 59 Regina Engelstädter: Der Begriff des Unfallbeteiligten in § 142 Abs. 4 StGB. Zugleich eine Kritik an aktuellen Zurechnungslehren. 1997.

Band 60 Jörg Reinhardt: Der Ausschluß und die Ablehnung des befangen erscheinenden Staatsanwaltes. 1997.

Band 61 Jens Christian Müller-Tuckfeld: Integrationsprävention. Studien zu einer Theorie der gesellschaftlichen Funktion des Strafrechts. 1998.

Band 62 Peter Maria Rohe: Verdeckte Informationsgewinnung mit technischen Hilfsmitteln zur Bekämpfung der Organisierten Kriminalität. Zugleich eine rechtsvergleichende Analyse der polizeilichen Abhörbefugnisse in den U.S.A. 1998.

Band 63 Dirk Fabricius: Was ein Lehrbuch lehrt ... Eine exemplarische Untersuchung von Jakobs *Strafrecht – Allgemeiner Teil*. 1998.

Band 64 Stefan Sinner: Der Vertragsgedanke im Strafprozeßrecht. 1999.

Band 65 Sebastian Schattenfroh: Die Staatsphilosophie Giovanni Gentiles und die Versuche ihrer Verwirklichung im faschistischen Italien. 1999.

Band 66 Athanassia Dionyssopoulou: Der Tatbestand der Geldwäsche. Eine Analyse der dogmatischen Grundlagen des § 261 StGB. 1999.

Band 67 Klaus von Lampe: *Organized Crime*. Begriff und Theorie organisierter Kriminalität in den USA. 1999.

Band 68 Christian Hanssen: "Trennung der Märkte". Rechtsdogmatische und rechtspolitische Probleme einer Liberalisierung des Drogenstrafrechts. 1999.

Band 69 Institut für Kriminalwissenschaften und Rechtsphilosophie Frankfurt a.M. (Hrsg.): Irrwege der Strafgesetzgebung. 1999.

Band 70 Konstantinos Chatzikostas: Die Disponibilität des Rechtsgutes Leben in ihrer Bedeutung für die Probleme von Suizid und Euthanasie. 2000.

Band 71 Bettina Wirmer-Donos: Die Strafrechtstheorie Karl Christian Friedrich Krauses als theoretische Grundlage des spanischen Korrektionalismus. 2001.

Band 72 Christine Löw: Die Erkundigungspflicht beim Verbotsirrtum nach § 17 StGB. 2001.

Band 73 Florian Ufer: Der Verwertungswiderspruch in Theorie und Praxis. Prozessuale Obliegenheiten des Verteidigers und ihre Bedeutung für die Rechtsposition des Beschuldigten. 2002.

Band 74 Katja Melzer: Psychisch kranke Straftäterinnen. Frauen im Maßregelvollzug. 2001.

Band 75 Gregor Kuntze-Kaufhold: Lebenswelt und Unparteilichkeit. Kriterien für eine Rechtsanwendungslehre am Beispiel der Analyse von fünf Hauptverhandlungen in Strafverfahren. 2002.

Band 76 Iris Kristina Passek: Die erstinstanzliche Zuständigkeit der Oberlandesgerichte in Staatsschutzstrafsachen. Historische Entwicklung und aktuelle Probleme. 2002.

Band 77 Michael Krebs: Die Weisungsgebundenheit des Staatsanwalts unter besonderer Berücksichtigung des rechtstatsächlichen Aspekts. 2002.

Band 78 Kerstin Degenhardt: Europol und Strafprozeß. Die Europäisierung des Ermittlungsverfahrens. 2003.

Band 79 Domenico Siciliano: Das Leben des fliehenden Diebes: Ein strafrechtliches Politikum. 2., überarbeitete und ergänzte Auflage. 2013.

Band 80 Marc Colussi: Produzentenkriminalität und strafrechtliche Verantwortung. 2003.

Band 81 Thilo Lars Hild: Grenzen einer strafrechtlichen Regulierung des Kapitalmarktes. Eine kriminalrechtliche Untersuchung von Börsengängen und Aktienhandel in Deutschland und den USA. 2004.

Band 82 Philipp Rau: Schweigen als Indiz der Schuld. Ein Vergleich des deutschen und englischen Rechts zur Würdigung des Schweigens des Beschuldigten. 2004.

Band 83 Alexandra Pfeiffer: Die Regelung der Lebendorganspende im Transplantationsgesetz. 2004.

Band 84 Elena Fischer: Recht auf Sterben?! Ein Beitrag zur Reformdiskussion der Sterbehilfe in Deutschland unter besonderer Berücksichtigung der Frage nach der Übertragbarkeit des Holländischen Modells der Sterbehilfe in das deutsche Recht. 2004.

Band 85 Jörg Ziethen: Grundlagen probabilistischer Zurechnung im Strafrecht. 2004.

Band 86 Stefanie Schork: Ausgesprochen schuldig. Dogmatische und metadogmatische Untersuchungen zum Schuldspruch. 2005.

Band 87 Claudia Schubert: Verbotene Worte? Versuch einer Neubestimmung im Umgang mit rassistischen Äußerungen jenseits des Strafrechts. 2005.

Band 88 Ulfrid Neumann / C ornelius Prittwitz (Hrsg.): Kritik und Rechtfertigung des Strafrechts. 2005.

Band 89 Denis Basak: Die Zuständigkeitsregeln internationaler Strafgerichte und Art. 101 GG. Zum Verhältnis der deutschen Strafgerichtsbarkeit zu den Internationalen Tribunalen für Jugoslawien und Ruanda sowie zum Ständigen Internationalen Strafgerichtshof. 2005.

Band 90 Hsiao-Wen Wang: Der universale Strafanspruch des nationalen Staates. Eine Untersuchung über das Weltrechtsprinzip im Internationalen Strafrecht. 2005.

Band 91 Leonie Frenz: Faktizität des Rechts in der forensischen Psychiatrie. Eine Untersuchung im LKH Moringen. 2005.

Band 92 Eva-Maria Unger: Schutzlos ausgeliefert? Der Europäische Haftbefehl. Ein Beispiel für die Missachtung europäischer Bürgerrechte. 2005.

Band 93 Marcus Bastelberger: Die Legitimität des Strafrechts und der *moralische Staat*. Utilitaristische und retributivistische Strafrechtsbegründung und die rechtliche Verfassung der Freiheit. 2006.

Band 94 Marc Reiß: Rechtliche Aspekte der Präimplantationsdiagnostik. Unter besonderer Berücksichtigung der Rechte der von einem Verbot betroffenen Paare. 2006.

Band 95 Alexander Kolz: Einwilligung und Richtervorbehalt. 2006.

Band 96 Vasco Reuss: Eine Kritik der juristischen Vernunft. Rezeptionsversuche der Negativen Dialektik Adornos für die Dogmatik des Strafrechts. 2007.

Band 97 Lutz Eidam: Die strafprozessuale Selbstbelastungsfreiheit am Beginn des 21. Jahrhunderts. 2007.

Band 98 Christiane Rüdiger: Schutzinteresse und Deliktsstruktur der „Bestechungsdelikte“ (§§ 331 ff. StGB). 2007.

Band 99 Urte Eisenhardt: Das nemo tenetur-Prinzip: Grenze körperlicher Untersuchungen beim Beschuldigten. Am Beispiel des § 81a StPO. 2007.

Band 100 Institut für Kriminalwissenschaften und Rechtsphilosophie Frankfurt a. M. (Hrsg.): Jenseits des rechtsstaatlichen Strafrechts. 2007.

Band 101 Nils Möckelmann: Die rechtliche, psychiatrische und gesellschaftliche Beurteilung jugendlicher Straftäter in der jüngeren deutschen Geschichte. Eine Analyse anhand zweier Strafverfahren mit Gutachten des Psychiaters Ernst Rüdin aus den Jahren 1915/1917 unter Berücksichtigung der Entwicklungen bis zur Gegenwart. 2007.

Band 102 Alexa Albrecht: Zur Erosion der Menschenrechte im demokratischen Rechtsstaat. Reaktionen der Systeme und der Zivilgesellschaft. 2007.

Band 103 Dirk Lange: Die politisch motivierte Tötung. 2007.

Band 104 Ulfrid Neumann / C ornelius Prittwitz (Hrsg.): „Personale Rechtsgutslehre“ und „Opferorientierung im Strafrecht“. 2007.

Band 105 Lisa Kathrin Sander: Grenzen instrumenteller Vernunft im Strafrecht. Eine Kritik der Präventionsdoktrin aus strafrechtsgeschichtlicher und empirischer Perspektive. 2007.

Band 106 Stephan Werner: Zur Notwendigkeit der Verteidigeranwesenheit während der polizeilichen Beschuldigtenvernehmung. 2008.

Band 107 Inti Schubert: Europol und der virtuelle Verdacht. Die Suspendierung des Rechts auf informationelle Selbstbestimmung. 2008.

Band 108 Bong-Jin Ko: Menschenwürde und Biostrafrecht bei der embryonalen Stammzellenforschung. 2008.

Band 109 Wanja Andreas Welke: Die Repersonalisierung des Rechtskonflikts. Zum gegenwärtigen Verhältnis von Straf- und Zivilrecht. 2008.

Band 110 Jan Helmrich: Die Berufung gewerblicher Sicherheitskräfte auf Notwehr und Nothilfe. Zugleich ein Beitrag zu den Grundlagen des Notwehr- und Nothilferechts. 2008.

Band 111 Alexander Köstler-Loewe: Strafrecht US-Style: „Three Strikes and You're Out!" Baseball, Rückfall und Kriminalpolitik? 2008.

Band 112 Christina Bott: Die Medienprivilegien im Strafprozess. Zeugnisverweigerungsrecht und Beschlagnahmeverbot zum Schutz der Medien im Strafverfahren. 2009.

Band 113 Mario Riechmann: Organisierte Kriminalität und Terrorismus. Zur Funktionalisierung von Bedrohungsszenarien beim Abbau eines rechtsstaatlichen Strafrechts. 2009.

Band 114 Dirk Simon: Präzeptoraler Sicherheitsstaat und Risikovorsorge. 2009.

Band 115 Stefan Kirsch: Der Begehungszusammenhang der Verbrechen gegen die Menschlichkeit. 2009.

Band 116 Heng-da Hsu: Zurechnungsgrundlage und Strafbarkeitsgrenze der Fahrlässigkeitsdelikte in der modernen Industriegesellschaft. 2009.

Band 117 Dennis Teschner: Die soziale Kontrolle im virtuellen Raum. Eine juristische, soziologische und soialpsychologische Untersuchung der Instrumentalisierbarkeit von Internetkriminalität. 2009.

Band 118 Daniel Schilling: Fragmentarisch oder umfassend? Wege strafrechtlichen Zugriffs bei der Veruntreuung fremden Vermögens am Beispiel des deutschen und des italienischen Untreuestrafrechts. 2009.

Band 119 Andreas Stüdemann: Die Entwicklung der zwischenstaatlichen Rechtshilfe in Strafsachen im nationalsozialistischen Deutschland zwischen 1933 und 1945. Kontinuität und Diskontinuität im Auslieferungsrecht am Beispiel der Rechtsentwicklung im NS-Staat. 2009.

Band 120 Matthias Achenbach: Strafrechtlicher Schutz des Wettbewerbs? Eine kritische Analyse von Sinn und Zweck der Straftatbestände zum Schutz des Wettbewerbs. 2009.

Band 121 Vera Backhaus: Der gesetzliche Richter im Staatsschutzstrafrecht. Zur Verfassungsmäßigkeit des § 120 Abs. 2 GVG. 2010.

Band 122 Verena Maria Brenneis: Rechtspolitische Implikationen von Gefährlichkeitsprognosen im Vollzug von Maßregeln nach § 63 StGB. Zum Subjektstatus von Eingewiesenen. 2010.

Band 123 Maike Hoenigs: Zur Existenzberechtigung des Straftatbestandes der Rechtsbeugung. Korrelat oder Widerspruch zur richterlichen Unabhängigkeit. 2010.

Band 124 Christine Würfel: Freiheit als Grundlage der Schuld. 2012.

Band 125 Charlotte Rau: Compliance und Unternehmensverantwortlichkeit. Materiellrechtliche Fragen der sanktionsrechtlichen Unternehmensverantwortlichkeit unter Berücksichtigung von Compliance-Maßnahmen. 2010.

Band 126 Marc Fornauf: Die Marginalisierung der Unabhängigkeit der Dritten Gewalt im System des Strafrechts. 2010.

Band 127 Sabine Benthin: Subventionspolitik und Subventionskriminalität. Zur Legitimität und Rationalität des Tatbestandes zum Subventionsbetrug (§ 264 StGB). 2011.

Band 128 Philipp Horrer: Bestechung durch deutsche Unternehmen im Ausland. Strafrechtsentwicklung und Probleme. 2011.

Band 129 Marianne Varwig: Zum Tatbestandsmerkmal des Vermögensschadens (§ 263 StGB). Eine kritische Untersuchung mittels der vier klassischen Auslegungsmethoden. 2011.

Band 130 Alexander Rieger: Verfassungsrechtliche Legitimationsgrundlagen richterlicher Unabhängigkeit. Zugleich eine Auseinandersetzung mit der Debatte um eine Selbstverwaltung der Justiz. 2011.

Band 131 Moritz von Schenck: Pönalisierung der Folter in Deutschland – de lege lata et ferneda. 2011.

Band 132 Kerstin Bohn: Der gesetzliche Richter als rechtsstaatstragendes Prinzip in europäischen Staaten. Eine Untersuchung der Fallzuteilung unter besonderer Berücksichtigung Englands. 2011.

Band 133 Cornelius Trendelenburg: Ultima ratio? Subsidiaritätswissenschaftliche Antworten am Beispiel der Strafbarkeit von Insiderhandel und Firmenbestattungen. 2011.

Band 134 Susana Campos Nave: Rechtsstaatliche Regeltreue? Corporate Compliance als zwingende Antwort des freiheitsliebenden Unternehmens im Wirtschaftsstrafrecht. 2012.

Band 135 Christine Ditscher: Europäische Beweise. Der Rahmenbeschluss über die Europäische Beweisanordnung zur Erlangung von Sachen, Schriftstücken und Daten zur Verwendung in Strafsachen. 2012.

Band 136 Fedor Brunner: Das Phänomen des Mietnomaden in der Rechtspraxis. Strukturelle Hintergründe, zivilrechtliche Mechanismen und Perspektiven. 2012.

Band 137 Konstantinos Diakonis: Die Geringfügigkeitsvorschriften als Teil der Problematik der Kollision zwischen primären und sekundären Prinzipien des Rechts. 2012.

Band 138 Gustavo Chan Mora: Kritik des Schuldbegriffs im Jugendstrafrecht. Eine metadogmatische Begründung des Schuldfähigkeits- und Verbotsirrtumsbegriffs. 2012.

Band 139 Julia Anna Bargenda: *Australian Law Reform Commission*. Ein Modell für Deutschland? 2012.

Band 140 Katharina Schermuly: Grenzen funktionaler Integration. Anforderungen an die Kontrolle europäischer Strafgesetzgebung durch den EuGH. 2013.

Band 141 Florian Conradi: Die Sicherungsverwahrung – Ausdruck einer zunehmenden Sicherheitsorientierung im Strafrecht? Die Entwicklung der Sicherungsverwahrung im Kontext des Spannungsverhältnisses von Freiheit und Sicherheit. 2013.

Band 142 Hyun Kyong Joo: Die positive Generalprävention im Straßenverkehr. 2013.

Band 143 Ulfrid Neumann / Cornelius Prittwitz / Paulo Abrão / Lauro Joppert Swensson Jr. / Marcelo D. Torelly (Hrsg.): Transitional Justice. Das Problem gerechter strafrechtlicher Vergangenheitsbewältigung. 2013.

Band 144 Frederico Figueiredo: Zur Möglichkeit des unmöglichen Strafrechts. Ein Versuch über die Dissonanz im System der ultima ratio. 2014.

Band 145 Moritz Bermel: Banken und Pflichten. Moderne Bankmanager und traditionelles Strafrecht. 2014.

Band 146 Björn Kruse: Compliance und Rechtsstaat. Zur Freiheit von Selbstbelastung bei Internal Investigations. 2014.

Band 147 Charlotte Schultz: Spiegelungen von Strafrecht und Gesellschaft. Eine systemtheoretische Kritik der Sicherungsverwahrung. 2014.

Band 148 Daniel Wegerich: Moderne Kriminalgesetzgebung: Produzent von Parteiverrat? Auswirkungen strafprozessualer Absprachen und Aufklärungshilfen auf den Parteiverrat in Strafsachen (§ 356 StGB). 2015.

www.peterlang.com

www.ingramcontent.com/pod-product-compliance
Ingram Content Group UK Ltd.
Pitfield, Milton Keynes, MK11 3LW, UK
UKHW021855290926
8980IPUK00005B/843

9 783631 663462